U0892356

行政法热点问题研究

曾祥华　万艺　主编

本书为江苏省教育厅高校哲学社会科学研究重大项目《食品安全标准法律制度改革研究》（编号：2019SJZDA017）阶段性成果。

法律出版社 LAW PRESS · CHINA

目 录

主题一 《行政诉讼法》实施研究

主题二 《行政复议法》修正研究

主题三 《国家赔偿法》与《监察法》研究

主 题 一

《行政诉讼法》实施研究

构建我国行政审判“参照”惯例制度*

柳砚涛**

摘要 我国应加紧将惯例引入行政审判依据体系，确立“参照”惯例制度。这一做法不仅有宪法、法律和司法解释依据，而且有利于保持行政与司法“依据”的应然一致性，便于将惯例纳入司法审查，拓展以“平等权之诉”为代表的行政诉讼受案范围。参照惯例的条件是惯例合法有效。惯例的适用性审查不以原告申请为前提，“参照”的内涵为“裁判依据引用”而非“裁判理由引述”。当下行政诉讼制度设计中的“一并请求审查”、“向处理机关提出处理建议”、审判依据体系、司法认知、涉外行政诉讼等条款中应融入惯例地位、功能等内容。

关键词 行政审判 参照 惯例

在不少法治发达的大陆法系国家，关于先例约束、遵循先例、遵从习惯等悠久的历史传统和厚实的理论基础，早已催生了较为完善的“依惯例裁判”的制度与规范体

---

* 本文为山东省社科规划重点研究项目“具体行政行为跨程序拘束规则研究”(13BFXJ02)的阶段性成果，原载《中国法学》2017年第3期。

** 柳砚涛，山东大学法学院教授、博士生导师，法学博士。

系。例如,1907 年《瑞士民法典》第 1 条第 2 项开宗明义:“如本法无相应规定时,法官应依据惯例。”在我国,鉴于行政法法源一般仅限于成文法或制定法,所以,尽管行政与司法实践中存在大量惯例适用的事实,但理论与制度设计上并未涉及惯例在行政审判中的地位。

面对社会生活层面代代相传、广大百姓乐于奉行的风俗习惯,以及行政执法机关长期养成、官民共守的“惯行”,尤其是近年来惯例的司法适用率不断提升所形成的对审判依据体系的“倒逼”态势,行政审判规范与制度体系已不能再继续对惯例视而不见了。那么,我国当下行政诉讼立法有无惯例功能的规范依据和制度“抓手”?惯例在诉讼中的功能究竟是“依据”还是“参照”?如何构建惯例的司法审查适用机制?此类问题亟需理论上率先给出答案。

一、惯例进入行政审判依据体系的价值分析

(一)有宪法、法律和司法解释依据

我国《宪法》第 4 条第 4 款关于各民族“都有保持或者改革自己的风俗习惯的自由”、第 4 条第 1 款关于“中华人民共和国各民族一律平等”的规定,为惯例借助“自由”和“平等”进入审判依据体系提供了权利基础和原则依据。

在基本法律层面,《行政诉讼法》中至少有五个可以纳入惯例的制度“抓手”:第一,第 5 条“以法律为准绳”中的“法律”、第 6 条“对行政行为是否合法进行审查”中的“法”、第 70 条第 3 项“违反法定程序”中的“法”等,完全可以将惯例作为不成文法涵盖进去,因为这里的“法”并未限定为制定法。第二,第 70 条第 5 项、第 6 项中的“滥用职权”“明显不当”完全可以涵盖“违背惯例做法”的内涵。第三,第 64 条规定,人民法院认为有关规范性文件“不合法”的,“不作为认定行政行为合法的依据”,言外之意,合法的规范性文件可以作为“依据”,其中包括载于规范性文件的惯例。第四,第 98 条规定:“外国人、无国籍人、外国组织在中华人民共和国进行行政诉讼,适用本法。法律另有规定的除外。”这就为法律“另行规定”国际惯例作为审判“依据”预留了制度空间。而目前这方面的规定越来越多,例如,《海商法》第 268

条第2款、《民用航空法》第184条第2款均规定"可以适用国际惯例"。第五,《行政诉讼法》第63条与最高人民法院《关于适用〈中华人民共和国行政诉讼法〉的解释》(以下简称《行政诉讼法解释》)第100条规定行政审判"依据""参照""援引""引用"时,并未限定相关规范的"法部门性",即行政审判依据中包括其他部门法,而大量关于遵从习惯、惯例的规定均出现在行政法之外的其他部门法,例如,《民法通则》第7条的"尊重社会公德"、[1]第142条第3款的"适用国际惯例",《物权法》第85条的"处理相邻关系""可以按照当地习惯"、第116条第2款的"法定孳息""按照交易习惯取得",《合同法》第22条、第26条、第60条、第61条、第92条、第125条、第136条、第293条、第368条等条款中的"交易习惯",《民族区域自治法》第10条的各民族"都有保持或者改革自己的风俗习惯的自由",《非物质文化遗产法》第16条的尊重调查对象的风俗习惯,《驻外外交人员法》第8条、第46条的"尊重驻在国的法律和风俗习惯",《人民武装警察法》第31条的"尊重公民的宗教信仰和民族风俗习惯",《人民警察法》第20条的"尊重人民群众的风俗习惯",《戒严法》第29条的"尊重当地民族风俗习惯",《监狱法》第52条的"少数民族罪犯的特殊生活习惯",《消费者权益保护法》第14条的"民族风俗习惯",《旅游法》第10条的"民族风俗习惯"等,这些规定均为人民法院裁判行政案件"按照""尊重""适用"习惯和惯例提供了法律依据。既然《行政诉讼法》第63条明文规定行政审判应以"法律""为依据",而前述法律均认可了惯例的法律地位,那么,为何关于行政诉讼的司法解释,尤其是最高人民法院"法〔2004〕96号"《关于审理行政案件适用法律规范问题的座谈会纪要》(以下简称《座谈会纪要》)中对惯例只字不提?为何人民法院在行政审判中不敢大张旗鼓地"依惯例裁判"?

在司法解释层面,《行政诉讼法解释》第100条规定,行政审判可以"引用合法有效的规章及其他规范性文件",这实质上已经肯定了惯例的"参照"地位。因为"行政规范性文件本身只是行政惯例和法律原则的载体",[2]大

---

〔1〕 受苏联影响,我国《民法通则》第7条未使用"公序良俗"的字样,但民法学界一般认为,本条中的"'社会公共利益'相当于'公共秩序','社会公德'相当于'善良风俗'",且有学者认为"公序良俗"作为民法基本原则在司法实践中有直接适用性。参见梁慧星:《民法总论》,法律出版社1996年版,第45页。

〔2〕 叶必丰:《行政法与行政诉讼法》,武汉大学出版社2008年版,第51~52页。

量惯例见之于规范性文件当中是不争的事实。该规定实质上已经涵盖了惯例在行政诉讼中的“参照”地位，本文只是本着裁判依据一致性的考虑，为载于规范性文件之外的其他行政惯例和非行政性惯例争取“同例同命”而已。

（二）惯例早已作为行政行为依据

作为长时间以来由实践中的“多事多案”而非“一事一案”养成、遵循、延续下来的“惯行”，惯例早已“出现在一定时期内统治者及其公务员作出的裁决、宣言及习惯做法中”，[1]已经具有了跨事件、跨程序的反复适用效力，并作为具体行政行为的重要依据，正所谓“行政之尊重先例”乃是“不可否认之事实”。[2]

我国古代早有“据彼事以为此事之标准”的制度史实，并有“比系以律文之比附为重，例则以已有之成事为主”[3]的制度配置，这些制度瑰宝对惯例进入我国当下审判依据体系有积极的借鉴意义。早在2001年公安部三局《关于对中国公民姓名用字有关问题的答复》（公治〔2001〕60号）中就明确指出：“姓名登记机关在办理姓名登记时就不应漠视业已获得明文认可的惯例。”此后“依惯例行政”已成行政之常态，并催生了惯例功能的规范确认，很多地方和部门制定的规范行政自由裁量权的“办法”“条例”“规定”等均对遵从习惯和惯例作了规定。

既然实践中存在将惯例作为依据的大量行政个案，那么，一旦这些个案行为进入诉讼阶段，人民法院就必须对这些“依据”“表态”，尤其在被诉行为的合法性只有惯例支持的时候。

（三）有利于保持行政与司法“依据”的应然一致性

如果行政依据惯例，而司法对惯例的地位与功能不予明确，就会破坏行政与司法依据的应然一致性。域外确立先例、惯例、判例制度的初衷之一在

〔1〕［法］莱昂·狄骥：《宪法学教程》，王文利等译，辽海出版社、春风文艺出版社1999年版，第31页。

〔2〕参见林纪东：《行政法》，三民书局1980年版，第84页。

〔3〕参见陈顾远：《中国法制史概要》，商务印书馆2011年版，第86页。

于“增强法律之内的连续性、稳定性”，[1]这就必须确保行政与司法“依据”在形式上的连贯性和标准上的一致性。不少大陆法系国家为防止行政陷入“武断和反复的”境地，大都将惯例作为“辅助性法律渊源”及“成文法的补充”，无论行政还是司法一直都是“习惯做法同法律规则同时在起作用”。[2]

行政与司法秉承标准一致性和依据连续性的理由在于，如果行政机关信守“先例”“惯例”，而法院尊奉“判例”，且相互之间都不尊重或承认对方的“例”，就会割裂法律依据的连贯性和法律精神的一致性。作为蕴含同一种理性的“例”，无论是行政惯例还是司法判例，都是法律精神的外在呈现，执法抑或司法机关必须相互尊重或承认。国家尤其是立法机关有义务创造不同系统内先例、惯例、习惯的拘束规则和相互承认机制。

（四）借此将惯例纳入司法审查范围

无论行政诉讼中是否给惯例以某种“名分”，它实质上一直都在约束着行政机关和部分相对人，如果它在本质上属于“善例”倒也合乎“良法之治”的要求，但若属于“法规窒碍难行”或“迁就官僚体系之便宜行事”[3]之类的“恶例”，如我国婚姻登记中出现的单日办理离婚、双日办理结婚、“七夕节”不办理离婚等“恶习”“恶例”，不仅对相对人不公平，而且破坏了规则体系的严肃性和公平正义氛围。萨维尼曾提出通过立法“将习惯法记录下来”，“置于一种监理之下”，[4]“监理”的最好途径就是融入“法治”环境中，而“法治国意味着对行政尽可能地司法化”，[5]故纳入司法审查体系便成为惯例的“宿命”。

在我国，理论上已有学者依据“举轻以明重”原则，从规章也应依法接受司法审查推断出效力更低的惯例的可审查性，[6]尽管这种对于“举轻以明

---

〔1〕 See Frank A. Schubert, *Introduction to Law and the Legal System*, 7th edition, Houghton Mifflin Company, 2000, p. 23.

〔2〕 [法]莱昂·狄骥：《宪法学教程》，王文利等译，辽海出版社、春风文艺出版社1999年版，第32页。

〔3〕 马秀如、董保城：《从会计内控与行政惯例探讨首长特别费》，载《月旦法学》2008年第156期。

〔4〕 参见[德]弗里德利希·卡尔·冯·萨维尼：《论立法与法学的当代使命》，许章润译，中国法制出版社2001年版，第98页。

〔5〕 [德]奥托·迈耶：《德国行政法》，刘飞译，商务印书馆2002年版，第64页。

〔6〕 参见尹权：《论行政惯例的司法审查》，载《法律科学（西北政法学院学报）》2008年第1期。

重”的“新解”值得商榷，但其肯定惯例的可审查性无疑具有积极意义。笔者认为，制度层面完全可以仿效已存行政诉讼一并解决相关民事争议制度、一并审查相关规范性文件合法性制度，建立“参照惯例”或“一并审查惯例合法性”制度，将惯例纳入“适用性”或“附带性”审查范围。这既合乎行政诉讼最大限度保障合法权益的立法目的，确立行政诉讼认可“善例”、摒弃“恶例”的积极功能，也便于拓展和穷尽“一事一案”的辐射效应，使惯例借“个案”之机获得认可和效力拓展。

（五）可以借此弘扬法文化

惯例源于法文化，同时也是法文化的外在表现形式，较早提出文化定义的人类学家泰勒认为“习惯”是“文化或文明”的组成部分。〔1〕在亚洲、欧洲和非洲的许多国家，“行政惯例也取决于其各洲的文化”，究其缘由，“行政惯例是行政人员的行为模式在文化上的一种表现”。〔2〕我国台湾地区有学者主张行政惯例生成于“行政作用萧规曹随”，〔3〕强调的仍然是某种修为的“惯行”和文化的传承。可见，认同惯例的诉讼地位就等于认同法院借惯例弘扬法文化的积极功能。

我国尽管也存在习惯、法律、文化相互交融、促进、传承的历史与现实，尤其在制度上有西周的“事”、战国的“类”、秦朝的“廷行事”、〔4〕汉代的“决事比”、〔5〕唐宋元的“例”、明清的“比附判例律例并行”、“既有成案足依，似可照复”〔6〕等“依例行事”的典范，但迄今为止少有学者论及如何通过惯例来弘扬法文化，尤其是如何发挥人民法院在这方面的积极功能。法院从来都是法文化的创造者、传承者，可以通过“抑恶例、扬善例”来净化法文化环境，所以任何一个理性的行政诉讼制度设计都不应在审判依据体系中拒绝

〔1〕 参见[英]泰勒：《原始文化》，蔡江浓编译，浙江人民出版社1988年版，第1页。

〔2〕 See M. A. Omolaja, *Administrative Practice in Nigeria: Implications for National Development*, 42 Economic Analysis, p. 53－64(2009).

〔3〕 马秀如、董保城：《从会计内控与行政惯例探讨首长特别费》，载《月旦法学》2008年第156期。

〔4〕 有学者认为，目前尚难确认“廷行事”具有司法先例的效力。参见刘笃才、杨一凡：《秦简廷行事考辨》，载《法学研究》2007年第3期。

〔5〕 也有学者将“比和故事”统列为汉魏晋的“司法先例”。参见王志强：《中英先例制度的历史比较》，载《法学研究》2008年第3期。

〔6〕 王志强：《中英先例制度的历史比较》，载《法学研究》2008年第3期。

惯例,而应将惯例纳入司法审查范围,利用法院针对规范与规则合法性的判断权和取舍权,以"抑恶扬善"的姿态"过滤"惯例,发挥法院在甄别、传承惯例文化和法文化方面的正向功能。

(六)法院可以借此发挥平等权保障功能

惯例与平等原则之间有着天然的契合点,亦即"同情同处"和平等对待。平等原则在形式上意味着"相同的东西应受相同的对待","根据分类隶属同一范畴的人,为了某一特定的目的,就应该受相同的处遇。"〔1〕惯例的旨趣恰恰在于通过因循"前车之辙",以实现"同处"和"平等"的理想样态。违背惯例必然侵犯平等权,这已是域外理论与制度公认的规则,如德国有学者直接将惯例表述为"偏离即构成违反平等要求的习惯",〔2〕足见惯例与平等之间的"亲密"关系。

鉴于"法治也含有类似情况类似处理的准则",〔3〕作为法治保障机关的法院理应将惯例作为"同情同处"的衡量工具,以防行政机关"对两个在主要方面相同的案件作出两种截然不同的裁决"。〔4〕惯例与平等、法治原则之间的契合为法院借助惯例保护平等权提供了契机,这在修改后《行政诉讼法》将"可诉权益"由人身权、财产权拓展至涵盖平等权"等其他合法权益"的前提下变得更加切实可行。但可惜的是,尽管修法后实行了"立案登记制",但针对或者涉及平等权的行政案件仍然很少,如何拓展"平等权之诉"成为行政诉讼制度"新亮点",这一点在平等权屡受侵犯的社会大背景下显得尤为重要。将惯例引入行政诉讼过程,会为公法上的平等权提供必要的司法保障,也能使法院真正成为维系平等的"天平"。

(七)人民法院有遵从惯例的历史与现实

人民法院对于习惯、惯例的尊重肇始于民商事审判,行政审判尽管起步

---

〔1〕 [英]丹尼斯·罗伊德:《法律的理念》,张茂柏译,新星出版社2005年版,第94页。

〔2〕 参见[德]汉斯·J.沃尔夫、奥托·巴霍夫、罗尔夫·施托贝尔:《行政法》(第一卷),高家伟译,商务印书馆2002年版,第260页。

〔3〕 [美]约翰·罗尔斯:《正义论》,何怀宏、何包钢、廖申白译,中国社会科学出版社2009年版,第186页。

〔4〕 参见[美]伯纳德·施瓦茨:《行政法》,徐炳译,群众出版社1986年版,第574页。

较晚,但在遵循习惯、惯例方面大有“后来居上”之势。“中国裁判文书网”上公布了不少“涉惯例”行政裁判文书,其中涉及人民法院认同并依据资金物资科学管理惯例、拍卖惯例、合同惯例、拆迁工作惯例、行业惯例等裁断案件,这一事实对本应引领实践的理论与制度设计形成“倒逼”态势,要求必须加紧明确惯例在行政诉讼中的地位与作用。

法院遵从习惯的历史与现实为法院通过“个案”认可惯例奠定了坚实的基础。尽管法院认可只能使惯例获得“个案”效力,并通过“指导性案例”获得“相同个案”的“参照”作用,但一方面,根据当下行政实践做法,凡是法院承认效力的惯例,行政机关会很配合地作为执法参考或甚至依据;另一方面,随着指导性案例制度向判例制度的演进,法院通过“个案”赋予惯例“他案效力”甚至“普适效力”并非遥不可及。

二、为何只能“参照”而非“依据”惯例

面对我国当下关于“按照”“尊重”“适用”习惯、惯例,以及“参照规章”“引用合法有效的规章及其他规范性文件”等规定,惯例应当以何种身份和功能融入行政审判依据体系?笔者以为,由于惯例有行政惯例与非行政性惯例之分,且有“事实”与“规则”两种存在形式,所以,行政诉讼中的惯例地位与功能不能一概而论,处在“规则”层面的惯例功能只能是“参照”而非“依据”。

在此,有必要首先厘清何为“参照”,缘由有两个:一是《〈最高人民法院关于案例指导工作的规定〉实施细则》(以下简称《实施细则》)第10条将“参照”的内涵界定为“将指导性案例作为裁判理由引述,但不作为裁判依据引用”。这与行政法学理论上普遍将“参照”解读为“先审查,后依据”和《行政诉讼法解释》第100条关于“引用合法有效的规章及其他规范性文件”的界定发生冲突。二是“惯例”之“例”在汉语中有两种不同的含义:“用来帮助说明或证明某种情况或说法的事物;从前有过,后来可以仿效或依据的事情。”[1]前者意为“用以说服”,后者寓意“据以行事”,那么,“参照惯例”应采用“裁判理由引述”的“说理”还是“裁判依据引用”的“依据”模式?笔者倾

---

[1] 刘振铎、何文祯主编:《现代汉语多功能词典》,东北朝鲜民族教育出版社1994年版,第611页。

向于后者，理由如下：

第一，保持行政诉讼制度内涵的一致性。既然规章与规范性文件的“参照”内涵已经确定为“先审查，后引用或依据”模式，那么，以规范性文件为载体的惯例自然涵盖于该模式内，而本着平等性、一致性原则，其他非以规范性文件形式存在的行政惯例和非行政性惯例也应套用该模式。

第二，防止裁判依据缺位，避免将行政判决置于“无据而判”的窘境。惯例本来就是为了弥补法律空白而扮演了行政行为“依据”的角色，担当了支持行政行为合法性的重任，如果不将其视为“依据”加以引用，就抽掉了被诉行为的法律基础。经过审查认定为合法有效的惯例，本质上就是法的载体，尽管不具有法的形式但却有法的实质，将其作为裁判依据完全符合“以法律为准绳”的实质要求。相比之下，指导性案例的“参考”“指导”作用“并不表现为它对判决理由的实质性支持，而是对判决理由的强化和稳定”，尽管“当下正在起着事实上法源之作用”，〔1〕但鉴于“依据一个案件裁判另一个案件”并不具有足够的正当性，所以其既非理论上公认的法源，也非制度设计中的裁判依据。实质上，即便承认先例、判例，真正具有法律价值的也仅限于附于“例上”或隐于“例中”的原理、原则，“当援引一个案件作为先例时，要从中导出一项规则或原理。正是这种规则或原理，而不是前例的事实本身，适用于待决案件”。〔2〕 至于“例”本身或构成“例”之事实，只不过是裁判规则或依据的“载体”。

第三，指导性案例的本质是具有代表性的“个案”，仅具有“个案既判力”，〔3〕这与惯例系由多个“个案”累积、“看齐”所形成的规则不同，已有“指导性案例”只能作为“同情同处”的“理由引述”，取意为“因为要与已有个案保持一致，所以，如此裁判”。而本质上属于“规则”的惯例所解决的是“相同个案”的“依据”问题，因而“参照惯例”的实质是“经审查，惯例合法有效，应当作为被诉行为依据和裁判依据”。修改后的《行政诉讼法》第 64 条和《行

---

〔1〕 参见章剑生：《作为行政法上非正式法源的“典型案件”》，载《浙江大学学报（人文社会科学版）》2007 年第 3 期。

〔2〕 See John Kaplan Robert Weisberg & Guyora Binder, *Criminal Law: Cases and Materials*, Aspen Publishers, 2004, p. 11 – 12.

〔3〕 参见曹士兵：《最高人民法院裁判、司法解释的法律地位》，载《中国法学》2006 年第 3 期。

政诉讼法解释》第149条也明确规定,规范性文件不合法的,人民法院“不作为认定行政行为合法的依据”,后者还附加了“并在裁判理由中予以阐明”的内容。这里“不作为……依据”的对应概念就是“作为依据”,包括载于规范性文件的惯例在“合法有效”的情况下,就是“认定行政行为合法的依据”,或者说是“裁判依据”而不仅是“裁判理由”。而且,必须注意两点:一是这里并未仿效前述《实施细则》第10条,附加“但不作为裁判依据引用”的限制,而此处的“并在裁判理由中予以阐明”恰恰是“依据”的“说理装置”。二是该规定对合法有效规范性文件的“引用说”给出了确定含义,有学者将《行政诉讼法解释》第100条“可以在裁判文书中引用合法有效的规章及其他规范性文件”中的“引用”解释为“可以作为裁判文书理由部分的依据,但不能作为裁判结论部分的依据”,[1]修正后的《行政诉讼法》和新《行政诉讼法解释》实质上赋予包括惯例在内的规范性文件“裁判理由依据”和“裁判结论依据”两种可能性。至于《座谈会纪要》中关于“人民法院可以在裁判理由中对具体应用解释和其他规范性文件是否合法、有效、合理或适当进行评述”的内容,旨在肯定人民法院对规范性文件的“评价权”,并非将规范性文件的功能领域限定于“裁判理由”中,进而否定其“裁判结论依据”地位。

“参照”而非“依据”惯例裁判的主要原因有:

(一)与已有制度设计保持一致

之所以“参照”而非“依据”惯例裁判,意在与当下相关制度设计保持一致:一是尽管《行政诉讼法》第6条规定的“合法性审查”可以将包括惯例在内的非制定法源涵盖在内,但在第63条仅确认了法律、法规的“审判依据”地位;二是2004年国务院《关于全面推进依法行政实施纲要》将“合法行政”之“法”限定为“法律、法规、规章的规定”;三是《座谈会纪要》也秉承了制定法或成文法理念;四是《行政诉讼法解释》第100条通过“引用合法有效的”“其他规范性文件”的规定,已将内含于规范性文件的惯例纳入了行政审判“参照”体系,为保持制度一致性,只能秉承“制度比对”和“适度延展”的精神给非以规范性文件形式存在的惯例以“同等待遇”,否则,不仅影响“审判

[1] 参见廖希飞:《论行政规定在行政诉讼中的效力》,载《行政法学研究》2011年第2期。

参照体系”的一致性，而且破坏了平等原则。

值得注意的是，按照本文开头列举的关于“按照”“适用”习惯、惯例的法律规定，“依惯例裁判”在不少单行法领域已经具备了形式合法性，而且随着法律条文主义观念逐渐式微和非制定法源司法直接适用性呼声不断升高，在制定法缺位的情况下直接“依惯例裁判”并不遥远，尤其是将一些人们共知、共信、共守的惯例作为处事断案依据完全合乎实质合法性要求。

（二）惯例并非绝对属于“民意”和“法意”

行政惯例是长期行政实践的一种“惯行”，本质上是一种行政意志而非立法意义上的“人民意志”和“法意”，如此便没有作为审判依据的资格。既为行政意志，就应套用当下制度设计中关于“参照”和“引用”合法有效的规章和规范性文件的既定模式。

非行政性惯例大多源于民间习惯，是人们共知、共信、共守的“惯行”，尽管其可能接近甚至就是“民意”，但在我国当下审判依据体系只认同制定法的背景下，只要未被有权机关通过“制定”或“认可”程序予以“法律化”或司法确认，就不能取得审判依据资格。

（三）“事实”层面的惯例不具有规则性和适用性

在诉讼中，“规则”可以进入审判依据体系，而“事实”只能归于“查证”“推定依据”的范畴，那么，惯例本质上究竟属于“事实”抑或“规则”？对此，学界主要存在“事实说”〔1〕与“规则说”〔2〕两种主张。笔者认为，积累、养成惯例的“个案”或“个例”属于“事实”层面，“个案”、“个例”和“先例是规则的法律渊源”，〔3〕而“被在某一问题上一致的诸多先例一再重复而明确地确定下来”〔4〕的“惯行”或“规律”则属于“规则”。

尽管法律规则与事实之间没有“令人明白的标准”，“永远不能自行划清

〔1〕 参见［法］雅克·盖斯坦、吉勒·古博：《法国民法总论》，陈鹏等译，法律出版社2004年版，第497页；刘得宽：《法学入门》，中国政法大学出版社2006年版，第18页。

〔2〕 参见王伯琦编著：《民法总则》，“国立编译馆”1979年版，第4页。

〔3〕 See Carleton Kemp Allen, *Law in the Making*, 7th edition the Clarendon Press, 1964, p. 270.

〔4〕 ［英］鲁伯特·克罗斯、J. W. 哈里斯：《英国法中的先例》，苗文龙译，北京大学出版社2011年版，第13～14页。

界限”,[1]甚至有观点认为“在法律和事实之间作出区分是不可能的”,[2]但可以确定的是,惯例在行政诉讼中兼具“事实”和“规则”两种样态:作为“事实”(practice),其主要表现为“已知的事实”,是推定和司法认知的前提,蕴含“依惯例推定待证事实存在”之意;作为“规则”(convention),其本质上属于若干情况相同处理、相同的“后案”向“前案”“看齐”养成的“规律”,“构成行政机关一贯行为的规律”,[3]是行政行为的“依据”和行政审判的“参照”,蕴含“依惯例要求相对人为或不为某种作为或不作为”的行政意蕴和“参考惯例进行裁判”“依据合法有效的惯例裁判”的诉讼价值。

(四)惯例与法之间仅具有部分“同质性”

作为由“事实链”集成的“规律”和“规则”,惯例蕴含着两种“与法同质”的元素:规则和经验,但惯例并不就是法,因为:

第一,作为“规则”,惯例隐于由“相同个案”构成的“事实链”当中,以“个案”为基础的“同案”和“类案”养成了“依例行事”的规则,要求遇到类似的情况必须遵从以往做法,向“前例”看齐,而这恰好符合法的旨趣,正如英国的一位皇家法律顾问所言,“你在同样的案例中要同其他人保持一致,否则,我们就不知道法律是什么。”[4]但惯例不能恒定地符合“人民意志性”的标准,且其中的行政惯例更多是“行政之惯行”或“行政意志”。

第二,作为“经验”,惯例堪称“基于经验的规则”,[5]与法律之间没有质的差异,不仅“法律的概念和公式是从先例到先例成长起来的”,[6]而且“法律制度现在是也一直是纯经验的”。[7] 但惯例仅系长期“养成”的“惯行”,没有经过“国家制定或认可”程序,正如德国学者哈特沙伊克(Hatschek)教

---

[1] 参见[美]伯纳德·施瓦茨:《行政法》,徐炳译,群众出版社1986年版,第600页。

[2] [英]鲁伯特·克罗斯、J. W. 哈里斯:《英国法中的先例》,苗文龙译,北京大学出版社2011年版,第242页。

[3] 参见柳砚涛:《论行政惯例的价值及其在我国的制度化路径》,载《当代法学》2013年第5期。

[4] See Frederick Pollock, *A First Book of Jurisprudence*, Macmillan and co., limited, 1911, p. 317. 转引自梁治平:《英国判例法》,载《法律科学》1991年第1期。

[5] 参见[美]德博拉·斯通:《政策悖论:政治决策中的艺术》,顾建光译,中国人民大学出版社2006年版,第294页。

[6] [美]本杰明·卡多佐:《司法过程的性质》,苏力译,商务印书馆1998年版,第26页。

[7] [英]赖特勋爵:《判例》(上),张志铭译,载《比较法研究》1991年第4期。

授称之为“法之前阶”(Vorstadium des Rechts),[1]在“惯例法律化”之前,尚不具备作为“依据”的资质,只有通过司法审查获得“参照”的机会,借此破解“一项习惯在获得司法判决支持之前就不是法律”[2]之遗憾。

(五)我国并不具备西方国家“依惯例裁判”的历史传统和现实条件,先以“参照惯例”作为过渡

在大陆法系,古罗马时期的习惯被视为人民意志的体现,这与萨维尼所言“民族的共同意识(the common consciousness of the people)乃是法律的特定寓所”如出一辙,“法律首先产生于习俗和人民的信仰(people faith)”,[3]这种“人民意志”和“共同意识”使习惯实质上取得了法源地位。英美法系对于习惯的认同缘于征服不列颠之后统治的稳定性,统治者从遵循习惯中获得了民心和社会安定,自然会赋予习惯以极高的历史与法律地位。

我国悠久的历史文化传统中尽管也有丰富的“乡土资源”,并演进为当下独具特色的民间法、习惯法,但因长期受到成文法理念和法律条文主义影响,新近几年兴起的“理念法”“软法”“民间法”也主要停留于理念或理论层面,诉讼制度设计层面难觅习惯、惯例的踪影,查遍整个民事诉讼法条文竟无习惯、惯例的只言片语,行政诉讼相关规范条文中更是难觅惯例踪影,所以尽管存在不少法院“尊重”惯例判案的“个例”,但始终未养成“依惯例判案”的司法传统。如果先试验性地确立行政审判“参照”惯例制度,可以促进惯例的成文化、体系化和公信力,使一直“暗中”发挥作用的惯例获得应有的“名分”,不仅为不成文法源成为审判依据“打前站”,也为“实质法治”环境的营造和“实质合法性”标准的构建积累经验、引领观念,同时也给当下行政与司法实践中参照、借鉴、比照惯例的若干个案“一个说法”。

三、“参照”惯例的实质要件:合法有效

将“合法有效”设定为参照惯例的实质要件,一则可以将已有“参照”“引

[1] 参见陈新民:《公法学札记》,中国政法大学出版社2010年版,第191~192页。

[2] [英]鲁伯特·克罗斯、J. W. 哈里斯:《英国法中的先例》,苗文龙译,北京大学出版社2011年版,第187页。

[3] [德]弗里德利希·卡尔·冯·萨维尼:《论立法与法学的当代使命》,许章润译,中国法制出版社2001年版,第9页。

用”合法有效的规章及其他规范性文件制度模式普遍适用于非以规范性文件形式存在的行政惯例和其他非行政性惯例，二则也顺应了我国司法针对行政规定、行政政策、行政意志的一贯态度，即先审查其合法有效性、后决定是否依据。

（一）“合法”的基本要求

有学者将惯例“合法性”的要求仅仅界定为“不应与现有的成文法相冲突”一项，[1]该标准与惯例“填补法律空白”的功能定位极不相符——既属法律空白，就少有与成文法抵触的情形；既然“遵从惯例”的前提是“法无规定”，那么，构建惯例合法性审查标准就必须紧紧围绕是否实质合法而非是否抵触上位法或成文法，主要涵盖三个方面的内容：

第一，是否具有实质合法性，即是否合乎法的精神、价值、目的、原则、原理等“理念法”，是否符合理性，因为赋予惯例、习惯、先例以“权威性和效力”的只能是“隐藏于其后或超越于其上的某些东西”，[2]这里的“某些东西”就是惯例所蕴含的基本理念，这也是人们对惯例共知、共信、共守一贯性的前提。丹宁勋爵将“行政惯例的非理性”视为“官僚主义最好的挡箭牌”，其结果是阻滞法律的发展，而要“避免这种命运”，“行政惯例就不应该成为一种‘非法的科学’，而应该成为一种法律的科学”。[3] 这里的“法律的科学”仍然指向行政惯例的实质合法性，这也是将“恶例”排除在审判“参照”体系之外的应然标准。

在没有可资比对的“条文法”和“理念法”的情况下，其他善良价值也是惯例实质合法性的评价标准，如在美国“李纳什布尔诉布鲁宁案”中，美国最高法院认为，田纳西州所采纳的“系统惯例”、“应被视为该州的法律”和“视为合法的法律渊源”，因其属于该州“公共政策”的反映，[4]从而将“公共政策”作为惯例合法性判断的“参照物”。

---

〔1〕 参见温泽彬：《论行政惯例的背景、价值与现状》，载《政治与法律》2010年第6期。

〔2〕 参见［美］E.博登海默：《法理学：法律哲学与法律方法》，邓正来译，中国政法大学出版社1999年版，第431页。

〔3〕 ［英］丹宁勋爵：《法律的训诫》，杨百揆、刘庸安、丁健译，法律出版社1999年版，第329页。

〔4〕 参见孔祥俊：《法律规范冲突的选择适用与漏洞填补》，人民法院出版社2004年版，第109页。

第二,不得与法律抵触。既然惯例的形式正当性源于填补法律空白,这一定位寓意一旦在某一个问题上出现惯例与法律并存的局面,惯例就应让位于法律,因为“习俗惯例既不能废止法律,又不能违反法律”,一旦出现惯例与法律并存且不一致的情形,“法律使习俗惯例完全陷于无效,以使之从属于自己”。[1]

第三,将惯例的“合理性”纳入“合法性”范畴。“合理性”是“合法性”的内核,也是不少国家认定惯例有效性的前提,如在英国,“习惯必须是合理的”,[2]美国法院认为“合理性乃是某一惯例的有效条件之一”。[3] 将惯例的“合理性”纳入“合法性”在不少域外国家的制度意义并不大,因为“合理”与“合法”均属于法院的审查范围,因而法院在审判过程中很少关心有关问题究竟属于“合理性”抑或“合法性”范畴。

但在我国,囿于悠久的“重制定法、轻理念法”传统,在域外能被“理念法”涵盖的合法性问题,在我国大多只能划入“合理性”范畴,而人民法院在行政诉讼中只能审查合法性问题,这就使得“合法性”与“合理性”的界分变得十分必要。有学者认为,“法院的司法权无限扩大至适当性审查的强度,对惯例进行合法性和适当性的全面审查”。[4] 其中关于“适当性”审查的观点值得商榷,因为我国当下实证法已经确立了行政诉讼合法性审查以及规范性文件“不合法”的附带性审查制度,故笔者认为,在《行政诉讼法》刚刚修改、一味地呼吁“修法”并不可行之时,能否利用当下制度的“合理张力”,用“理念法”将惯例的合理性、适当性纳入“合法性”范畴。在此,惯例是否“合理”就是是否合乎“理性”、“事物之本性”和“理念法”,其实质仍然是“合法性”。据此可以实现法院对惯例是否合法与合理的全面审查,也免得司法实践中过分纠结于判断某个惯例问题究竟属于合法性抑或合理性范畴。

---

〔1〕 [法]莫里斯·奥里乌:《行政法与公法精要》(上册),龚觅等译,春风文艺出版社、辽海出版社1999年版,第62页。

〔2〕 [美]E.博登海默:《法理学:法律哲学与法律方法》,邓正来译,中国政法大学出版社1999年版,第472页。

〔3〕 [美]E.博登海默:《法理学:法律哲学与法律方法》,邓正来译,中国政法大学出版社1999年版,第470页。

〔4〕 尹权:《论行政惯例的司法审查》,载《法律科学》2008年第1期。

（二）“有效”的基本要求

既然非绝对而恒定之“民意”，惯例为何“有效”？其实质合法性源自何处？该命题事关惯例作为审判参照的正当性基础。尽管主流观点倾向于惯例必须经立法确认和法官认可才能够成为法源，且在英国，习俗惯例一旦得到法官承认，便可以“与法律同起同坐”“带有法律的名称”，即“普通法”（Common Law）。[1] 但是，法官只是对既存惯例的效力予以“认可”而不能赋予其效力，那么惯例效力究竟来自何处？对此，学界主要有“平等说”“国家承认说”“法官确认说”“确信说”等多种观点，前三种学说均有难以自洽之处：“平等说”只注重惯例的外在形式，因为平等只是惯例效力的外部表现而非效力源头，“一视同仁”只赋予惯例以正当性，并不赋予惯例效力。“国家承认说”和“法官确认说”只解决了惯例的外因和外在效力，只是对惯例内在效力的“承认”，没有解决国家之所以赋予其法律效力的内因和“原动力”。

本文赞同“确信说”，与源自《查士丁尼法典》的格言“与全体有关者必得全体同意”“服从源于同意”同理，惯例的效力应当来源于承认与遵从，同意产生效力，服从实现效力。应松年、何海波教授认为，“当一种惯例积年累月，行之久远，化于内心，积淀成民间习惯，政府就需要尊重和考虑”。[2] 这里的“化于内心”实质是“确信说”的别样表述。尽管是一种“规则”和“惯行”，但“按照唯一的理智来说，并没有任何东西其本身是正义的”，既非“正义”和“民意”，就不能强制人们服从，正所谓“习俗仅仅因为其为人所接受的缘故，便形成了全部的公道；这就是它那权威的奥秘的基础了”。[3] 当然，系于惯例的这种“确信”和“同意”有不同理由：或者缘于因“惯行”所生的“从众”心理，或者基于对传统做法的信赖而将习惯“推定为法律”，[4] 或者“当

---

〔1〕 参见［法］莫里斯·奥里乌：《行政法与公法精要》（上册），龚觅等译，春风文艺出版社、辽海出版社 1999 年版，第 88 页。

〔2〕 应松年、何海波：《我国行政法的渊源：反思与重述》，载胡建淼主编，浙江大学公法与比较法研究所编：《公法研究》，商务印书馆 2004 年版。

〔3〕 ［法］帕斯卡尔：《思想录》，何兆武译，商务印书馆 1995 年版，第 138 页。

〔4〕 参见［美］约翰·亨利·梅利曼：《大陆法系》，顾培东、禄正平译，知识出版社 1984 年版，第 26 页。

事人确信这种习惯应成为法律”,[1]或者基于“系统先例”在人们心中产生的“一般的法律确信”,[2]或者“每当面对同样的情形都采取一种同样的对待方式时”所产生的“一种常规、一种惯性的常规”,[3]在哈耶克看来,“这种行动的常规性并不是命令或强制的结果,甚至常常也不是有意识地遵循众所周知的规则的结果,而是牢固确立的习惯和传统所导致的结果”。[4] 这些都是“同意”的内因和惯例具有法律效力的“原动力”。

据此,行政审判过程中对惯例进行适用性审查时,人民法院必须查明行政机关是否对该惯例履行了提示、释明义务,相对人是否基于知情和自愿而服从,如不知情,则应征询相对人是否认同并追认该惯例。如果查明惯例适用源于“强制”,那么,就必须进一步审查“强制”的正当性,而鉴于惯例“填补法律空白”的功能,此处“正当性”只能从公益、秩序以及“理念法”“事物之本性”“事物之本质”中去寻找。

总之,“有效”并非仅指行政机关将惯例作为办案依据,而且包含相对人自愿接受惯例拘束的意蕴,即“必须被有关的权利同类视为有约束力的法规范”,[5]因为惯例既非通过立法程序征集民意制定,也非行政双方基于合议商定,所以,其有效性不能单纯基于“强制”,只能源于自愿服从,而这又源于其内心确信(opinio necessitates),即“人们是否普遍认为它是正确的”。[6]

四、“参照”惯例的程序要件

(一)惯例的适用性审查不以原告申请为前提

行政审判参照惯例不宜仿效当下规范性文件的合法性审查与行政诉讼一并审理相关民事争议制度中的“申请+附带”审查模式,这会限制司法监督的主动性和广泛性,应给人民法院“主动审查”留有“一席之地”。据此,如

---

〔1〕 [德]哈特穆特·毛雷尔:《行政法学总论》,高家伟译,法律出版社2000年版,第62页。

〔2〕 参见[德]魏德士:《法理学》,丁小春、吴越译,法律出版社2003年版,第110页。

〔3〕 [法]莱昂·狄骥:《宪法学教程》,王文利等译,辽海出版社、春风文艺出版社1999年版,第31页。

〔4〕 [英]弗里德利希·冯·哈耶克:《自由秩序原理》(上),邓正来译,生活·读书·新知三联书店1997年版,第72页。

〔5〕 参见[德]汉斯·普维庭:《现代证明责任问题》,吴越译,法律出版社2000年版,第290页。

〔6〕 参见[德]卡尔·拉伦茨:《德国民法通论》(上册),王晓晔等译,法律出版社2003年版,第17页。

果人民法院认为有必要,尤其当惯例的合法性为解决争议所必需时,完全可以借"本诉"之机进行主动审查。理由如下:

第一,当惯例已经作为被诉行为依据时,其合法性已经在"本诉"的射程范围之内,这一点与行政诉讼一并解决相关民事争议不同,后者实质上是与行政诉求相关联的另一个独立的"诉",本着"不告不理"的原则不能由法院自主启动审查程序。

第二,如果被诉行为仅依据惯例,别无其他依据,那么,不解决惯例的合法性,就不能准确判断被诉行为的合法性。因而惯例的合法性就成为被诉行为合法与否的"先决问题",对此,域外通常做法是"合并到诉讼案件本身管辖权内","以保持诉讼案件管辖权的完整"。〔1〕

第三,按我国当下关于行政诉讼审理范围的制度设计,原告的诉求仅为司法审查的"诱因"行为,法院的审理范围并不受制于诉请范围,"全面审查"制度对惯例的审查同样适用,惯例审查并不必然与利害关系人申请审查捆绑在一起。

第四,行政诉讼既是"救济法"也是"监督法",人民法院借原告寻求救济之机,对行政施以最大范围和限度的审查监督,将监督范围和"个案"效能最大化,符合诉讼经济原则。

(二)参照惯例说明理由制度

无论对惯例采取服从抑或拒绝的态度,都必须说明理由,因为对于"命题的真实性要求或有效性要求越是能够得到很好的证明,它们就越是具有合理性",〔2〕一些罗马法系的国家甚至要求,法院将某种习惯当作一种法律规则加以实施以前,"必须要附有法律意见或必要意见"。〔3〕 当惯例不成立,或者行政机关不能证明其属于惯例,或者尽管属于惯例但对本案不适用,或者与法律规定相抵触或违背法律精神,法院拒绝适用时,更需要说明理由。

---

〔1〕 参见马怀德主编:《行政诉讼原理》,法律出版社2003年版,第25~26页。

〔2〕 [德]尤尔根·哈贝马斯:《交往行为理论:行为合理性与社会合理化》,曹卫东译,上海人民出版社2004年版,第9页。

〔3〕 [美]E.博登海默:《法理学:法律哲学与法律方法》,邓正来译,中国政法大学出版社1999年版,第470页。

尤其在当代法治环境下,“说理”尤其是“拒绝+说理”模式是“一个正常的理性人(a reasonable person)能够接受的标准”,[1]更是一个国际上公认的理性规则,正如《与贸易有关的知识产权协定》(Agreement on Trade-Related Aspects of Intellectual Property Rights,TRIPs)第41条第3款所规定的,“对案件实质问题的决定,最好采取书面形式并说明理由(shall preferably be in writing and reasoned)”。

我国当下构建惯例适用说明理由制度的正当性主要体现在:第一,是增强判决说理性的必然要求,也是法官释明义务的当然组成部分,便于使裁判文书由“权力的宣言书”升华为“理性的阐释者”。第二,在当事人提出、陈述和主张适用惯例的情况下,说理是增强判决“回应性”和“可接受性”的重要举措,也是“保有其人格尊严”的最低要求。第三,是落实正当法律程序的必然要求,也是法院“判断权”的本质使然,无理由的判断实属“妄断”,法院在行使选择判断权时必须履行说理程序。

(三)不予参照后的纠正措施

对于不符合合法有效要件的惯例,人民法院不应仅仅停留于不予参照并说明理由,而是应进一步通过某种途径予以纠正。这一做法的正当性主要体现在:

第一,“不予参照”仅具有“个案效应”,亦即就该个案而言,该惯例不能成立或不予适用,否定了“本案适用”并不能够杜绝“他案适用”,个案否定与惯例的普适性和辐射效应相比可谓“杯水车薪”,所以,法院必须采取必要措施防范“恶例”效应蔓延。

第二,争取个案诉讼效应最大化已成为审判制度改革的重要内涵,“一并审理”“附带审查”等制度设计的根本目的就是为了“挖掘”“一案一诉”的最大潜能,在化解“个案”的同时一并解决包括惯例在内的相关规范、规则、依据的效力问题,践行诉讼经济原则。

第三,规范的属性判断、选择适用是法院审判权的当然内涵,但该项权力的“上限”并不限于“不予适用”,域外不少国家已开始将其延展为“纠正”

[1] 参见刘东亮:《什么是正当法律程序》,载《中国法学》2010年第4期。

"推翻"等面向"普适用效力"的措施。如在美国,"尽管意识到遵循先例原则在司法程序中发挥的重要作用",但当"随着时间的推移被证明是不公正或不明智时","最高法院仍会毫不犹疑地将其推翻"。[1]

纠正有两种可能途径:第一,通过司法建议促成惯例的废止、修正和完善,即"间接纠正"。事实上,修改后的《行政诉讼法》第64条规定,人民法院认为相关"规范性文件不合法",在不作为"依据"的同时,"并向制定机关提出处理建议",这里就包括已经"融入"规范性文件的惯例,当下需要做的是,将非以规范性文件形式存在的惯例、非行政性惯例和人民法院主动审查的惯例也纳入"处理建议"的范围。

第二,赋予"认为不合法"以普遍适用和反复适用效力。《行政诉讼法》第64条已经将人民法院对于规范性文件附带审查的否定性结论界定为"认为不合法",但这里的"认为"不应"隐于"法官心里,而应"外显于"裁判文书,基于"法无规定不可为"的权力法则,这里的"认为不合法"的实质就是"确认违法"。无论"认为"还是"确认",均产生"既判力",其内含的"禁止矛盾"意蕴理应产生普适性和反复适用效力。总之,如何让法院的"认为不合法"或"确认违法"起到阻止"恶例"继续有效的作用,应当成为行政法学界思考的命题。

五、当下审判实践中适用惯例的个案问题透视

笔者以"行初字 行终字 惯例"为关键词,对2014年1月1日至2015年6月30日时间段内"中国裁判文书网"公布的行政裁判文书进行搜索,查到约124个带有"惯例"字眼的判决,其中绝大多数判决均为当事人主张适用惯例,而法官未予表态,约有30个判决法官裁判时涉及惯例,这些"涉惯例"认定主要存在下述问题:

第一,忽视了惯例填补法律空白的功能,甚至以惯例代替法律。如有判决认为,两个生效判决"均已经把'零凤贞村民小组'作为一个诉讼主体,故遵循历史惯例,本院仍将其作为一个诉讼主体,但不认同其集体经济组织资

---

〔1〕 See State v. Maidwell,137 Idaho 424,50 P.3d 439(2002).

格"。[1] 历史地看,"习惯产生资格"只是在法律覆盖面不足的情况下偶尔出现的产物,如法国行政法院在1907年2月22日的"法布尔判例"中承认从1456年开始运转的工会协会的法律地位,因为"我们的行政法承认建立在远古习惯基础上的资格",[2]但在我国当下制度设计已将"法律赋予"作为诉讼主体资格取得必要途径的前提下,由两个判决形成的所谓"历史惯例"能否生成诉讼主体资格,值得商榷。

第二,对于当事人陈述并主张适用的惯例,法院多数情况下不予表态,使惯例的合法性和裁判价值在判决中"难觅踪影",不仅使判决失去了起码的"回应性"和"说理性",而且会抽掉被诉行为依据,使其成为"无本之木"。

第三,对涉案惯例究竟系"事实"抑或"规则"不加甄别。如有判决认为,"按惯例平时都是将邮件等东西送来后放在门卫固定地方……证实……邮件均由门卫签收……应视为有效送达",[3]这里的"门卫签收"属于惯例事实,但并非案件事实,也非惯例规则,本应适用"证据证明"规则,却在无法律依据的情况下错误地适用了"依据惯例推定事实"规则。

两种意义上的惯例在诉讼中的地位、审查强度与标准、举证责任等均不相同,"依惯例推定事实"和"依惯例认定处理"本来就不是同一属性的问题,前者应遵循事实认定规则,后者则应遵守法律适用规则,所以,审判过程中必须首先明确个案中惯例的性质和功能。

第四,混淆了惯例成立与有效之间的界限。如有判决认为,"工作惯例,应当是在长期工作中形成的习以为常的工作方式,各相关人员对此均应明确无异。现宏远公司对此予以否认,故所谓工作惯例仅为李某单方陈述而已。"[4]作为一个客观存在,惯例是否成立绝不依赖于个别人承认与否,当事人承认与同意应为惯例"有效"而非"成立"的条件。

第五,不同"惯例"之间的效力位阶亟待厘清。如有判决认为,"尽管打印出来的印章为黑色且与东城机动大队答辩状公章不完全一致,但……也

〔1〕 参见广西壮族自治区南宁市中级人民法院行政判决书(2014)南市行一终字第15号。

〔2〕 [法]莫里斯·奥里乌:《行政法与公法精要》(上册),龚觅等译,辽海出版社1999年版,第88页。

〔3〕 参见江苏省苏州市中级人民法院行政判决书(2014)苏中行终字第00278号。

〔4〕 参见浙江省嘉兴市中级人民法院行政判决书(2014)浙嘉行终字第11号。

符合目前北京市在交通执法中统一的工作惯例。"[1]尽管1979年和1993年国务院《关于国家行政机关和企业、事业单位印章的规定》以及1999年国务院《关于国家行政机关和企业事业单位社会团体印章管理的规定》均未对公章的颜色作出规定,但按惯例国家机关应当使用红色印章,当这个"大惯例"与个别执法行为中用黑色印章的"小惯例"相遇,应当如何选择适用？当下关于惯例位阶问题的探究主要聚焦于法与惯例之间效力的高低,忽视了惯例相互之间的效力位阶。

第六,在缺乏法律依据的情况下,将惯例作为推定的前提。如有判决认为,"本案中陈某平申请办证的行为应被认定为代表《土地使用权有偿转让合同》的双方当事人申请办证,这与实践中房地产买卖一般由购买方委托房地产经营者代为办理变更登记手续的交易惯例一致。"[2]此案存在依据惯例推定"办证代理"事实的情形。在缺乏法律依据的情况下,惯例不能产生"司法认知"的效力,不能以惯例取代证据和案件事实,更不能替代当事人的法定举证责任,尤其是《最高人民法院关于行政诉讼证据若干问题的规定》第68条关于"司法认知"的规定中并无"依据惯例推定的事实"的情形。

第七,不少判决在认定某种事实或做法时,仅以"不符合行业惯例"[3]"不符合惯例""根据香港有关法律及惯例"[4]"根据……城乡建设规划许可的行规、惯例和常理"[5]"按照拍卖惯例"[6]"根据拆迁工作惯例"[7]等一语带过,至于涉案惯例是什么、涉案事实或做法为什么不符合惯例、该惯例是否与法律抵触等,均不加说明。无论作为一种"事实"抑或"规则",惯例都必须具有明确性和确定性,因而无论庭审还是裁判文书都必须首先公开展示和准确表述惯例,之后才能进行"惯例事实"的真实性审查和"惯例规则"的合法性审查。

第八,人民法院认同、依据惯例时,绝大多数均采用"拿来主义",不加分

---

〔1〕 参见北京市第二中级人民法院行政判决书(2014)二中行终字第302号。
〔2〕 参见广东省肇庆市中级人民法院行政判决书(2013)肇中法审监行再字第3号。
〔3〕 如山东省滨州市中级人民法院行政判决书(2015)滨中行终字第9号中的认定。
〔4〕 参见浙江省杭州市中级人民法院行政判决书(2014)浙杭行终字第332号。
〔5〕 参见广西壮族自治区防城港市中级人民法院行政判决书(2015)防市行终字第14号。
〔6〕 参见浙江省高级人民法院行政判决书(2015)浙行终字第1号。
〔7〕 参见上海市第二中级人民法院行政判决书(2015)沪二中行终字第111号。

析、评价、判断、说理而直接采信和适用，使惯例实质上取得了审判“依据”的地位，如“按照企业规定和惯例”[1]“符合行政执法的惯例”[2]“按照当地分山漕不过漕、岌不过岌的惯例”[3]“根据我省的司法惯例”[4]等认定，这既与人民法院作为司法机关只能依据通过立法程序上升为“法意”的“民意”进行裁判的法治精神相悖，又与当下实证法关于行政审判依据法律、法规等规定不符。

上述问题产生的主要原因有两个：一是当下尚无成熟的惯例适用理论，为数不多的研究成果也未能对司法实践起到应有的参考指导作用。二是目前明显缺乏针对惯例诉讼地位、功能等问题的法律规定，惯例适用在我国当下尚处于有实践无制度、实践催生制度的境地。在无法可依的情况下，人民法院探索性地适用惯例并出现诸多问题在所难免，这同时也提醒行政法学理论与实务界，是时候考虑惯例适用的立法设计问题了。

六、修改完善与“参照”惯例相关的法律制度设计

为将惯例融入当下审判依据体系，笔者认为，现行法律制度设计应作如下调整：

第一，修改《行政诉讼法》第 53 条和第 64 条，将惯例纳入“一并请求审查”和“向处理机关提出处理建议”的范围。

第二，在《行政诉讼法》第 63 条中增加第 4 款：“人民法院审理行政案件，对于法律、法规、规章没有规定的，参照合法有效的惯例。”

第三，修改《最高人民法院关于行政诉讼证据若干问题的规定》第 68 条，将“按照惯例推定的事实”纳入“司法认知”的范围，并设定“当事人有相反证据足以推翻的除外”的“免证”解除条件。这实际上认同了惯例的“事实”面向，确立了“依惯例事实推定案件事实”规则。

第四，在《行政诉讼法》“涉外行政诉讼”一章中恢复修法前第 72 条的规定，确认有条件地“适用国际条约”，借此使惯例有条件地取得审判“依据”的

[1] 参见山东省济宁市中级人民法院行政判决书(2014)济行终字第 432 号。
[2] 参见山东省青岛市中级人民法院行政判决书(2014)青行终字第 478 号。
[3] 参见湖南省永州市中级人民法院行政判决书(2014)永中法林行终字第 14 号。
[4] 参见江苏省宿迁市中级人民法院行政赔偿判决书(2013)宿中行赔终字第 0003 号。

地位。

出于为参照惯例奠定司法实践和司法解释基础的考虑,取意于姜堰市人民法院2007年颁行的《关于将善良风俗引入民事审判工作的指导意见(试行)》,笔者认为,可以考虑先选择几个地方法院试点性地制定《行政审判中应用惯例的指导意见》,为条件成熟后由最高人民法院进一步制定《关于行政审判中具体应用惯例若干问题的规定》积累经验。

在相关立法作出上述调整和对本文所述惯例适用问题作出相应规定外,还应对惯例确认制度、惯例公布制度、针对惯例成立与合法的举证责任制度、参照惯例的技术问题等作出明确规定。在此之前,学界应当对这些问题进行深入的理论探究和铺垫。

行政诉权分层保障机制优化研究*

章志远**

摘要 基于当事人行政诉权行使理性化程度的不同，可将其区分为理性行使、精明行使、不当行使和恶意行使等四种状态，行政诉讼法实施应当进一步健全行政诉权分层保障机制。对理性行使行政诉权者应当给予有效保障，从科学把握立案登记和审查关系、法官履行释明诉讼类型选择义务、灵活运用行政案件协调化解机制等三个方面进行优化。对精明行使行政诉权者应当给予适度容忍，健全诉讼风险交流机制和诉讼繁简分流机制。对不当行使行政诉权者应当给予必要矫正，完善诚信诉讼的程序规则支撑和诉讼失权制度的精准适用。对恶意行使行政诉权者应当给予严厉制裁，探索差异化立案审查和诉讼失信人信用惩戒机制。行政诉权分层保障机制的优化，对于立基于全民守法的法治社会建设具有重要的促进作用。

关键词 行政诉权 分层保障 机制优化 法治社会

---

* 本文原载《法学论坛》2020 年第 3 期。

** 章志远，华东政法大学法律学院教授、博士生导师。研究方向：行政法学。

一、引言

基于“有权利必有救济”的法治定理，作为“权利救济权”的诉权被视为“第一制度性人权”，是“社会主体的价值确认方式”和“人的自主性的权能表现之一”。[1] 在诉权的诸多形态中，以当事人请求人民法院依法独立行使行政审判权对行政争议作出公正裁判为内涵的行政诉权尤为引人注目，概因其承载着权力制约、官民平等的特殊历史使命。我国现行《宪法》虽未直接对诉权作出明确宣示，但2014年第一次修正，2017年第二次修正的《行政诉讼法》(以下简称新《行政诉讼法》)已经在“总则”部分构建起行政诉权的基本保护框架，主要体现在新《行政诉讼法》开篇4条的规定上：一是第1条重申了“保护公民、法人和其他组织合法权益”的诉讼目的；二是第2条确认了公民、法人和其他组织的行政诉权；三是第3条规定了作为行政诉权核心内容的起诉权；四是第4条突出了人民法院对行政审判权的依法独立行使。可以说，上述规定奠定了新《行政诉讼法》作为“当事人行政诉权保障法”基本法的地位。

如果说上述法律规定体现的还只是一种观念层面行政诉权的话，那么，新《行政诉讼法》的实施无疑就是一种现实层面行政诉权的展示。“观念诉权”只有转化为“现实诉权”，对于诉权主体来说才真正具有价值。[2] 新《行政诉讼法》实施以来，行政案件受案数量快速增长，为行政诉权保障提供了广阔舞台；“立案难、审理难、执行难”的问题得到了有效缓解，为行政诉权的实际拥有提供了有力佐证。与此同时，诉讼程序空转、裁判口惠而实不至、少数当事人频繁启动政府信息公开诉讼等现象涌现，暴露出当事人行政诉权保障和规范方面还存在不少问题。如何在加强行政诉权保障与必要规范之间取得平衡，是我国今后行政审判工作面临的重大考验之一。

正是基于对行政诉权保障法落地实施的关切，笔者率先提出了“行政诉权分层保障”的理论命题，主张以原告实际行使诉权的理性程度为标准，分

---

〔1〕 程燎原、王人博：《权利及其救济》，山东人民出版社1998年版，第317页。

〔2〕 江伟、邵明、陈刚：《民事诉权研究》，法律出版社2002年版，第166页。

别就诉权"理性行使""精明行使""不当行使""恶意行使"设计出不同的机制加以保障和规制。[1] 与基于行政诉权运行过程的"诉权层次论"[2]和基于不同法律层面的"诉权形态论"[3]所不同的是,笔者所持的"诉权分层保障论"立足新《行政诉讼法》的文本规定和实施情况,聚焦原告诉权行使的理性化程度,提出相应的机制优化方案,引导我国公民养成理性维权、依法维权的习惯,进而促进法治社会的实现。希冀通过这项研究的开展,进一步提升新《行政诉讼法》的实效,指导我国行政审判工作行稳致远。

二、行政诉权理性行使的有效保障机制

我国当下正处于急速的社会转型时期,利益格局的调整和利益主体的分化增加了社会运行的风险,行政争议的妥善化解对于改革、发展和稳定任务的实现尤为重要。党的十九大报告提出了"培育自尊自信、理性平和、积极向上的社会心态"的社会建设任务,为行政诉权保障机制的优化提供了目标指引。总体上来看,将行政争议诉至法院寻求解决反映出当事人尊重法律、信任司法的积极心态,毕竟以"告官"取乐之人在新时代仍然属于极少数。为此,行政审判实践就应当在新《行政诉讼法》及最高人民法院《关于适用〈中华人民共和国行政诉讼法〉的解释》(以下简称《行诉解释》)文本规定的基础上,通过机制优化进一步解决好行政诉权保障不足的"短板"。[4] 具体来说,行政诉权理性行使有效保障机制的优化可从如下三个方面展开:

(一)科学把握立案登记和审查的关系

党的十八届四中全会通过的中共中央《关于全面推进依法治国若干重

---

[1] 章志远:《新时代我国行政审判的三重任务》,载《东方法学》2019年第6期。

[2] "诉权层次论"是青年学者梁君瑜博士新近提出的观点,其要义包括三个层次:"第一层次行政诉权为起诉权,仅由原告享有;第二层次行政诉权为获得实体裁判权,同样仅由原告享有;第三层次行政诉权为获得公正裁判权,由原、被告分别享有。"参见梁君瑜:《行政诉权研究》,中国社会科学出版社2019年版,第87页。

[3] "诉权形态论"是行政法学者孔繁华教授所持观点,论者提出根据行政诉权存在的不同法律层面,可以将其分为基本权形态的行政诉权、制度形态的行政诉权和实践形态的行政诉权。参见孔繁华:《行政诉权的法律形态及其实现路径——兼评最高人民法院法发〔2019〕54号文件》,载《法学评论》2011年第1期。

[4] "诉权有效保障和规范并举"是《行诉解释》所秉持的基本审判理念之一。参见章志远:《行诉解释对行政审判理念的坚守和发展》,载《法律适用》2018年第11期。

大问题的决定》(以下简称《全面依法治国决定》)就公正司法明确提出了“有案必立、有诉必理”的要求,作为对该决定“变立案审查制为立案登记制”的首次贯彻,新《行政诉讼法》第51条规定了“登记立案”制度。受所处特殊环境和媒体过度宣传等多方面因素的影响,部分法院机械理解执行立案登记制的规定,甚至收到诉状材料不经审查径行立案,走向了新的“立案的政治学”[1]极端。这种做法虽然使一审行政案件的受案数量在短时期内有了明显增加,但相伴而来的“高裁定驳回起诉率”却证明了一审受案数的“虚高”,既不利于当事人诉权的有效保障,更是对有限司法资源的浪费。为此,最高人民法院在《关于进一步保护和规范当事人依法行使行政诉权的若干意见》(法发〔2017〕25号,以下简称《若干意见》)中明确提出,要正确理解立案登记制的精神实质,“既要防止过度审查,也要坚持必要审查”。鉴于新《行政诉讼法》第49条已经规定了起诉的基本条件,因而行政审判实践需要在《行诉解释》细化起诉诸要件规定的基础上作出相对宽容的解释,缓解“行政诉讼起诉高阶化”[2]现象。可以说,行政诉讼的大门有多开,人民法院保障行政诉权的舞台就有多宽。在“李某、张某诉山东省惠民县政府行政强制及行政赔偿案”中,最高人民法院就创设地运用“推定被告”方法,撤销了一审、二审法院以起诉的被告不适格为由作出的驳回起诉裁定。[3] 这一创造性的裁判体现了最高人民法院对立案登记制内涵的科学把握,可谓“在保障起诉权与防止滥用诉权两方面”的精准平衡,其公正意识和正义立场应当为地方人民法院所接受。[4]

(二)诉讼类型选择法官释明义务机制

就逻辑关系而言,行政诉讼类型化既是行政诉权发展的内在需要,也是

---

〔1〕“立案政治学”概念的提出,可参见汪庆华:《政治中的司法:中国行政诉讼的法律社会学考察》,清华大学出版社2011年版,第44页。相比较过去行政诉讼立案往往考虑安定团结等社会因素而言,新近一些地方的立案则考虑政治站位、案件量增加等因素,是另外一种形式的“立案政治学”。

〔2〕高鸿:《行政诉讼起诉条件的制度与实践反思》,载《中国法律评论》2018年第1期。

〔3〕参见最高人民法院行政裁定书(2018)最高法行再113号。

〔4〕参见于安:《守护城市发展的法治底线——评李波、张平诉山东省惠民县政府案裁定》,载《中国法律评论》2019年第2期。

行政诉权实现的重要保障。[1] 新《行政诉讼法》虽然没有直接明确行政诉讼的类型化,但《行诉解释》第 68 条通过对作为起诉条件之一的"有具体的诉讼请求"的详尽解释,部分地实现了行政诉讼的隐形类型化。不过,在一些地方的行政审判实践中,法院时常以原告拒绝法官释明、不变更诉讼请求为由驳回原告的起诉。这种做法违背了行政诉讼类型化制度的初衷,不利于当事人行政诉权的有效保障。来自行政诉讼类型精细化设计的德国经验表明,法院不可以因原告选择了一个不适当的诉讼种类而将该诉驳回。"如果原告选择了错误的诉讼种类,法院必须通过解释、转换、具体指示,使之成为一个适当的诉讼种类。"[2] 所幸的是,这一域外经验已被新《行政诉讼法》实施以来最高人民法院的裁判频频援用。在"郭某某诉巨野县政府、菏泽市政府案"中,最高人民法院认为,行政诉讼类型制度的意义在于对法院的诉讼行为进行规范,使法院能够根据不同的诉讼类型选择对当事人最适宜的救济方式和裁判方式。"设置诉讼类型的目的既然在于为公民权利的保护提供一种具体方式,那么,选择一个适当的类型不应成为公民的任务甚至额外增加的负担。"[3] 在"王某某、黄某某诉河南省人民政府不履行法定职责案"中,最高人民法院对一审和二审法院以原告拒绝法官释明、诉讼请求不具体为由驳回起诉的做法并不认同,认为当事人诉讼请求的提出并不影响法院对请求的合并。"《行诉解释》虽然分项列举各类诉讼请求,但这并不能理解为各类诉讼请求不能在一个案件中合并提出。只要各类诉讼请求相互关联,不相互矛盾,就应当予以准许。"[4] 在"张某某诉北京市人民政府不履行行政复议法定职责案"中,最高人民法院认为,"在经过释明后原告坚持不作更改的情况下,人民法院可以根据原告诉求的实质性质,选择最为合适也能最大限度实现其诉讼目的的诉讼类型和判决方式。"[5] 从这些裁判要旨来看,最高人民法院已经通过审理个案的方式明确表达了释明诉讼请求系法官职责和义务的基本立场。这种有利于当事人行政诉权有效保障的诉讼类型释明制度,应当成为各级人民法院

---

〔1〕 参见薛刚凌:《行政诉权研究》,华文出版社 1999 年版,第 145 页。

〔2〕 [德]弗里德赫尔穆·胡芬:《行政诉讼法》,莫光华译,法律出版社 2003 年版,第 204 页。

〔3〕 参见最高人民法院行政裁定书(2016)最高法行申 2621 号。

〔4〕 参见最高人民法院行政裁定书(2017)最高法行申 7760 号。

〔5〕 参见最高人民法院行政裁定书(2016)最高法行申 2496 号。

行政审判的基本遵循。

（三）灵活运用行政案件协调化解机制

从纠纷化解的维度上看，我国行政审判30多年的演进过程，就是一个从“以明辨是非曲直为根本任务的封闭对抗型行政诉讼模式”向“以行政纠纷实质性化解为最终目标的开放合作型行政诉讼模式”的转变过程。〔1〕行政纠纷的实质性化解具有3个内在标准：一是案件已经终结；二是当事人之间的矛盾真正地得以解决；三是行政机关和社会成员能够自动根据法院的裁判调整自身行为。〔2〕新《行政诉讼法》实施以来，各级人民法院在实质性化解行政争议的目标指引下，充分运用协调化解机制处理行政案件，改变了某些情况下判决结案“口惠而实不至”的窘况，取得了良好的社会效果和法律效果。作为我国改革开放排头兵的上海地区，更是在2018年5月率先发布《关于进一步完善行政争议实质性解决机制的实施意见》，始终将争议的实质性解决贯彻于诉讼的全流程之中，秉承协调化解与依法裁判有机结合的理念促进行政争议的稳妥解决，开创了行政案件协调化解的“上海模式”。在上述文件的指引下，上海法院以行政争议多元调处中心为平台和“抓手”，将协调化解的范围扩展至更多类型的行政案件。2019年5月，上海市高级人民法院在发布上年度行政审判白皮书的同时，还首次发布了2018年行政争议实质性解决十大案例，实现了案件类型和调处手段的多元化。2019年6月，安徽省高级人民法院也对外发布了全省法院实质性化解行政争议十大典型案例。上海、安徽两地的行政审判实践，代表了行政诉权理性行使有效保障的新动向，彰显了实质性化解行政争议目标指引下协调结案的中国智慧。这种已被实践证明成功的行政诉权充分保障经验，值得在更大范围内进一步推广，切实增强当事人行使行政诉权的安全感和获得感。

三、行政诉权精明行使的适度容忍机制

行政争议的背后往往蕴涵着复杂的利益纠葛，折射出剧烈的时代变迁。

---

〔1〕 参见章志远：《开放合作型行政审判模式之建构》，载《法学研究》2013年第1期。

〔2〕 参见江必新：《论实质法治主义背景下的司法审查》，载《法律科学（西北政法大学学报）》2011年第6期。

站在民众维权的角度上看，其利用现有规定的某些疏漏乃至真空最大限度地谋取自身的利益，司法机关应当给予必要的容忍。特别是在征地拆迁、城市旧改等关乎基本民生保障的领域，司法机关对于原告申请政府信息公开等某些精明的迂回策略需要同情的理解。按照通行的诉讼法理，诉讼行为是组成诉讼程序的基本要素，是实现诉讼程序价值和目的的基本载体。[1]司法机关主要还是根据法律规定对当事人诉讼行为是否成立、是否有效、是否合法、有无理由进行评价，并非通过当事人的外在行为进行诉讼心理层面的推断。从近年来行政审判实践中所谓的“职业打假人”“投诉专业户”“信息公开申请专业户”维权现象上看，有些是属于现有法律制度规定的模糊地带，有些是当事人采取的诉讼策略，有些则是传导社会压力的工具。这些举动固然增加了行政机关的工作量，甚至给行政机关和司法机关增添了麻烦，但其本身也具有社会监督、倒逼行政机关依法行政的“溢出”效应。除了完善法律规定、堵塞规范漏洞之外，人民法院可以通过诉讼风险交流机制和诉讼繁简分流机制予以积极应对。

(一)诉讼风险交流机制

身处社会转型时期，人民法院的行政审判工作担负着化解社会矛盾、维护社会稳定、保障行政诉权、促进良好行政的多重使命。目前，对行政争议实质性化解理念的推行更多借助各种类型的府院良性互动机制。相比之下，法院与原告之间的常态深度交流机制尚未确立。民众无论是出于何种心理向法院提起行政诉讼，其自身都面临各种不确定的风险。对法院而言，如果只顾埋头处理当事人之间的表面纷争，不能及时有效地了解原告的真实诉求，其结果不仅难以实现行政争议的实质性化解，而且还耗费了有限的司法资源。为此，从诉讼风险防范和管控出发，应当建立法院与原告之间的互动交流机制。特别是在当事人精明行使行政诉权可能造成诸多消极影响时，应当通过法院与原告之间的深度沟通交流加以规避。以安徽省高级人民法院对外发布的实质性化解行政争议十大案例之首的“葛某某诉安徽省人民政府行政复议案”为例，原告因与征收实施单位无法就补偿安置达成协

[1] 参见樊崇义主编：《诉讼原理》，法律出版社 2009 年版，第 380 页。

议，已经针对土地征收过程中的项目选址意见书、立项复函、公告等多个行为提起了十余起行政诉讼。安徽省高级人民法院在审理该案的过程中，并未机械地就案论案，而是经过反复沟通，了解到葛某某提起多起行政诉讼的真实意图是寻求补偿安置问题。按照实质性化解行政争议的要求，法院紧紧抓住当事人补偿安置的痛点直接展开调解，最终促使葛某某与征收实施单位之间达成补偿安置协议，葛某某不仅撤回本案上诉，而且提起的其他行政诉讼也都撤诉。[1] 就本案而言，当事人实际上是精明地行使了其所享有的行政诉权，虽然表面上都符合法律的规定，但每个孤立的个案既无法实现其真实的诉讼目的，也会无谓耗费有限的司法资源。受案法院通过反复释明和交流掌握了当事人的内心真实诉求，以适度容忍最终换回了行政争议的实质性化解，此举值得大力倡导。

（二）诉讼繁简分流机制

随着行政审判管辖体制改革的推进，行政案件向上级法院集中的趋势日益明显，案件审理的压力不断增大。对案件进行合法适度的繁简分流，既能够有效地提升行政审判效率，又能够有效地降低行政法官的压力，尽量减少司法资源的无端浪费。特别是面对一些不具实益的政府信息公开诉讼、投诉举报答复诉讼等案件，快速处理机制的建立尤为必要。新《行政诉讼法》第 82 条规定了行政诉讼简易程序的适用范围，为人民法院开展繁简分流改革提供了立法支撑。不过，受制于审理期限、当庭宣判、绩效考核、管辖改革等多重因素的影响，行政审判实践中繁简分流改革进展并不顺利，修法的红利未获释放，“繁案精审、简案快审”的格局并没有形成。[2] 一些行政审判基础扎实、环境良好的地区已经率先进行更大范围的繁简分流探索，对提升行政审判质量和效率发挥了积极作用。例如，广州铁路运输中级法院 2019 年 3 月印发《行政案件适用简易程序工作指引》，明确规定其他案件适

[1] 参见唐欢：《裁判协调双管齐下促行政争议实质性化解 省高院发布十大行政典型案例》，载《安徽法制报》2019 年 6 月 19 日，第 1 版。

[2] 程琥法官将行政诉讼繁简分流程序运行困境的原因归结为“法律规定过于原则、可操作性不强”“审级制度不完善、诉讼程序同质化问题突出”“激励保障机制缺失、繁简分流容易流于形式”“繁简分流一体化程度不高、未能形成整体效能”等四个方面。参见程琥等：《新行政诉讼法疑难问题解析与实务指引》，中国法制出版社 2019 年版，第 235～238 页。

宜适用简易程序审理的,立案庭应当以适当形式征询当事人运用简易程序的意见,同时做好解释工作。各方当事人同意的,就可以适用简易程序,尽力提升简易程序的适用率。此外,行政案件的速裁程序、普通程序简易审理等繁简分流改革模式也次第推出。2019 年 3 月,中央政法委、最高人民法院和最高人民检察院联合下发《关于进一步优化司法资源配置全面提升司法效能的意见》(以下简称《全面提升司法效能意见》),明确提出了“完善分案机制”“推动简案快办”“推动类案快审”“探索示范诉讼”“简化法律文书”等具体改革任务,还特别针对行政诉讼提出“依法扩大行政案件简易程序适用、探索建立行政速裁工作机制”的改革构想,为行政审判实践拓展繁简分流提供了指引。面对职业打假人、投诉专业户、政府信息公开频繁申请者提起的行政诉讼:一方面需要适用《行诉解释》严把案件立案关,防止没有权利保护必要性的案件进入司法程序;另一方面需要果断采取快审和速裁方式,消解当事人精明行使行政诉权可能造成的负面效应。只有这样,人民法院才能依法应对当事人提起的精明之诉,在诉权保护和司法效益之间寻求平衡。

四、行政诉权不当行使的必要矫正机制

我国现行《宪法》第 51 条规定:“中华人民共和国公民在行使自由和权利的时候,不得损害国家的、社会的、集体的利益和其他公民的合法的自由和权利。”就公民诉权行使而言,同样应当遵循法律的规定。《民事诉讼法》第 13 条第 1 款规定:“民事诉讼应当遵循诚实信用原则。”在民事诉讼中,虚假诉讼、恶意诉讼、机会型诉讼、滥用诉讼权利等“程序异化”[1]现象已经引起了广泛关注。基于行政诉讼两造地位的特殊性,新《行政诉讼法》并没有直接规定诚实信用原则,但这并不意味着行政诉讼当事人可以任意地行使行政诉权。一方面,行政诉权作为一种具体形态的诉权应当遵守诉权行使的一般原则,在《行政诉讼法》没有明确规定时可以适用《民事诉讼法》的相关规定;另一方面,党和国家高度重视社会诚信体系建设,中共中央、国务院

〔1〕 吴英姿教授认为,民事诉讼中的“程序异化”,是指程序从保障当事人诉权的规则变异为当事人滥用诉权、利用诉讼程序谋取不正当利益的工具。参见吴英姿:《作为人权的诉权理论》,法律出版社 2017 年版,第 169 ~ 170 页。

印发的《新时代公民道德建设实施纲要》明确提出“开展诚信缺失突出问题专项治理,提高全社会诚信水平”的任务,国务院印发的《关于建立完善守信联合激励和失信联合惩戒制度加快推进社会诚信建设的指导意见》提出了“加快推进社会诚信建设、营造诚信社会环境”的目标。事实上,在近几年的行政审判实践中,一些不当行使行政诉权的现象开始出现,如有的当事人或者代理人出于干扰法庭秩序、施加压力、延缓开庭等目的,随意提出回避申请;有的当事人将法庭当成发泄个人不满的舞台,不服从审判长指挥;有的当事人藐视法庭不举证不陈述,致使庭审无法进行。[1] 为此,可以从诚信诉讼的程序规则支撑和诉讼失权制度的精准适用两个方面入手,针对行政诉权的不当行使进行必要的矫正。

(一)诚信诉讼的程序规则支撑

诚信诉讼原则要求当事人在诉讼过程中自觉听从法庭的指挥,合法合理地行使诉权。“程序具有暂时冻结某一状态的用途。一个事物或案件在被置之程序的那一刻开始,就与社会发展的因果链隔离了。”[2] 当行政争议随起诉进入司法程序后,当事人就应当在人民法院的主持和主导之下正当行使诉权,寻求案件最终的实质性解决。因此,当原告出现某些不以案件及时公正化解为目的、不积极配合人民法院正常审理案件的行为时,特别是在法院反复释明后仍不给予配合的,就应当通过相应的程序规则及时进行矫正。新《行政诉讼法》及《行诉解释》已经规定了相应的程序规则,行政审判实践需要借助非诚信诉讼样态的灵活解释加以大胆适用。总体来看,有5种情形可以纳入诚信诉讼的程序规则支撑体系之中:一是针对重复起诉、执意缠讼的径行裁定驳回起诉机制;二是针对明显不属于法定回避事由申请的当庭驳回机制;三是针对经传票传唤原告无正当理由拒不到庭或者未经法庭许可中途退庭的按照撤诉处理机制;四是针对妨碍庭审活动进行的中止诉讼机制;五是针对庭审中拒绝陈述导致庭审无法进行的视为放弃陈述权利机制。值得肯定的是,行政审判实践中人民法院的裁定已经多次使用了

〔1〕 参见梁凤云:《行政诉讼法司法解释讲义》,人民法院出版社2018年版,第205、211页。

〔2〕 季卫东:《法治秩序的建构》,中国政法大学出版社1999年版,第19页。

"诚信诉讼""理性合法表达诉求"等字眼,并对当事人不当行使诉权的行为进行了相应的矫正。例如,在"腾某琴诉江苏省南京市雨花台区人民政府行政协议案"中,腾某琴在二审庭审中反复纠缠于雨花台区人民政府负责人未出庭问题,经二审法院当庭出示情况说明并释明后仍然坚持己见不同意开庭,导致庭审无法正常进行。二审法院根据最高人民法院《关于执行〈中华人民共和国行政诉讼法〉若干问题的解释》(以下简称《行政若干解释》,《行诉解释》实施后已经废止)第 49 条第 1 款的规定,认定腾某琴庭审中的行为实际上是拒绝法院对案件进行审理和裁判,所产生的法律效果等同于未经法庭许可中途退庭,应当视为主动放弃上诉权。最高人民法院的再审裁定不仅明确支持了二审法院的基本立场,而且还特别指出:"法庭是人民法院代表国家依法审判各类案件的专门场所,庭审是司法审判的中心环节,遵守法庭纪律,理性合法表达诉权,保障庭审活动正常进行,既是人民法院公正及时审理案件的需要,更是当事人依法维护自身权益的需要。当事人应当根据法庭引导,在庭审的不同环节,适时表达相应不同的诉求。"[1]

(二)诉讼失权制度的精准适用

如果说诚信诉讼的程序规则支撑体系尚属"有限矫正"之举,那么失权制度则是从实质上终结当事人在本案中的诉讼权利,是一种典型的"强力矫正"举措。行政诉讼中的失权,是指当事人在行政诉讼活动过程中原本享有的诉讼权利,因某种特定原因或者事由的发生而丧失。从诉权充分保障的角度上看,失权要件的构成应当尽可能明确、具体,"如过于笼统就会造成法院司法裁量权的扩大,从而不利于从实质上保障第三方诉讼权利的行使。"[2]新近发生在江苏省南通市的"纪某某诉如皋市人民政府、南通市人民政府征地补偿安置方案行政批准及行政复议案"(以下简称纪某某案)之所以引起社会广泛关注,就缘于法院认为原告纪某某的穿戴(头戴黑色鸭舌帽)不符合司法礼仪要求,且经法院多次释明后仍然无正当理由拒绝纠正

〔1〕 参见最高人民法院行政裁定书(2017)最高法行申 145 号。值得注意的是,《行政若干解释》第 49 条第 1 款的规定已经为《行诉解释》第 79 条第 1 款所取代。今后出现当事人在法庭庭审中无视法庭释明、拒绝服从指挥的,能否继续解释为"拒不到庭"或"未经法庭许可中途退庭"尚待观察。

〔2〕 杨荣馨主编:《民事诉讼原理》,法律出版社 2003 年版,第 196 页。

（拒绝脱帽），导致庭审活动无法进行，应视为纪某某放弃本案的诉讼权利按照撤诉处理。[1] 在本案中，纪某某的行为属于行政诉权行使不当，能否适用《行诉解释》第 80 条“视为放弃陈述权利、承担不利法律后果”，则完全取决于法院的司法裁量。在 2019 年 12 月 26 日南通市中级人民法院就该案所作的情况通报中，法院详细介绍了案件的背景和纪某某个人 5 年来向三级法院提起百余件行政诉讼案件、不断进京上访及过往不听法官劝导、不符合司法礼仪要求被责令退出法庭等情况，并认为放弃诉讼权利有积极明示的方式和消极对抗的方式，纪某某的行为则属于以消极方式放弃诉讼权利。[2] 当然，法院的这种认定是否完全符合《行诉解释》的制定原意、是否可以采取其他替代性的有限矫正措施，仍然具有讨论的空间。[3] 在“王某某、于某诉北京市海淀区人民政府行政复议案”中，法院以原告王某某、于某到庭后无正当理由不服从法庭安排，经法庭释明法律后果后仍阻挠法庭庭审活动正常进行为由，认定其行为无异于放弃诉讼主张、行为效果等同于原告未经法庭许可中途退庭，根据新《行政诉讼法》第 58 条作出按照撤诉处理的裁定。[4] 在“胡某某诉宁波市海曙区人民政府鼓楼街道办事处及海曙区人民政府不履行法定职责及行政复议案”中，法院以胡某某拒不当庭回答是否已经缴纳诉讼费、明显违反诉讼诚信规则和相关庭审纪律为由，裁定按照撤诉处理。[5] 相比纪某某案的处理而言，这两个案件因分别与新《行政诉讼法》第 58 条和《行诉解释》第 61 条的规定相关联而少有争议。鉴于行政诉讼失权制度关系到个案中行政诉权的剥夺，人民法院在行政审判实践中宜采取慎重态度。就《行诉解释》第 80 条“明确拒绝陈述或者以其他方式拒绝陈述”的司法判断标准而言，梁凤云法官曾言：“要判断该行为是否存在以及是否客观上导致庭审无法正常进行，至于原告或者上诉人的主观心理状态则无需审查或者推定。”[6] 可见，诉讼失权制度的适用规则还需要在行政审判实践中继续摸索。

---

〔1〕 参见江苏省南通市中级人民法院行政裁定书(2019)苏 06 行初 177 号。
〔2〕 参见胡欣：《不遵守司法礼仪 案子被撤诉》，载《今晚报》2020 年 1 月 10 日，第 14 版。
〔3〕 参见张贵志：《“帽子”和“尊严”都应尊重法律》，载《法治周末报》2020 年 1 月 1 日，第 1 版。
〔4〕 参见北京市第四中级人民法院行政裁定书(2018)京 04 行初 531 号。
〔5〕 参见浙江省宁波市中级人民法院行政裁定书(2016)浙 02 行申 12 号。
〔6〕 梁凤云：《行政诉讼法司法解释讲义》，人民法院出版社 2018 年版，第 224 页。

五、行政诉权恶意行使的严厉制裁机制

在旗帜鲜明地弘扬“保障当事人诉权”的同时，《全面依法治国决定》也提出了“加大虚假诉讼、恶意诉讼、无理缠讼行为的惩治力度”的号召，但新《行政诉讼法》并没有对此作出明确回应。2015 年 2 月，在新《行政诉讼法》正式实施之前，江苏省南通市港闸区人民法院在“陆某某诉南通市发展和改革委员会政府信息公开答复案”（以下简称陆某某案）中率先大胆提出“滥用诉权行为的法律规制”命题，并认为“保障当事人的诉权与制约恶意诉讼、无理缠讼均是审判权的应有之义”。[1] 随后，陆某某案被载入《最高人民法院公报》，裁判要旨指出：“当事人反复多次提起琐碎的、轻率的、相同的或者类似的诉讼请求，或者明知无正当理由而反复提起诉讼，人民法院应对其起诉严格依法审查，对于缺乏诉的利益、目的不当、有悖诚信的起诉行为，因违背了诉权行使的必要性，丧失了权利行使的正当性，应认定构成滥用诉权行为。”[2] 鉴于该案发展了现有法律规定，特别是发生在较为低迷的政府信息公开领域，因而引发了行政法学理论界和实务界的广泛关注。尽管《行诉解释》并没有直接就滥用诉权行为的规制作出明确规定，但《行政若干意见》还是以较大篇幅对恶意诉讼、无理缠讼等滥诉行为提出了相应的规制措施。与此同时，最高人民法院自身也在一系列再审行政案件裁判中延续了陆某某案的裁判思路。为此，对于当事人最极端的滥诉行为必须给予严厉的制裁措施，将有限的司法资源真正用于对理性行使行政诉权者的充分保障。从新近的司法判例及权威文件来看，如下两项制裁机制亟待明确。

（一）滥诉差异化立案审查机制

与“民事诉权滥用”[3] 危害有所不同的是，行政诉权的滥用通过人为地制造案件，挤占了有限的司法资源，不仅干扰了行政机关的正常工作，而且阻碍了行政审判功能的正常发挥。考察“陆某某案”以来最高人民法院的一

---

〔1〕 参见江苏省南通市港闸区人民法院行政裁定书（2015）港行初字第 0021 号。

〔2〕 参见《最高人民法官公报》2015 年第 11 期，第 43 页。

〔3〕 一般认为，民事诉权的滥用是“非公正、非诚实和非善意地行使诉权”。参见江伟、邵明、陈刚：《民事诉权研究》，法律出版社 2002 年版，第 345 页。

系列裁判，可以大体上看出行政诉权滥用有两方面的构成要件：一是客观要件，即行为人在一定周期内反复多次提起相似的无关痛痒的诉讼请求；二是主观要件，即行为人故意通过频繁起诉以达到骚扰施压的案外目的。为了及时有效制止行政诉权恶意行使，可以探索建立差异化的立案审查机制，即人民法院对认定滥诉行为者所提起的类似行政诉讼进行严格审查，一经核实直接按照《行诉解释》第55条第2款的规定，径行退回诉状并记录在册；坚持起诉的，直接以滥诉为由裁定不予立案。在“陈某某诉浙江省人民政府不履行行政复议法定职责案”中，最高人民法院提出立案登记制并非意味着提交诉状就对人民法院形成约束，如果公民、法人或者其他组织提起的诉讼明显不成立或者滥用起诉权利的，人民法院有权不予登记立案。滥用或者恶意行使诉讼权利造成对方当事人经济损失的，还应当承担相应的法律责任。最高人民法院的裁定悉数列举了陈某某因同一纠纷先后提起的10余起行政诉讼案件，认为其围绕实质诉求所提出的咨询复核、申诉、再申诉、控告检举、信访、监督等申请明显包含重复申请、循环申请和重叠申请，且陈某某置人民法院生效裁判反复释明多次于不顾，仍然反复、大量申请行政复议并提起行政诉讼，属于典型的滥用诉权。随后，最高人民法院提出，今后对于陈某某另行提起的涉及本案相关争议的行政诉讼，人民法院在登记立案前应当依法严格审查，对明显滥用诉权的，退回诉状并记录在册；无理缠讼，造成诉讼对方或第三人直接损失的，可以根据具体情况对无过错方依法提出的赔偿合理的律师费用等正当要求予以支持。[1] 该案判决为认定滥诉行为提供了范本，所提出的差异化立案审查机制和快速退回机制都具有推广适用价值。[2] 这一探索符合《全面依法治国决定》颁布以来“加大对滥用诉讼行为惩治力度”的国家司法政策，与新《行政诉讼法》及《行诉解释》的相关条款实现了有效对接，保障了滥诉行为严厉制裁机制的合法性和有效性。

---

〔1〕 参见最高人民法院行政裁定书(2018)最高法行申6453号。

〔2〕 有的研究者提出了建立反复起诉同类型案件“诉讼目的自我说明”制度，对于拒不说明或所说目的与诉讼请求指向目的不符合的，法院可以排除案件进入实体审理，从而达到防止滥诉的目的。参见蔡超等：《“连环型诉讼”与“同类型诉讼”引发“程序空转”的困境与出路——以中部某省2013－2017年五年数据为样本》，载最高人民法院行政审判庭编：《行政执法与行政审判》(总第76集)，中国法制出版社2019年版，第53页。

（二）诉讼失信人信用惩戒机制

纪某某案的发生及其所引发的广泛社会关注表明，滥诉行为的现实危害性尚未被公众所认知，滥诉行为的有力制裁机制还有待进一步探索。在经济下行压力增大、社会矛盾纠纷激增的特殊社会历史时期，行政机关和人民法院担负着艰巨的发展和稳定任务。如果任由极少数人滥诉行为继续横行，不仅有限的司法资源被无端耗费，行政机关的正常工作受到滋扰，而且国家治理体系和治理能力的现代化也会遭受巨大挑战。为此，除了在诉讼程序之内严厉惩戒滥诉行为外，还应当予以适度拓展。《全面提升司法效能意见》提出，要探索建立诉讼失信人名单制度，并与社会征信系统接轨，对不诚信的诉讼行为人实施信用惩戒。这一规定与国务院近年来大力推行的以失信联合惩戒为抓手、构建以信用为基础的新型监管机制、加快推进社会信用体系建设的持续努力相契合，对于进一步彰显司法权威、优化诉讼环境具有重要意义。具体来说，诉讼失信人信用惩戒机制的构建可从两个方面入手：一是权利救济系统内的联合审查机制。对于记录在册的滥诉行为人，应当实现权利救济系统内的信息共享。滥诉行为人在启动新的申诉、复查复核、复议等救济程序时，主管机关可以对其进行差异化的严格审查，防止其再度掀起新一轮毫无实质意义的救济。二是法律服务领域内的从严审核机制。人民法院所认定的滥诉行为人的信息，可以逐步开放为司法行政机关、公安机关等与法律服务有关的行政机关共享使用，在其接受法律援助、从事公民代理等与法律服务相关的活动时从严审核，防止其对国家法律实施系统造成新的滋扰。当然，对滥诉行为人失信联合惩戒的运用是一把双面刃，需要在惩戒对象、惩戒范围、惩戒周期等方面审慎推行，避免行政系统失信联合惩戒过多过滥引发的合法性和正当性危机。

六、结语

自习近平总书记2012年12月4日在首都各界纪念现行《宪法》公布施行30周年大会上首次提出“坚持法治国家、法治政府、法治社会一体建设”的重大政治论断以来，法治社会建设日益引起法学理论界的关注。作为具有高度中国实践特色的概念，法治社会的核心内涵是“公权力运作系统之外的社会生活的法治化”，社会成员的普遍守法、信法、尊法则是法治社会构建的基础。[1] 在“医闹”“校闹”“庭闹”事件频频发生的背景之下，重塑社会信用、重申全民守法格外重要。行政诉权是否理性平和行使，关乎当事人实体权利的有效保障，关乎司法机关纠纷化解和社会治理功能的实现，关乎诚信社会建设的实效，需要加以及时规范和有力引导。本文的研究旨在通过行政诉权分层保障机制的健全，引领依法维权、理性维权、诚信维权社会新风尚的形成，真正使法治的阳光照耀到行政诉讼活动的每一个环节。本文所倡导的行政诉权分层保障和规范机制的落地实施，有望进一步增强新《行政诉讼法》的实施效果，加快法治社会的建设进程。

---

〔1〕 陈柏峰：《中国法治社会的结构及其运行机制》，载《中国社会科学》2019 年第 1 期。

中国行政主体理论再评析*

曾祥华**

摘要　行政主体理论是当代中国行政法学中一个争论不休的问题,争论的起因在于法学概念移植的认知分歧,争论的关键还是在于本土化与普适化的矛盾。"行政主体"的称谓虽有缺陷,但已约定俗成,没有必要更换一个新的概念。中国的行政主体理论的确存在内在的缺陷,但也有其长处,能够更好地明确实际行为者的法律责任。中国行政主体理论的重构必须理清行政主体的核心内容、主要功能及其与法人理论的纠葛。全面引入西方行政主体理论必须在具备一定的社会背景和理论底蕴的条件下完成。

关键词　行政主体理论　名称　功能　优点　缺陷

行政主体是行政法学的一个重要概念,因为它是解决行政法舞台上"WHO"问题必不可少的一环,在目前中

---

* 课题项目:中国法学会部级课题项目:《食品安全治理中多元化权利救济机制研究》,项目编号:CLS(2017)C04。江南大学重大项目培育项目:《较大的市立法权及其运行机制研究》。

** 曾祥华,法学博士,江南大学法学院教授、硕士生导师,主要研究行政法与行政法学。

国的理论和实践中,它还关系到行政诉讼的被告如何确定。但是,行政主体理论也是一个当代中国行政法学中争论不休的问题,从"行政主体"名称本身到它的范围、定位、功能都存在争议,争论的起因在于法学概念移植的认知分歧,争论的关键还是在于本土化与普适化的矛盾。理论或制度的借鉴和移植不仅需要厘清理论或制度本身的脉络,还要透彻了解该理论或制度的社会背景条件。本文试图对此做一次探究。

一、行政主体的名称(称谓)

行政主体是一个法学概念,至少在我国还不是一个法律概念。一些质疑中国行政主体理论的学者对"行政主体"的名称本身提出批评。主要理由就是行政主体中的"主体"是与"客体"相对称的一个概念,其措辞暗含歧视行政相对人之意,因为它把行政相对人视为客体,是为被动的客体,是与管理者相对的被管理者,与行政主体处于不平等的地位。这种做法已经不符合时代的潮流,违背了平等的理念,脱离了现代人文精神。鉴于此,一些日本学者使用"行政体"的概念取代"行政主体"。[1]

行政主体与行政相对人同为行政法主体,是行政法舞台上的两大主角,在传统的观念中,确实分别被视为管理者和被管理者,两者不是平等的。其中的意味从概念本身确实有所体现。例如,"行政相对人"就体现了与行政主体相对的人的意思,仔细体会会发现,"行政(主体)"是词根,"相对人"只不过是词缀,也即"行政主体"才是原生的,是行政法舞台上的主角,而"行政相对人"只不过是派生的,是配角。这两个概念确实暴露了早先行政法鄙陋的一面。但现今,"行政主体"的概念已经被普遍使用,约定俗成,如果再更换一个新的概念,从效益上看有点不经济。何况新的概念能否得到所有学者或者大部分学者的认同也是个问题。此外,这两个概念都可以从别的角度解读,我国新修正的《行政诉讼法》第25条使用了"行政行为的相对人"这一概念,因此,"行政相对人"可以理解为"行政行为"所针对或者所指向的"相对人",那么同理可推,"行政主体"并非"行政相对人"之主体,而是"行

[1] 薛刚凌:《我国行政主体理论之检讨——兼论全面研究行政组织法的必要性》,载《政法论坛(中国政法大学学报)》1998年第6期,第63~71页。

政行为"之主体,如此一来,长期以来多重顾虑顿可烟消云散。

还有学者使用"公务主体"的概念。[1] 该学者并没有对"公务主体"进行明确的界定,但限定了"公务主体"的范围,将行政机关、公法人、局署、承担公务的私人和司法形式的公务组织等多元主体都纳入"公务主体"的概念体系。他还对"公务"进行了界定,指出公务(公共职能)是指攸关公共利益,国家(包括地方团体等其他统治团体)认为必须通过自己的安排或直接提供活动来保证其实现的事务。而其"公务主体"的外延除(我国内地目前)通说的行政主体之外,还包含"受行政机关委托的组织"。就其实质而言,"公务主体"与当今通说有异,而与德国"行政主体"概念类似。如果按照重构行政主体概念的学者观点,或者按照行政主体概念普适化的要求,这里的"公务主体"与欧洲行政主体的概念大致相同,其实就是"行政主体"。如果保留目前我国居于通说地位的"行政主体"的外延与内涵不变,则"公务主体"倒是一个解决问题的有利而方便的概念。不过以此名词来指代行政主体并非没有问题,因为"公务"并非仅仅指行政事务,"公务"应当相对于"私务"而言,只要是为了公共利益的事务都为公务,即便从狭义的角度即国家机关所为公务而言,公务亦非仅仅指行政事务,还包括立法、司法事务在内。由此观之,"公务主体"的概念,也有其缺陷,即有"大马拉小车"之嫌。可能有人会辩解,在法国有"公务法人"之说,不亦宜乎?然而,这里不能类比,因为公务法人是排除国家、地方团体之外的"公法人",一般不可能有真正意义上的立法、司法事务(可有制定内部规范、调解纠纷等比喻意义上的"立法""司法"活动),因此不会产生误解。总之,"公务主体"会导致误解(包括立法和司法的机关),而"公务法人"则不会。

英、美等国行政法没有与行政主体相对应的概念(尽管有各种行政主体包括行政机关在事实上的存在),"administrative body"或者"administrative subject"、"subject of administrative"并非一个英语原生词,而是一个译介欧洲大陆法系"行政主体"所"生造"的词语,或者并非一个常用词,也不是一个专业术语。在英文行政法学著作中常用的词是"agency"或者"administrative

[1] 周佑勇主编:《行政法专论》,中国人民大学出版社 2010 年版,第 171 页以下。

agency”,[1]是“代理人”“机关”“行政机关(机构)”的意思。这倒是给我们提供了一个有意思的问题,也提供一个可能的思路,没有行政主体这个概念,难道行政法(学)就不能过日子(运行)吗?英美法系没有这个概念,不照样走道吗?当然,中国的法律文化更接近于大陆法系,接近于成文法传统,偏好演绎思维和抽象的概念,少用归纳法和列举式定义,因此,行政主体的概念是中国行政法学绕不过去的“装置”,或许还是一道不能错过的“风景带”呢!

二、行政主体的概念、功能及中外差异

对于行政主体的定义,大陆行政法学者的定义大同小异,如“依法享有国家行政职权,代表国家独立进行行政管理并独立参加行政诉讼的组织。”[2]“依法拥有独立的行政职权,能代表国家,以自己的名义行使行政职权以及独立参加诉讼,并能独立承受行政行为效果的组织。”[3]关于其特征,一般概括为:(1)行政主体是一种组织,不是个人。(2)行政主体依法拥有独立的行政权。(3)行政主体能够以自己的名义行使行政职权和参加行政诉讼。(4)行政主体能够独立承受行政行为所引起的法律效果和行政诉讼的效果。[4] 根据通常的描述,行政主体包含行政机关和法律法规授权的组织。前者包括各级人民政府及其部门(乡政府所属机构除外)以及法律、法规授权的并非一个部门的行政机关内部机构和派出机构;后者包括法律法规授权的社会团体、事业单位、企业单位和基层自治组织。

令人疑惑的是,以上在目前中国行政法学界占主导地位的行政主体说居然是借鉴国外行政法学理论所产生的。据有关学术史梳理,当时主要的学术背景是1988年王名扬先生出版《法国行政法》和日本学者南博方的《日本行政法》译本在中国面世。[5] 然而,根据王名扬先生的介绍,在法国,行政

---

[1] [美]芬克等:《行政法案例与解析》,中信出版社2003年版(影印本),第1页以下;[美]恩斯特·盖尔霍恩、罗纳德·M.莱文:《行政法》,法律出版社2001年版(影印本),第1页以下。

[2] 应松年主编:《行政法学新论》,中国方正出版社1998年版,第90页。

[3] 胡建淼:《行政法学》,法律出版社1998年版,第143页。

[4] 胡建淼:《行政法学》,法律出版社1998年版,第143~144页。

[5] 王名扬:《法国行政法》,中国政法大学出版社1989年版,第39页以下;[日]南博方:《日本行政法》,杨建顺、周作彩译,中国人民大学出版社1988年版,第13页。

主体是一个法律概念，是实施行政职能的组织，即享有实施行政职务的权力并负担由于实施行政职务而产生的权利、义务和责任的主体。它包括国家、地方团体、公务法人。由于当代行政职务扩张的结果，出现了一个新的类型——同业公会。因为法院判例认为同业公会不是公务法人，但多数学者认为，同业公会只是受委托的执行公务的私法人，不是一个行政主体。[1] 在日本，行政主体是行政权的归属者，包括国家、公共团体（地方公共团体、公共组合、独立行政法人、特殊法人），其中公共组合即社团法人，而特殊法人具有财团法人的性质。[2] 从以上介绍可以看出，中国的行政主体概念与法国、日本行政主体的概念从内涵到外延都存在显著的区别，中国行政主体概念和理论确实具有明显的"中国特色"。对中国行政主体理论提出质疑的薛刚凌教授在借鉴前人成果的基础上系统地总结了中国与法国、日本行政主体理论的区别，指出了法国、日本理论的特点：第一，法国、日本是对具体制度的研究，而具体的行政主体制度又与行政的民主化、分权不可分离。第二，强调行政组织的统一和协调。第三，否定行政机关在法律上的独立人格。第四，行政主体的责任是实质上的责任，即行为后果的最终归属，并与财产责任相联系。第五，与行政诉讼被告的确定没有必然联系。第六，强调行政主体间的相对独立。第七，法国、日本的行政主体理论是行政组织法理论的组成部分。[3] 上述总结具有全面性、系统性和穿透力，总体上比较客观，但是，其中第五点和第七点中的评价却未必完全公允。基于此等理由对行政主体缺陷的解析和负面影响的揭示也并非完全合理。

令人感到奇怪或者微妙的是，本来借鉴法国理论而产生的中国行政主体理论为什么不知不觉地发生了实质性转变，在内涵和外延上都被"偷梁换柱"似地改造。质疑者和辩解者共同确认的原因就是适应行政诉讼的需要，其实就是确定行政诉讼被告的需要。我们常说，理论要与实际相结合。高明的理论能够预测未来发展的趋势，预设各种应对将要发生事件的方案，从中可以推导出指引未来实践的方向的结论。另外，如果能够应对已

〔1〕 王名扬：《法国行政法》，中国政法大学出版社1989年版，第39～42页。

〔2〕 ［日］南博方：《行政法》（第6版），杨建顺译，中国人民大学出版社2009年版，第11～13页。

〔3〕 薛刚凌：《我国行政主体理论之检讨——兼论全面研究行政组织法的必要性》，载《政法论坛（中国政法大学学报）》1998年第6期，第63～71页。

经发生的现实难题,指导正在进行的社会实践,解释正在发生的现象,这种层次的理论也不失为次等高明的理论。那么,为什么适应中国行政诉讼实践的需要就会导致行政主体理论发生名同实异的转换?这就需要考察我国行政诉讼法中被告与外国行政诉讼法被告的差异。根据我国 1989 年 4 月 4 日颁布、2017 年第二次修正的《行政诉讼法》第 26 条之规定,行政诉讼的被告有两类:行政机关和法律法规授权的组织。而诞生于 1989 年的"中国特色"的行政主体理论恰恰是这一法律制度的反映,实现了西方行政主体理论与中国行政法规范及实践的嫁接。一国的行政法学理论必然是该国行政法实践的反映,行政主体理论与行政诉讼法相对应并非中国所独有。在德国,行政主体包括国家、具有权利能力的团体、公法设施和公法基金会、具有部分权利能力的行政结构、被授权人(被授权的组织)。[1] 与之相应,《联邦德国行政法院法》第 78 条(被告)第 1 款规定:"诉讼应针对下列者提起:(1)针对联邦、州或团体,只要争执的行政行为是由其行政机关作出或请求的行政行为由其行政机关不予作为;为指明被告,只需指出行政机关的名称即可;(2)只要州法律有规定,针对作出争执行政行为或对请求行政行为不作为的行政机关本身"。[2] 根据前述规定,与行政主体理论对应,行政诉讼的被告主要是国家、州和地方团体,行政机关作为被告只是例外。"绝大多数案例中,原告都是公民,而被告则是国家或者公法团体。"[3] 在日本,与其行政主体理论相对应,"通常,诉讼当事人是行政相对人和国家、公共团体,即行政主体成为被告,行政厅一般不成为被告。并且,在国家成为被告时,法务大臣代表国家。地方公共团体成为被告时,行政首长代表地方公共团体进行诉讼"。[4] 质疑者认为,在法国和日本,行政诉讼被告与行政主体无必然联系,这样的说法(尤其是在日本)没有充分的根据,与事实不符。[5] 英美法系之所以没有行政主体的专门概念,除了源于判例法传统和归纳法、列举式思维方式之外,也要归因于其诉讼方式的影响。其法律适用

---

〔1〕[德]哈特穆特·毛雷尔:《行政法学总论》,高家伟译,法律出版社 2000 年版,第 500~501 页。

〔2〕[德]平特纳:《德国普通行政法》,朱林译,中国政法大学出版社 2000 年版,第 281 页。

〔3〕[德]胡芬:《行政诉讼法》,莫光华译,法律出版社 2003 年版,第 185 页。

〔4〕杨建顺:《日本行政法通论》,中国法制出版社 1998 年版,第 737 页。

〔5〕至于在法国,情形如何,王名扬先生的《法国行政法》和[英]L. 赖维乐·布朗等著的《法国行政法》(高秦伟、王锴译)中均语焉未详。希望有学者包括质疑者提供相关资料。

与大陆法系差异甚大，在法院体系方面，英美法系没有专门的行政法院系统，不存在公私法的划分，英美法系行政法的最大特点是行政诉讼像民事诉讼一样都由普通法院管辖，适用同样的法律规则。

在我国，通常由作出行政行为的行政机关作为被告参加行政诉讼，而在德、日等国，由有关部门或官员统一代表国家或地方团体参加诉讼。其实，由谁代表行政主体作为被告参加诉讼，实际承担责任者都差别不大，因此，谁作为行政诉讼被告只是个形式，大家争论激烈的行政诉讼被告问题，形式意义居多，实际意义并不是很大，故而不要过分看重这个问题。

还有一个值得追问的学术之谜是为什么我国的行政主体理论会是如此这般，到底是实定的法律制度规范限定了行政主体的理论框架，还是我国的行政法理论造就制定法的现状？在 1989 年《行政诉讼法》颁布之前，我国行政法学教材讲解的都是行政组织法，“行政机关”或者“行政组织”贯穿全书始终，没有行政主体概念的影子。[1] 在此理论背景之下，要求《行政诉讼法》有国外行政主体理论的精神，自然缺乏现实性。然而，任何事物的产生其原因都是多方面的，影响其发展的因素是一个系统。因此，《行政诉讼法》中关于被告的规定如同该法整体一样，是当时我国法治发展水平和法学理论水平等综合影响的产物。反过来随之又产生另外一个问题，既然在近乎 20 年前（《行政诉讼法》和中国行政主体理论诞生后近 10 年）就有学者对行政主体理论提出了质疑，指出了其种种缺陷，提出各种改造的设想，包括全面直接移植国外行政主体理论的建议，并且拥护者甚众，为何我国的行政主体理论迟迟没有改造，30 余年不变，至今仍居通说地位，且《行政诉讼法》虽经修改，而关于行政诉讼被告的规定亦未曾发生重大变化？这个问题确实值得深思。

笔者认为，对争议的解决，最终要回归到一个最根本的问题上，行政主体的概念到底为什么而生？它到底应该具备什么样的功能？

据王名扬先生解释，行政主体法律概念有它存在的理由。行政职务本来由公务员来执行，可是，公务员却不承担由此产生的法律效果，行政主体

〔1〕 王珉灿主编：《行政法概要》，法律出版社 1983 年版；罗豪才主编：《行政法论》，光明日报出版社 1988 年版。

的概念作为一个有效的法律技术应运而生，行政主体恰好承担法律效果。如果没有行政主体的概念，公务员的行为只能归属于自己，前任公务员的行为对后任没有效力，这样就不能有一个统一的协调一致的行政。[1] 在中国，大多数学者承认，“行政主体”是一个有用的经济的概念，它可以代替“行政机关和法律、法规授权的组织”，至少省略了字数，带来了方便。尽管这些是行政主体最简单、最显而易见的功能，也是形式意义上的功能，但是，恰恰是最简单的、最直观的东西就是最基本的。笔者认为，行政主体概念这一功能正是它的最原始最重要的功能。至于行政主体的其他功能其实在很大程度上是学者“赋予”行政主体的，不同的学者往往有不同的理解，具有某种程度上的主观性。

在很多学者看来，行政主体是一个实体法的概念，其功能主要是行使职权，实现行政任务。[2] 德国等国行政法学讨论行政主体问题的目的在于探究谁可以行使行政权。行政主体(Verwaltungstärger)只是表明有权能够执行行政权力者。主体(Tärger)本意即拥有者，行政主体意义便是“行政权的拥有者”。[3] 行政主体是统治权的主体，行政机关的权力来源于行政主体，行政机关是行政主体实现目标完成行政任务的手段。行政主体的重心是行政权。因此，一些学者极力强调行政主体的实体法功能，撇开与行政诉讼(法)的关系。但是，行政主体完成行政任务必须作出行政行为，而行政行为有合法的行政行为，也有违法的行政行为；有有利于行政相对人的行政行为，也有不利行政行为。对于违法的和不利的行政行为，在逻辑上就隐含着被诉的可能。在广义上说，合法的和有利的行政行为也有可能被诉，因为只要行政行为的相对人“认为”该行为侵犯了自己的合法权益即可提起诉讼。“有权利必有救济”，另外，有权力必有监督，因此，实体法上的行政主体摆脱不了成为诉讼法上被告的可能。竭力撇开行政主体与行政诉讼的关系的“学术澄清”很可能是“欲洁何曾洁，云空未必空，可惜金玉质，陷身泥淖中”。正如有年轻学者指出：“行政主体概念贯穿于整个德国行政法学体系之中，具体指导着行政法诸多制度的建构，特别是使得行政组织法领域的诸多概念

[1] 王名扬：《法国行政法》，中国政法大学出版社1989年版，第40～41页。
[2] 吴庚：《行政法之理论与实用》，中国人民大学出版社2005年版，第116页。
[3] 陈新民：《中国行政法学原理》，中国政法大学出版社2002年版，第84页。

之间形成整体概念构架,对确立行政诉讼的主体资格以及承担公权力违法责任主体也部分的发挥了明确化的功能。"[1]诚哉斯言!

薛刚凌教授对行政主体理论较早提出质疑,也是持续关心行政主体理论的学者,她认为西方国家行政主体制度具有保障行政分权、自治、确认和保障多元行政利益等功能。章剑生教授则将国内外行政主体概括为两种模式,即"分权主体模式"和"诉讼主体模式"。行政主体理论在西方确实具有保障分权、确认和保障多元行政利益的功能。然而,理论是现实的反映,"分权主体模式"是建立在行政地方分权和公务分权现实的基础之上,所谓"确认"是对已经存在的法律事实、法律关系的确认。当然,理论也可以反过来发挥其指导行政法治实践和行政法学研究的功能。

本文只是主张当今我国的行政主体理论有它存在的基础,对这种理论的批评有偏颇,但它确实存在缺陷,例如,在最高人民法院的司法解释将行政诉讼的被告扩及规章授权的组织之后(后为新的行政诉讼法所确认),该理论确实显现出了不足。事实上,现实生活提出了更多更为严峻的挑战,包括规范性文件授权的组织作为被告的问题,还有诸如开发区的行政主体资格等问题,尽管这些问题完全归责行政主体理论是不公平的,有些是组织法不健全甚至是整个社会法治程度的问题,不能倒果为因,当然,理论与实践互相影响,互为因果,但是,行政主体理论与行政诉讼被告完全捆绑在一起确实令其不堪重负,也难以自圆其说。[2]

既然传统的行政主体理论有诸多不足,为何至今仍然没有被先进的西方行政主体理论所取代呢?这就是借鉴移植西方理论时必须考虑的因素——普适化与本土化的矛盾。在改革开放后的今天,随着对外交流包括学术人才交流的正常化,对国外理论的译介并非难事,对国外理论原汁原味的"西餐"的品尝并非奢求,然而,西式大餐尽管迎合了许多适应性极强的"食客",却难以符合众多国民的口味。理论和制度的移植,都会遭遇中国政治、社会、文化环境的"吐纳",很难照单全收。因此,研究行政主体理论不能

---

〔1〕 李洪雷:《德国行政法学中行政主体概念的探讨》,载《行政法学研究》2000年第1期,第95页。

〔2〕 从行政诉讼的角度,将规章甚至规范性文件授权的组织列为行政诉讼的被告有利于维护行政相对人权益。但从实体法的角度,将规章尤其是规范性文件授权的组织纳入行政主体的范畴有违职权法定原则,依法行政"走调"成为"以法行政"。

仅就理论本身“说事”，还要考察其所根植的环境和土壤。有学者认为，由于中国经济领域的“去中央化”（尤其是沿海地区）、新的行政分权和分税制，[1]或者出于现实需求、宪法基础、行政法治基础，以及制度条件包括财政制度前提、法人制度前提、地方制度前提等条件，[2]中国全面引入西方行政主体理论的时机已经成熟，实际果真如此吗？

三、我国行政主体理论的基础、优劣与未来

毋庸置疑，中国目前的行政主体理论确实存在缺陷，甚至隐含内在逻辑悖论。因此，关于行政主体理论的重构一直是行政法学者经久不衰的话题。1989年“行政主体”开始在行政法学教材上使用，1998年即有学者提出质疑和重构的主张。[3] 此后关于中国行政主体理论一直争论不休。

很多学者对中外行政主体理论进行了比较研究，在指明两者异同的基础上，论证中国行政主体理论的缺点和影响。这里隐含着一种逻辑，就是与外国正统的理论不同，是一种不足甚至错误的证明，外国理论是衡量中国法学理论和法治实践优劣甚至对错的一个标准，有人甚至主张对外国的成熟的制度和学说应当直接“照搬”，无需进行改造，并且认为这种方式是一种最“省事”的方式。[4] 当然，中国作为一个法治“发展中国家”，对于法治“发达国家”的理论和制度应当虚心学习，笔者早年也主张激进的观点，以为可以对外国的东西实行直接“拿来主义”。但事实上，借鉴国外理论和制度不得不考虑中国国情，否则可能会水土不服。如前所述，中国的行政主体理论提出来已近30年，遭到批评已近20年，但是，至今行政法学主流仍然沿用这一理论，这个事实本身就说明问题并没有批评者认为的那样简单。

如前所述，中国虽然有民族区域自治制度、行政特区高度自治制度、基层群众自治制度，但没有真正实行普遍的地方自治制度，地方政府只是上级

[1] 章剑生：《反思与超越：中国行政主体理论批判》，载《北方法学》2008年第6期，第68～76页。

[2] 汤喆峰：《行政主体法律制度重构：以行政体制改革为视野》，中国政法大学出版社2015年版，第143～164页。

[3] 最早对中国行政主体理论进行质疑和反思的文章是，吕友臣：《“行政主体理论”评析》，载《研究生法学》1998年第2期，第21～24页。

[4] 葛云松：《法人与行政主体理论的再探讨——以公法人概念为重点》，载《中国法学》2007年第3期，第77～99页。

政府的下属单位。虽然迫于现实和改革的需要，地方有一定的自主性，也存在中央与地方事实上的分权，但中央与地方、地方各级政府之间的权利义务在宪法和法律上并没有明确的规定，收放权的反复一直存在，收放权的决定权在于中央。实行分税制以后，中央财力极大加强，而地方财力相对削弱，为了获得中央拨款，地方不得不受制于中央。总之，无论从事实上还是法律上，中国的地方政府缺乏行政法人所必需的独立财产和自主处理地方事务的权力。任何国家的地方政府包括联邦制国家的地方政府都不可能是完全独立自主的，但是，在实行地方自治的国家，即使是在法国、日本等单一制国家，地方政府都享有单纯地方事务的自主权。无论是在德国、美国抑或法国和日本，地方政府(自治团体)的领导人都是民选的，因此，他们不会唯上级政府旨意是从，必须考虑选民的意愿。

相对于改革开放之前，中国的社会团体、民间组织、企事业单位都有很大的发展，但是，中国的企业中公有制占主体，事业单位民办比例有限，社会团体半官方较多。在笔者比较熟悉的高校中，自主办学事实上不存在，教授治校只是一种不成功的试验，是高级知识分子的一种理想化图景。全国高等学校基本都是一种运行模式，行政化是一种常态。即使是民办院校，除了在财政上自主权较大以外，在教学方式、课程设置、思想政治教育等方面与公办院校并无二致。

在宏观背景上，行政分权和社会分权在中国都不足以支撑西方行政主体理论。直接"拿来主义"至少在近期内很不现实。

在批评行政主体理论的论据中，很多理由是站不住脚的，比如行政主体理论阻碍了对行政组织法的研究、对公务员的研究等，[1]亦有学者针锋相对地进行了反驳。行政主体是大陆法系行政法学的一个概念，英美法系尽管有行政主体的事实存在，但其行政法教科书一般没有行政主体的概念。恰恰是大陆法系的行政法学者认为，行政法应该包括行政组织和公务员的内容。而英美法系学者们则认为，行政法不应该讨论行政组织和公务员问题，不应将行政组织和公务员视为政治学或行政管理学的研究对象。王名

〔1〕 薛刚凌:《我国行政主体理论之检讨——兼论全面研究行政组织法的必要性》，载《政法论坛》1998年第6期，第63～71页；余凌云：《行政主体理论之变革》，载《法学杂志》2010年第8期，第14～18页。

扬先生的《法国行政法》一书是改革开放之后(也是行政法学重建之后)最早(1988年出版)介绍行政主体理论的著作。在该书中王先生花了大量的篇幅介绍行政组织(达95页之多),其中第二章的标题就是“行政组织”,而该章的第一节第一个问题就是讲述行政主体的概念。除此之外,王名扬先生还专辟一章阐述公务员制度(占78页的篇幅)。[1] 既然国外行政主体理论没有影响行政组织法的探讨,国内也不应当产生问题。其实,我国的当代行政法学教材大多在讲解行政主体理论的同时也讲解行政组织法和公务员制度,胡建淼教授本身是最早将行政主体理论纳入行政法学教材的学者之一,行政主体理论并没有妨碍他讲解行政组织法和公务员制度,相反,根据行政主体理论的逻辑继续前推,他进一步提出了行政人的概念。[2] 这说明有关行政主体理论妨碍行政组织法的研究的责难根本就是无稽之谈。

不过各国行政法学研究是可以互相借鉴互相交融的,英美法系学者以前不关注行政组织法的研究,认为是行政学、政治学的任务,但是,芬克(William Funk)等学者著作中却花了一定的篇幅讲解美国的部委、独立管制机构和国有公司(非营利性)(government corporations)以及部和委员会工作方式的区别等。[3]

还有一种说法,即中国的行政主体理论忽视了行政机关之间的协调,其实,强调各个部门行政机关承担行政法律责任和行政诉讼后果并非必然导致各自为政。正如强调“匹夫有责”不会减少人民的爱国热情一样。当然,任何事物都有两面性,在我国的行政主体理论指导之下,也可能发生行政机关互相推诿的问题。

另外,任何事物都是既有优点又有缺点,学术界没有论及的问题是,中国的行政主体理论就真的一无是处吗?中国的行政主体理论基于当时的《行政诉讼法》起草、颁布和实施的背景应运而生从而满足实践的需要,将应诉的(部门)行政机关视为行政主体本身有利于行政机关明确自己的责任。按照西方的行政主体理论,国家、地方团体是主要的行政主体,政府部门不是行政主体,他们只是代表国家(或行政主体)应诉而已。中国的理论强调

---

〔1〕 王名扬:《法国行政法》,中国政法大学出版社1989年版,第39~133、223~300页。

〔2〕 胡建淼:《行政法学》,法律出版社1998年版,第142~201页。

〔3〕 [美]芬克等:《行政法案例与解析》,中信出版社2003年版(影印本),第5~15页。

每个政府部门都是行政主体,独立地承担法律责任和行政诉讼后果。虽然行政机关代表的是国家或者地方团体(地方政府),但是,大部分行政行为都是部门行政机关做出的,有权必有责。强调对自己的决定和行为负责,其实有利于增强具体做出行政决定和行政行为的行政机关的责任心。这正是中国的行政主体理论的优点。当然,很多学者通过国家赔偿来说明,行政部门没有独立的财权,因此,不能独立地承担责任。如果说独立的财权,中国的地方政府也是没有的,以此类推,岂不是地方政府也不是行政主体了?如果严格按照西方的理论,中国的行政主体只有一个,那就是国家。如果按照法人的理论,中国政府的部门固然不是独立的法人,难道地方政府就真的达到独立法人的标准了吗?并且,行政主体的法律责任只限于财产责任,或者说行政主体的责任主要是财产责任吗?如果说民法上的法人责任主要是财产责任,行政主体的责任就很难说了。这个问题值得我们探究。

在当今举国上下强调依法行政的氛围之下,行政机关作为被告参与行政诉讼本身就感到压力,如果在诉讼中败诉,则压力会更大。在法院判决确认行政行为违法、撤销行政行为或者重作行政行为等情形之下,作为被告的行政机关及其负责人和其他责任人不会无动于衷。因此,我国行政主体理论在促进行政机关依法行政方面,客观上也发挥了积极的作用。

当然,毋庸回避,我国的行政主体理论确实遭到了现实的挑战,其中最典型的是最高人民法院的司法解释将规章授权的组织列为行政诉讼被告的范围。最高人民法院的司法解释的确给当前的行政主体理论一个有力的冲击,也给反对者提供了最有利的论据。但是,应该认识到,最高人民法院的司法解释是从强化对行政相对人合法权益的保护和畅通司法救济途径的角度出发的,也有利于对行政权(或者事实上的行政权)行使的控制。这样可以避免事实上的行政管理权逃脱行政诉讼的管辖范围之外,其出发点和目的都是正当的。不过这容易使人们产生一个误解,倒推出规章授权的组织是行政主体的结论,这是没有区分行政实体法与行政诉讼法的结果。当然,按照当前行政主体理论的逻辑,也确实无法区分,因为这个理论本身把行政主体与行政诉讼被告纠结为一体。这与行政主体理论的建立背景密不可分,除了王名扬先生的著作和日本南博方的《日本行政法》译介到中国的理论背景之外,正是行政诉讼立法和实施的需要这一现实背景催生了中国式的行政主体理论。

理论来源于实践,理论也会反作用于社会实践。中国当下的行政主体理论的产生是中国的社会和法治发展水平的结果。当然,先进的理论也会带动社会的进步。但是,过于“先进”的理论与比较“落后”的现实之间也会发生脱节。另外,借鉴乃至改造一个理论是一件容易的事情,而改造社会现实却是相对困难的事情。一般来说,理论只有契合现实才能发挥指导实践的功能。然而世界是不断发展变化的,中国的社会在改革开放不断持续进行的情况下,会逐渐进步,从长远的角度看,也许会发生巨大的进步。

对行政主体理论的重构是很多学者的主张,有的主张激进式,有的主张渐进式。激进式即直接引入外国理论,渐进式即主张分步走(具体主张有所差别),笔者赞成渐进式。

目前对行政主体理论的重构主要有以下任务:

1. 理清行政主体概念的核心内容,行政主体到底是以行政任务为核心,还是以行政职权为核心。如果以前者为核心,那么,完成行政任务、履行行政职能的主体都是行政主体,私人组织甚至个人都有可能成为行政主体;如果以后者为核心,则只有具备行政权力的组织才能够成为行政主体,需要重点关注职权法定原则。

2. 厘清行政主体理论的主要功能,行政主体理论是为了确定行政组织的实体责任还是解决行政组织的诉讼后果以及诉讼代表人问题。因此,行政主体与行政诉讼被告之间是否应当脱钩是行政主体理论定位的一个关键性问题。

3. 厘清行政主体与法人理论的纠葛,行政法上的法人与民法上的法人有什么分别,行政主体是否必须具备独立性、自主性,独立承担行政责任与行政诉讼后果是不是行政主体的必备要素。

尽管关于行政主体理论众说纷纭,但是,核心和根本问题无非归结于上述三个方面,解决了这些问题,行政主体理论就得以正本清源。然而,前述问题的解决绝非学者进行理论建构所能完成。理论的建构必须基于现实的基础,“西方行政主体”本身也是一个抽象的概念,尽管法国、德国、日本的行政主体理论大同小异,但是,毕竟相互之间还有细微的差别(“西方行政主体理论”本身也在不断调整和完善)。因此,激进论目前应当缓行。

律师协会的法律地位与行政诉讼被告资格

——《关于适用〈中华人民共和国行政诉讼法〉的解释》第24条的理解和适用

陈　党　陈家欣*

根据《行政诉讼法》第2条以及最高人民法院《关于适用〈中华人民共和国行政诉讼法〉的解释》(法释〔2018〕1号)第24条的规定,律师协会可以成为行政诉讼的被告,但这并不代表着律师协会作出的行为都要纳入行政诉讼的受案范围。作为行业组织的律师协会,在什么情况下应当成为行政诉讼的被告?认定其行为属于行政诉讼受案范围的依据是什么?本文试根据法律规定和审判实践,对上述问题进行理论上的探讨,以更好地理解和适用上述行政诉讼司法解释。

一、律师协会的性质和权力来源

要研究律师协会的行政诉讼被告资格问题,首先需要分析律师协会的法律属性以及权力来源。在我国,律师协会既是律师的自律性组织,又是《律师法》授权的组

* 陈党,法学博士,浙江工商大学法学院教授;陈家欣,法律硕士,浙江金道律师事务所律师。

织。作为行业协会,其行使的权力分别来自三个不同的方面,即法律授予的权力、通过契约形成的自治权以及行政机关委托的权力。

(一)律师协会的性质

根据《律师法》第43条的规定,“律师协会是社会团体法人,是律师的自律性组织”。在我国,律师协会首先是一种职业团体、行业协会。同时,律师协会又基于《律师法》的规定,是法律授权的组织。正因为这样,律师协会在行政法律关系中有着双重身份:一方面,它与公民、法人或其他组织一样处于行政相对人的地位,必须接受行政机关的管理和监督;另一方面,它又与行政机关一样处于行政主体地位,行使法律授予的公共管理权力,对律师和律师执业机构进行行业管理。因此,认定律师协会为法律授权的组织,与认定其为律师的自律性组织和行业协会并不矛盾。

(二)律师协会的权力及其来源

世界各国的律师行业组织,大都担负着对律师和律师执业机构监督和管理的职责。为了履行其职责,手里均掌握着大小不同的权力。一般来讲,律师协会的权力主要包括行规制定权、监督管理权、纪律惩戒权、纠纷调处权以及行业代表权等。[1]

“一个社团的存在和权力是来自某个公共权威的授权呢,还是来自创建者的意志,抑或是来自它作为一种联合体所固有的性质……”[2]就律师协会来看,其权力来源主要有三个方面:一是通过法律授权而取得。具体方式包括国家行政权的转让和国家对行业自主权的确认。二是政府委托的权力。三是通过契约形成的权力,即社团自治权。

需要指出的是,上述三种权力并不是简单的并列关系,它们之间存在错综复杂的交叉联系。严格来讲,行业组织依据法律授权或政府委托获得的权力才是行政法的调整对象,而行业组织通过契约形成的权力是一种内部权力,一般不受行政法的调整。但是,行业组织某些通过契约获得的权力,可以经过法

〔1〕 参见朱伟、陈党:《律师协会的权力及其性质探讨》,载《中国律师》2006年第9期。

〔2〕 [美]哈罗德·J.伯尔曼:《法律与革命——西方法律传统的形成》,贺卫方等译,中国大百科全书出版社1993年版,第261页。

律确认或政府认可获得外部法律效力,也应当受到行政法的调整。

二、律师协会在一定条件可以成为行政诉讼的被告

2014年11月1日,第十二届全国人大常委会第十一次会议通过了《关于修改〈中华人民共和国行政诉讼法〉的决定》,2017年6月27日对《行政诉讼法》进行第二次修正。修改后的《行政诉讼法》第2条规定:"公民、法人或者其他组织认为行政机关和行政机关工作人员的行政行为侵犯其合法权益,有权依照本法向人民法院提起诉讼。前款所称行政行为,包括法律、法规、规章授权的组织作出的行政行为。"这里,新增加的第2款,把高等学校、行业协会和村民委员会等法律、法规、规章授权组织作出的行政行为也纳入了行政诉讼的受案范围。2018年2月8日起施行的《关于适用〈中华人民共和国行政诉讼法〉的解释》(法释〔2018〕1号)第24条第3款、第4款分别规定:"当事人对高等学校等事业单位以及律师协会、注册会计师协会等行业协会依据法律、法规、规章的授权实施的行政行为不服提起诉讼的,以该事业单位、行业协会为被告。""当事人对高等学校等事业单位以及律师协会、注册会计师协会等行业协会受行政机关委托作出的行为不服提起诉讼的,以委托的行政机关为被告。"

根据上述法律规定和司法解释,律师协会依据法律、法规、规章的授权实施的行政行为,属于行政诉讼的受案范围。在这种情况下,律师协会作为法律授权组织,可以成为行政诉讼的被告。

三、律师协会的行为是否属于行政诉讼受案范围的考量因素

律师协会在一定条件下可以成为行政诉讼的被告,这并不等于律师协会的所有行为都是可诉的。行政行为的可诉性,亦称行政行为的"可审查性",是指行政主体作出的行政行为在一定条件下可诉诸法院行政诉讼或司法审查程序的一种本质属性。主要包括三个方面的涵义:一是相对人提起行政诉讼的可能性;二是法院对行政行为的可审查性;三是行政行为接受司法审查的必要性。[1] 判断律师协会作出的行为是否可诉,主要有以下三个

---

〔1〕 郝明金:《行政行为的可诉性研究》,中国人民公安大学出版社2005年版,第78~79页。

因素需要考量：

（一）甄别律师协会所行使权力的性质

要判断律师协会的行为是否可诉，主要取决于律师协会所行使的权力性质，即该权力是法律授予的，还是通过契约形成的。《律师法》第46条列举了律师协会的8项职责：（1）保障律师依法执业，维护律师的合法权益；（2）总结、交流律师工作经验；（3）制定行业规范和惩戒规则；（4）组织律师业务培训和职业道德、执业纪律教育，对律师的执业活动进行考核；（5）组织管理申请律师执业人员的实习活动，对实习人员进行考核；（6）对律师、律师事务所实施奖励和惩戒；（7）受理对律师的投诉或者举报，调解律师执业活动中发生的纠纷，受理律师的申诉；（8）法律、行政法规、规章以及律师协会章程规定的其他职责。那么，在行使这些职责的过程中，律师协会是不是都要成为行政诉讼的被告呢？对于这个问题，关键在于对律师协会行使权力的性质作出甄别。一般来讲，只要是属于律师自律性的事项，不牵涉到行政主体的定位，履行该职责就不会成为行政诉讼被告。例如，第1项是概括性的规定。第2项是行业协会的内部事务。第3项属于抽象行政行为，不会直接影响相对人的权利义务，只能在起诉时附带审查。其中纯内部的惩戒规则属于自律性事务，但涉及规制的事项则须依据法律、法规和规章授权，具有较浓厚的行政权力色彩。在第4项中，对培训和单纯的考核行为本身不能诉。第5项职责则涉及"入口"的"组织管理"，与准入规制行政权密切相关。因此，行使这方面的职权须有法律、行政法规授权。以律师协会为被告提起行政诉讼，应当不存在法律障碍。在第6项中，无论是奖励还是惩戒，都需要区分是法律、法规、规章授权的事项，还是律师协会章程自身调整的事项。在第7项中，假如受理投诉、举报和申诉，牵涉律师的具体权益，如身份地位，就须有法律、行政法规授权。对其不服的，也可以以律师协会为被告提起行政诉讼。第8项是一个兜底条款。

律师协会的自治权力并非源于国家，而是直接来源于特定的社会成员因维护共同的群体利益需要而达成的合意，在现阶段可以暂时不纳入司法审查的范围。但是，有些权力既是内部成员共同制定的章程所规定的，同时又是国家法律规定或确认的。以律师协会的惩戒权为例，它既是《中华全国律师协会章程》第6条第6项约定的,同时又是《律师法》第46条第6项规定的。两者的交叉重合,导致人们对此存在不一致的认识。因此,仅凭权力性质还不能确定律师协会的行为是否属于行政诉讼的受案范围。在这种情况下,还需要根据双方的关系以及对相对人的影响程度等因素进行综合考量。

(二)分析律师协会与相对人之间的关系

行政法律关系是因行政活动而产生或引发的各种社会关系。根据行政主体与相对人之间的关系不同,行政法律关系分为对内行政法律关系和对外行政法律关系。行业协会作为法律法规授权组织,作出的行政行为既可以面向内部相对人,如对律所、律师的奖励和惩戒等;也可以面向外部相对人,如实习律师的管理和律师行业的"准入"事项。前者是对内部成员的权益进行处分,行使的是通过内部章程所获得的行业自治权,一般不属于人民法院的司法审查范围。后者是针对外部成员作出的,行使的是《律师法》授予的权力。尤其是对实习人员的考核涉及"准入"问题,可以视为法律授权组织行使行政权的行为,将其列入行政诉讼的受案范围。

根据《行政诉讼法》第13条的规定,人民法院不受理公民、法人或者其他组织提起的诉讼中就包括了第3项"行政机关对行政机关工作人员的奖惩、任免等决定"。这里,即使把律师协会作为行政主体,也可以参照上述法律规定。据不完全统计,国内现有的以律师协会为被告提起的行政诉讼案例有6个,法院受理和不予受理的各3例。其中,法院作为行政案件受理的3例分别是"杨某诉广州律协案""王某诉海南律协案""张某某诉温州市律协案"。上述3个案件均涉及律师的"准入"问题。也即原告均为没有取得律师执业证的实习人员,因而还不是律师协会的会员。反之,涉及律师协会对律师内部管理和惩戒的3例,如"邹某诉福州律协案""宋某某诉石家庄律协、河北省律协行政决定纠纷案""梁某某诉江苏省律师协会、江苏省律师协会直属分会行政处罚案",法院均未作为行政案件受理。第一个案件不受理的理由是"福州律协作出的《立案通知书》是具体行政行为作出前的过程行为,对邹某的权利义务尚未产生实际影响,不具有可诉性"。后两个案件不受理的理由则是"律师协会对律师的处分决定系行业自律性管理行为,不属于行政诉讼的受案范围”。

(三)考虑律师协会的行为对相对人权利义务的影响程度

对律师的惩戒,势必影响相对人的权利义务。但是,惩戒的种类是多种多样的,对相对人权利义务的影响程度也有所不同。根据行政法学界的观点,基础关系涉及律师身份的取得和丧失,影响甚大,应该由法院予以审查。反之,对于训诫、通报批评、公开谴责等行为,法院应当尊重行业协会的“自治”,坚持司法审查的自我抑制。根据《中华全国律师协会章程》第29条第1款的规定,地方律师协会依据本会惩戒规则对会员的处分主要有训诫、通报批评、公开谴责、取消会员资格等。同时,第2款还规定“对于会员的违法违纪行为,律师协会有权建议有处罚权的行政部门给予行政处罚——个人会员是中国共产党党员的,或者团体会员设立党的组织的,律师协会应当建议其所属党组织依纪依规处理”。也即对于律师和律师事务所的惩戒,律师协会和司法行政机关之间有着明确的分工。律师协会的处分对相对人权利义务的影响相对较小。至于警告、罚款、没收违法所得、停止执业、吊销律师执业证书等更为严厉的行政处罚权,则由司法行政机关行使。

律师协会的行为是否应当纳入行政诉讼的受案范围,接受司法审查还要考虑其必要性问题。随着行政主体的多元化、行政方式的多样化和行政职能的社会化,包括律师协会在内的行业组织在社会生活中占据了越来越重要的地位,其违法行使公共权力的行为将不可避免地对社会成员的权益带来侵害。在这种情况下,需要健全权利救济制度,而司法审判只是其中的一种救济方式。因此,在确定是否将律师协会的某种行为纳入行政诉讼受案范围时,还要看其是否建立了有效的内部救济制度,以及该救济制度能否有效保障相对人的合法权益。

综上所述,律师协会作为法律授权组织,在一定条件下可以成为行政诉讼的被告。在确定律师协会的行为是否属于行政诉讼的受案范围时,必须综合考虑其所行使的权力性质、双方的关系以及对相对人的影响程度等因素。

参考文献

[1]江必新、邵长茂:《新行政诉讼法修改条文理解与适用》,中国法制出版社 2015 年版。

[2]沈岿编:《谁还在行使权力——准政府组织个案研究》,清华大学出版社 2003 年版。

[3]郝明金:《行政行为的可诉性研究》,中国人民公安大学出版社 2005 年版。

[4]朱伟、陈党:《律师协会的权力及其性质探讨》,载《中国律师》2006 年第 9 期。

[5]黎军:《行业组织的行政法问题研究》,北京大学出版社 2002 年版。

[6]苏西刚:《社团自治及其法律界限的基本原理》,载罗豪才主编:《行政法论丛》(第八卷),法律出版社 2005 年版。

构建我国行政诉讼中合法、法定和适用法律法规的复合审查标准体系

柳砚涛　原浩洋*

摘要　当下行政法学理论与行政审判实务中，普遍将行政诉讼审查标准界定为“合法性审查”，这明显有悖于当下法律规范中“合法”、“法定”和“适用法律、法规”等制度设计。我国行政诉讼审查标准并非“合法性审查”的单一标准，而是合法、法定和适用法律、法规的复合审查标准体系。“合法”与实质合法性和法律理念主义相呼应，是法律对行政的一般要求和“底线标准”。“法定”彰显法律的行政创造力，旨在践行“法律保留”原则。“适用法律、法规”既有“法治思维”“个案化”的考量，也有“文书载明法律条文”的形式意义，旨在促进行政“有据而为”。应构建以“合法”为原则、以“法定”和“适用法律、法规”为例外的“三位一体”的“复合”审查标准体系，并分别将驳回诉讼请求判决和撤销判决理由中的“适用法律、法规正确”和“适用法律、法规错误”修改为“符合法

* 柳砚涛，山东大学法学院教授、博士研究生导师，法学博士，研究方向为行政法学与行政诉讼法学；原浩洋，山东大学法学院 2018 级宪政专业博士研究生。

律、法规”和“违反法律、法规”。

关键词 行政诉讼 合法 法定 适法 复合 审查标准

一、问题提出

尽管当下我国行政法学理论与实务中普遍认同行政诉讼审查标准仅为“合法性审查”这一单一审查标准,但实际上现行《行政诉讼法》对行政行为设定了“合法”、“法定”、“适用法律、法规”(以下简称“适法”)等多重法律要求。那么,当下行政诉讼审查标准究竟采“合法性审查”的单一标准,还是“合法”“法定”“适法”的“复合审查标准体系”?该问题不能确定,必然导致法律对行政的要求游移不定,行政也会利用这种不确定性而出现两个极端:一是在法律理应放宽规制的领域,因法律的严格控制而丧失应有的灵活性和创造力;二是在法律理应严格控制的领域,摆脱法律的控制,滋长行政随意性。此种现象已在司法个案中多有显现,试举两例说明。

例一:在“云顶山慈云寺诉金堂县云顶石城风景管理处违法收费案”中,金堂县人民法院认为,现行法律、法规、规章及规范性文件没有对景区收费点位置作出具体规定,被告在凉云路后段设置收费点,并不违反《四川省旅游管理条例》第28条第1款中关于“不得借园中园重复收取门票”这一禁止性规定,该行为合法。《中国审判案例要览》(行政审判案例卷)评说认为,“人民法院对具体行政行为是否合法进行审查,就是只对具体行政行为是否构成违法进行审理并作出判决,而不对具体行政行为的实施是否合理、适当作出判决”。[1]

针对本案,我们不禁要问:行政行为合法性的判断标准究竟是“不违反禁止性规定”还是“法定”甚至“适法”?“是否合法”与“是否构成违法”是同一概念的两个侧面吗?对行政行为而言,在《行政诉讼法》要求行政行为具有“合法性”的前提下,“不违法”就是“合法”吗?作为合法性标准,两者在行政诉讼中是否可以随意置换?各自有无独立的适用场域?《行政诉讼法》第6条关于“合法性审查”的规定,其目的仅限于排除“合理性审查”,没有在一定领域内或一定程度上排除“法定性审查”“适法性审查”的意思吗?

〔1〕 国家法官学院、中国人民大学法学院编:《中国审判案例要览——2002年商事审判暨行政审判案例卷》(行政审判案例2003年卷),中国人民大学出版社2003年版,第263~267页。

例二：在“宣某某等18人诉衢州市国土资源局收回土地使用权行政争议案”中，最高人民法院将其判决的核心理由归纳为：“行政机关在依法实施具体行政行为时，仅说明所依据的法律名称，没有说明依据的具体法律条款，且不能证明其具体行政行为符合法律的哪些具体规定，构成违法，应予撤销。”[1]

本案中，前半部分“依据的具体法律条款”表明最高人民法院所秉承的仍然是“法定”“适法”理念和法律条文主义，后半部分尽管采用了“符合法律”这个与“合法性审查”标准相符合的表述，但紧接着进一步提出“法律的哪些具体规定”的要求，又回到了“法定”的严格标准。这里折射出最高人民法院所秉承的两个法律理念：一是法律对行政行为的要求是“法定”甚至“适法”而不是“合法”；二是此处的“法”仅限于法律的具体明确规定，即法律条文或称“条文法”，而不包括法的理念、精神、价值、目的、原则、原理等“理念法”。那么，我国当下行政诉讼审查标准究竟是“合乎法律”还是“法有规定”？合法性审查中的“法”究竟是“条文法”还是“理念法”？

二、我国当下相关制度设计及存在问题

我国当下行政诉讼审查标准，亦即法律对行政的“遵从度”要求主要由《行政诉讼法》、2004年国务院《全面推进依法行政实施纲要》（以下简称《纲要》）、《立法法》等相关规定确立，其要义分述如下：

1.“没有法律、法规、规章的规定”

《纲要》在“合法行政”项下规定：“没有法律、法规、规章的规定，行政机关不得作出影响公民、法人和其他组织合法权益或者增加公民、法人和其他组织义务的决定。”其中，“没有法律、法规、规章的规定”给我们传递两个信息：一是我们当下依法行政中的“法”仅指“条文法”而非“理念法”；只注重法的“规范条文”，不重视规范条文的“字里行间”。二是如果说“没有法律、法规、规章的规定”就不能作出“增加公民、法人和其他组织义务的决定”，尚且可以理解，因为这是国际上公认的最低限度“法律保留”基准，即“侵害保

---

[1] 参见最高人民法院办公厅编：《中华人民共和国最高人民法院公报》（2004年卷），人民法院出版社2005年版，第434～473页。

留”。但令人百思不得其解的是，就连“影响公民、法人和其他组织合法权益”的决定也必须有“条文法”规定，对此，人们不禁要问：难道政府作出造福人民的授益行为也必须有具体的“规范条文”依据，甚至必须适用“法定”“适法”而不是“合法”基准吗？

从规范性质角度而言，规制行政的法律规范包括组织规范、根据规范和规制规范，[1]《纲要》只是明确了“规定”的载体为“法律、法规、规章”，并未明确其性质，即未限定这里的“规定”究竟应指向或涵盖组织规范、规制规范和根据规范中具体哪一种或哪几种“规定”。按《纲要》所言，只要有“法律、法规、规章的规定”即可作为，并未限定必须有“根据规范”，甚至即使只有“组织规范”或者不违反“规制规范”也可作出损益行为，如此对依法行政和权益保障极其不利，也与法治行政的精神相悖。回到本文开始的“例一”，设置收费点进行收费本质上属于损益行为，即使按最低限度的“法律保留”原则，也应该有具体的“根据规范”，绝对不可以适用“只要不违背法的禁止性规定即可为”的规则。[2]

---

〔1〕［日］盐野宏：《行政法》，杨建顺译，法律出版社1999年版，第52~53页。其中的“根据规范”在德国法上又称“干预基础”（Eingriffsgrundlage），与“授权基础”（Ermächtigungsgrundlage）相对应，前者只适用于“施加负担的行政行为”。可参见［德］弗里德赫尔穆·胡芬：《行政诉讼法》，莫光华译，法律出版社2003年版，第409页。

〔2〕实际上，司法实践中不少法院以“不违反法律的禁止性规定”而不是“是否有法律明确授权”来衡量行政行为的合法性。这就必然带来下述几个值得质疑的问题：一是行政权力有无的判断能适用“不违反法律的禁止性规定”吗？如在“章某诉上海市公安局普陀分局户口类审批意见案”中，法院认为：“章某提供的关键性申请材料存疑的情况下，普陀公安分局要求章某做亲子鉴定，以确认其是否是章某某和刘某某所生育女儿并无不当，不违反法律的禁止性规定。由于章某坚持不愿做亲子鉴定，普陀公安分局以现有证据作出被诉行政行为亦无不当。”本案的关键在于三点：公安机关有无要求相对人做亲子鉴定的权力？其要求相对人做亲子鉴定的权力和行为的合法性究竟应当以“法律明文授权”还是“不违反法律的禁止性规定”为基准来判断？应该由相对人举证证明的事项，在相对人举证不能的情况下，公安机关不予审批即可，为何要要求相对人做亲子鉴定？二是“不违反法律的禁止性规定”是否适用于“个别授益”而非“普遍授益”的行政行为？如在“刘某某、张某某诉长沙县人民政府、长沙县黄花镇人民政府行政允诺案”中，二审法院认为，“在实施征收过程中为安置对象尚未出生的胎儿适当考虑或留存一些征收权益……虽不符合长沙县人民政府的政策要求，但未违反法律禁止性规定，应予支持。”尽管涉案行为属于授益行为，但个别授益会损及平等权，所以，绝对不可以不加区分地直接适用“法无禁止即可为”规则。三是没有损害当事人合法权益就可以“法无禁止即可作为”吗？如在“郭某某诉扶余市人民政府房屋征收补偿决定案”中，法院认为：“扶余市人民政府在征收补偿方案中规定的奖励措施没有损害被征收人的合法权益，不违反法律的禁止性规定。”此案不仅涉及授益行为是否也需要“行为法定”，而且牵涉在财税法定的前提下，具体每项财政支出是需要法律明确授权，还是只要不违背法律禁止性规定？上述案例依次参见上海市第二中级人民法院行政判决书(2014)沪二中行终字第176号；湖南省高级人民法院行政判决书(2015)湘高法行终字第70号；吉林省松原市中级人民法院行政判决书(2015)松行终字第21号。

2.“合法”

《行政诉讼法》中有16处涉及“合法”的表述,包括“合法权益”“是否合法”“合法性”“不合法”“合法”等。其中的“合法权益”既对应“法定权利”,彰显我国行政诉讼中“可诉权益”的广泛性,也对应“违法权益”,展现法律保护合法、惩治违法的正能量。除此以外的其他几处“合法”要么是一种法律原则,要么是对规范性文件、协议等的合法性评价标准,与行政诉讼“合法性审查”标准相呼应,其对应概念可涵盖“法定”、“适法”和“违法”。

只是前述“合法”原则和标准并没有在行政诉讼规范制度设计和运行体系中得到很好的贯彻,包括当其作为“可诉权益”的“合法权益”标准时,时常被“法定权利”所限缩;作为审查标准和法律原则时,时常被“法定”“适法”所取代;作为证据力标准和被诉行为合法性判断标准时,时常被“不违法”所代替。司法实践中关于“合法”的诸多“误设”“误用”问题,与理论上没有厘清“合法”、“法定”和“适法”的各自内涵及相互关系直接相关。

3.“法定”

《行政诉讼法》中有18处涉及“法定”,包括“法定期限”“法定职责”“法定代理人”“法定鉴定部门”“法定程序”“法定期间”等多种表述。这里的“法定”最初仅限于“法律明文规定”之意,该理念盛行于法治国时代和“无法律即无行政”的严格法律保留背景之下,那时的人们甚至一度认为“法院在没有法律可资适用的情况下会很无助”,[1]但是,随着“理念法”观念逐步确立,“合法的非法定程序”和“抽象的法定职责”逐步得到司法认同,导致“法定”在特定情况下融入了“合法”的因素,这也恰恰是人们普遍认同的《行政复议法》第6条第5项规定的“侵犯合法的经营自主权”的先进性、科学性要好于修改前《行政诉讼法》第11条第3项规定的“侵犯法律规定的经营自主权”的根本原因。“法定”是“法律保留”原则在行政执法的折射反应,对于监督行政机关“不逾矩”、减少行政干预、规制损益行政行为意义重大,但不利于积极政府和服务行政理念的践行,一定程度上会导致“懒政”“怠政”“庸政”,所以必须将其限定于个别场域,不能作为行政的普遍原则。

---

〔1〕 See Kenneth CulpDavis, No Law to Apply, *San Diego Law Review*, Vol. 25, p. 1(1988).

4. 依据法律、法规

《行政诉讼法》第63条第1款规定:“人民法院审理行政案件,以法律和行政法规、地方性法规为依据。地方性法规适用于本行政区域内发生的行政案件。”鉴于这里并未采用“规定”的表述,所以,仅从字义上看,既可以包括依据法律、法规的“规范条文”,亦即“法定”之意,也可以涵盖依据法律、法规文本的“字里行间”或“法的精神”,亦即“合法”之意。在行政处罚决定、行政强制决定等“要式”行为场合,其还可以融入结果文书载明具体法律条文的特殊要求,亦即“适法”之意。但可惜的是,以本文开头“例二”为代表的当下行政诉讼实践将其仅局限于依据法律、法规的“规范条文”一种含义,将“理念法”直接排除在行政审判依据之外,陷入“形式法治”的窠臼。

与此相呼应,《纲要》则在“合法行政”项下要求“行政机关实施行政管理,应当依照法律、法规、规章的规定进行”,更是将“依据法律、法规”限定为依据其“规定”亦即“规范条文”。可见,作为主流理念,我国当下制度设计层面基本上秉承了“条文法”理念,在过分强调监督权力、保障权利的同时,忽视了激励权力、实现权利的方面。

5. 不得与法律、法规相抵触

《立法法》中有13处规定了“不抵触”原则。该原则本质上属于立法原则,其基本要求有两个:一是规范条文不得与法的精神、理念、价值、目的、原则、原理等“理念法”相抵触;二是下位法不得与上位法相抵触,尤其是在权力类型、内容、边界、条件等,义务范围、条件、履行方式、时限等,以及行为主体、对象、条件、程序、方式等方面。[1] 只有满足这两个条件,相关立法才不至于陷入“不法立法”境地。

可见,“不抵触”不属于“法定”和“适法”行列,最终只能归入“合法”范畴,是“合法”原则在立法层面的折射反应,是行政立法和规范性文件制定必须遵守的基本准则,因而在行政诉讼中,“不抵触”主要适用于“参照规章”“引用合法有效的规章和规范性文件”“行政诉讼一并审理相关规范性文件的合法性”等领域,是判断规范性文件是否违法、下位法是否违反上位法的基本标准,且按照《行政诉讼法》第53条和第63条规定,“不抵触”是“合法”

〔1〕 参见柳砚涛:《行政立法中的不相抵触原则》,载《中国行政管理》1999年第11期。

的下位概念，与“不一致”具有相同含义。

在具体行为层面，根据“法无禁止即可为”的“权利法则”和“法无明文不可为”的“权力法则”，人民法院可以以“不抵触法律”为由肯定行政相对人行为的合法性，但不能据此肯定损益行政行为的合法性，至于能否据此肯定授益行政行为的合法性，则要通过利益衡量，视其是否侵犯平等权、是否导致公共利益受损等因素而定。

6. 违反法律

“违反法律”既可以作为不法立法的判断标准，如《立法法》第96条规定的“下位法违反上位法”；也可以作为行政行为的合法性判断标准，如《行政诉讼法》第70条规定的“违反法定程序”。“违反法律”作为合法、法定、适法的对应面，既可以寓意“不合法”，也涵盖违反“法定”“适法”要求，是一种内涵丰富的法律定性标准。

当下法律制度设计中，无论是《行政诉讼法》第70条规定的“适用法律、法规错误”，还是《行政复议法》第28条规定的“适用依据错误”，内涵与外延均过于狭窄，仅能对应“适法”要求，不能涵盖违反“合法”“法定”时的法律定性，并实质上将“合法”“法定”置于“有要求、无后果”的窘境，而真正能够囊括违反“合法”“法定”“适法”三个基准的法律定性，只有“违反法律”一种。

当下行政审判实践中，“不违法”在采“违法归责”原则的行政赔偿案件中多有使用，这也合乎法律要求，但是，不少法院错误地以“不违反法律”“不违法”“不违反法定程序”等为由肯定行政行为“合法”，以“合法就等于不违法”为标准来衡量行政行为的合法性，如以被诉行政行为“程序上也不违法”的定性取代“符合法定程序”的法律要求，[1]在当下制度设计只认同“法定程序”的情况下，认为只要“程序不违法”就等于“程序合法”，这是对行政诉讼“合法性审查”标准和被告负举证责任的误读和误用。

7. 适用法律、法规

《行政诉讼法》第69条“驳回诉讼请求判决”和第70条“撤销判决”中

---

〔1〕 参见广西壮族自治区钦州市中级人民法院行政判决书(2013)钦行终字第24号。其实，司法实践中这种以“不违法”取代“合法”的错误认定不在少数。

分别设定了“适用法律、法规”的要求，这一要求折射出严格法律保留态度，对监督和促进依法行政极为有利，但无疑会引起下述质疑：一是将“法律保留”基准定位于所有行政行为必须满足“适用法律、法规”的要求，并不符合实质合法性理念，也与给付行政、服务政府的现代行政理念相悖，正所谓“如果说只要不存在根据规范，行政就不能进行任何活动的话，就无法适应变化了的行政需要”。[1] 二是要求所有行政行为均满足“行为”与“法条”的机械对应，会限制行政机关在给付行政领域积极作为，正如柏拉图在反思宪法政府时所言，法律的限制确实妨碍了政府，假定政府是个好政府，如不受限制，它便能做善事；而法律的限制将使它不能做好事。[2] 三是极易使执法人员变成“把既定的法律条文安放在一定的案件事实上的机械工具”，[3]抹杀执法人员在法律与个案之间的链接、沟通、解释、校准等“传送带”作用。实质上，执法人员的这种法律素养和能力不仅是其作为执法者的必备之物，也是法律正确适用的依托和法学研究得以丰富发展的重要渠道，正所谓“法学的学识不只是由法律的基本知识构成，而更是由法律的正确运用构成”。[4]

综上所述，在“合法”“法定”“适法”等法律要求究竟应当如何配置这一问题上，相关法律规定确实含义模糊、标准不一、游移不定、易生歧义，亟需从理论上加以厘清，从规范制度设计上重新配置。

三、与实质法治理念相适应的“合法”

1.“合法”不仅是“合理”的对应概念，而且与“法定”和“适法”相配套

“合法”在我国最早是作为“合理”的对应概念出现的，20 世纪 80 年代中期之前，正值我国行政法学理论及学科初创时期，不少学者提出和认同我国行政法学基本原则的“二分法”，即“合法性”与“合理性”原则，直至 21 世纪初《纲要》提出合法行政、合理行政、程序正当、高效便民、诚实守信、权责统一的“依法行政”要求，“合法”一直是“合理”的“孪生兄弟”，这主要根源

[1] [日]盐野宏：《行政法》，杨建顺译，法律出版社 1999 年版，第 55 页。

[2] 参见[美]C. H. 麦基文：《宪政古今》，翟小波译，贵州人民出版社 2004 年版，第 24 页。

[3] 马怀德主编：《行政诉讼原理》，法律出版社 2003 年版，第 397 页。

[4] [德]奥托·迈耶：《德国行政法》，刘飞译，商务印书馆 2002 年版，第 71 页注释。

于当时正值行政诉讼立法酝酿和制度试运行阶段，关于行政审判究竟应该定位于“合法审”还是“合理审”以及司法实践中对两者如何界分等，成为理论上必须首先厘清的问题。进入21世纪后，随着法律条文主义向法律理念主义、形式合法性向实质合法性过渡，原本属于合理性范畴的公平公正、符合法的目的、基于正当考虑、平等对待、不偏私、比例行政等被“理念法”吸纳成为合法性问题，“法治行政”理念基本囊括了“合法行政”与“合理行政”两个领域，这在褫夺“合理行政”疆域的同时，不仅扩大了行政诉讼审查范围和权利的司法保护范围，而且壮大了“法治行政”的理论与制度体系，这无疑有利于加快法治国家、法治行政的进程。

摆脱了“合理性”掣肘的“法治行政”面临如何构建内部基准体系的问题，这就必须首先明确“法治行政”要求行政如何“尊奉”法律，行政诉讼中判断行政行为的合法性究竟应采“合法”、“法定”还是“适法”标准？从内涵上看，“合法”意即“合乎法律”，即不需要有根据规范，只要合乎法律的要求甚至法的精神即可；“法定”要求“无法律即无行政”，任何行政手段必须有根据规范，以法律规范条文的明文授权为依托；“适法”则不仅要有“合法”的结果要求、“法定”的形式要求，更要有“适法”的过程甚至是载体。可见，三者对行政尊奉法律的程度要求依次提升，而这与行政行为的利益属性、利益量和强制程度直接关联，正所谓“行政行为受法律控制的程度应该与其强制性的大小成正比”。〔1〕具体而言，损益性越强，则法律要求越严；授益性越强，则法律要求越松。

2. 合法性顺应法的理念主义而非法律条文主义

尽管“一切立法者所面临的基本问题”一直是“什么样的行为是法所维护的，什么样的行为是法所禁止的”，〔2〕但这一问题从来就没有仅仅通过“条文法”获得解决，失却了“理念法”的法律体系注定是千疮百孔、挂一漏万的，因此，“法定”永远需要“合法”来拾漏补遗。“合法”在英美法中的对应概念一直是“Legitimacy”，其本来意义仅指实质合法性判断，并不指向某一个具体的“法”，更不强调必须存在某一个具体的“根据规范”。除非明显“超出”

〔1〕 程竹松：《论授益行政行为的内涵和外延》，载《行政论坛》2004年第2期。

〔2〕 [美]E. A. 霍贝尔：《初民的法律》，周勇译，中国社会科学出版社1993年版，第13页。

或“违背”法律,构成实质而非形式上违背法律条文和精神,否则,行政行为一般不会因法律适用瑕疵而被撤销。[1] 在大陆法系,人们曾经自豪地炫耀“什么是法律呢?回答只有一个:即它是由立法机关所颁布的成文法规”,“司法判例也不是法律”,但面对纷繁复杂的社会实践和立法滞后的现状,“这个教条的法律渊源观念”逐步“为时间和实践所冲淡”。[2] “合法”这一生成于法律理念主义和实质合法性背景下的“法治”标准,一旦植入我国这样一个崇尚法律条文主义和形式合法性的“法制”环境中,就被错误地具体化为“必须符合某个法某一条”或者“有法律、法规和规章的规定”,因而“找法”“给出法条”便成为“合法性”判断的前提条件,其直接表现是,在行政审判中人民法院无论对于授益还是损益行为,均要求被告行政机关提供“根据规范”。

随着法律条文主义向法律理念主义、形式合法性向实质合法性、法制向法治理念的逐步过渡,以及政府服务功能的逐渐增强和授益行政行为数量的日渐提升,“合法”在“法治行政”指标体系中的分量会逐步超越“法定”和“适法”。在法治行政理念之下,只要对控制权力和服务人民有利,哪怕是没有具体的“根据规范”,行政机关同样应该积极履责,造福人民。法院也会基于“监督行政”目的,严格审查行政行为的“合法性”而不仅是“法定性”或“适法性”。[3] 原因很简单,即使没有具体的法律条文,法律所要求的、使法律称其为法律的公平、公正、合理等善良价值也一直存在于事物与个案当中,[4]无论是行政机关还是人民法院都应该积极地去发现、挖掘、表达、展示和践行这些善良价值,如此不仅能够丰富和完善法律理念、规范、制度、理论体系,而且能够提升行政机关公信力,证成和强化权力的正当性与合法性。

相应地,在“合法”基准之下,“法无明文之合法行为”[5]将是法律与公民行为关系的主旋律。但是,法律与行政行为的关系略有不同,对于损益行为而言,“法无明文而为即为违法”;对于授益行为而言,“法无明文而为也合法”。

---

〔1〕 See Thomas V. Burch, *Manifest Disregard and the Imperfect Procedural Justice of Arbitration*, University of Kansas Law Review, 60, p. 47 – 84(2010).

〔2〕 [美]约翰·亨利·梅利曼:《大陆法系》,顾培东、禄正平译,知识出版社1984年版,第25、27页。

〔3〕 See Kenneth CulpDavis, *No Law to Apply*, San Diego Law Review, Vol. 25, p. 9(1988).

〔4〕 Ibid., p. 11(1988).

〔5〕 参见安徽省潜山县人民法院行政判决书(2014)潜行初字第00010号。

3.“合法”主要适用于服务行政模式和普遍授益的行政行为

普遍授益的行政行为采“合乎法律”而非“法定”和“适法”理念，主要源于人的利益属性和法的人民意志性。人是利益动物，趋利避害是人的本性，也是法律和立法的利益导向。当行政行为能给人们带来利益的时候，一般很少有人会去追问政府是否有权作此行为，这就使行政行为具备了实质合法性。同时，利益会左右意志，行政行为所含利益会引领、凝聚人们的意志，并会进一步促成行政行为的立法确认。最后，利益一致性会促成意志统一，而统一了的意志就是“人民的意志”，就是“法益”，尽管缺少了国家“制定”或“认可”程序，却具有了实质合法性。

《纲要》关于“合法行政”的诠释印证了上述判断：“没有法律、法规、规章的规定，行政机关不得作出影响公民、法人和其他组织合法权益或者增加公民、法人和其他组织义务的决定。”其中的“影响公民、法人和其他组织合法权益”从语法上看属于“中性词”，既包括授益行为也包括损益行为，乍看起来，前半句话的意思似乎是没有法律规定既不能作出授益行为，也不能作出损益行为。但是，后半句话“或者增加公民、法人和其他组织义务的决定”则直接指向了损益行为，其中的“或者”寓意并列关系。但问题是，后半句话“增加公民、法人和其他组织义务的决定”完全可以被前半句话“影响公民、法人和其他组织合法权益”所涵盖，从逻辑上说，存在种属、包容关系的两个因素不能并列。结论是，要么这里的“或者”应改为“尤其是”，从而将所有利益属性的行政行为均纳入法律保留范围；要么前半句话被后半句话所限缩，从而将“法律保留”“法定”“适法”的范围仅限定于损益行为。

4.“合法”与举证责任相呼应，且其对应概念并不仅限于“违法”

《行政诉讼法》之所以将审查标准设定为“合法性审查”，并将规范性文件的附带审查前提和结果设定为“认为……规范性文件不合法”，与被告行政机关负举证责任直接相关。既然被告行政机关负举证责任，就应举证证明被诉行为“合法”，而不是由原告举证证明被诉行为“违法”，正如《行政诉讼法》第37条规定的：“原告可以提供证明行政行为违法的证据。原告提供的证据不成立的，不免除被告的举证责任。”这里实质上设定了“违法推定”规则，只要被告行政机关不能证明被诉行为“合法”，就依法推定该行为“违法”；即使被诉行为实质上“合法”，但如果被告行政机关不能举证证明其“合法”,就依法推定为“违法”。

尽管相关法律条文在举证责任目标和后果界定上采用了“合法”“不合法”“违法”的表述,但“不合法”不等于“违法”,“不违法”也不等于“合法”,原因有两个:一是法律规范的覆盖面有限,在规范尚未覆盖的领域,既“无法可依”也“无法可违”,处于该领域的事件和行为既不“合法”也不“违法”。此种状态只有在“理念法”取代“条文法”的情况下才会破解,因为即使是规范缺位的领域,相关事件和行为仍然可以以“理念法”为基准加以评判,进而进入“实质合法”或者“实质违法”指标体系。结论是,只要不承认“理念法”,法律也就永远不可能做到“全覆盖”,“合法”与“违法”之间就永远不会“合拢”,也就得出“不违法”等于“合法”、“不合法”等于“违法”的结论。据此,在行政审判实践中,人民法院必须综合考虑法无明文、“理念法”、行为的利益属性、举证责任归属等各种因素,慎重使用“不违法”“不合法”等认定,否则极易使行政诉讼审查标准被错误操作为“违法性审查”。例如,在“刘某某诉北川羌族自治县白坭乡人民政府、北川羌族自治县林业局林业案”中,人民法院在驳回原告诉讼请求之前认定“被告北川羌族自治县林业局对原告刘某某所有的置于白坭乡扶贫厂的两颗银杏树进行保护性移植的行政行为不违法”,[1]就属于混用“不合法”与“不违法”的典型案例,因为行政诉讼审查标准为“合法性审查”且被告负举证责任,所以,即使在法无明文、无法可违的情况下,也只能认定“合法”与“不合法”,而这就必须引入“理念法”。二是“合法”与“违法”判断与举证责任密切相关,负有举证责任的一方不能证明其行为“合法”的,谓之“不合法”,但其极有可能实质上是“合法”的,只是没有证据证明而已,所以,此时很难定性其为“违法”,除非对方当事人或人民法院通过调查举证充分证明其“违法”。当下司法实践中,不少本应定性为“不合法”的行为却被定性为“违法”、本应提供“根据规范”证明行为合法的情形却被认定为“不违反法的禁止性规定”,都是错误的。

四、贯彻“法律保留”理念的“法定”

“法定”寓意严格“法律保留”,没有法律明文规定,行政机关不得作为,

[1] 参见四川省北川羌族自治县人民法院行政判决书(2015)北行初字第3号。事实上,司法实践中与本案认定相同或相似的案例比比皆是。

在当下行政诉讼实践中时常被赋予下述内涵：

1.“法定”要求单一行政行为必须符合“法定性组合”

一是“主体法定”。寓意“法生权”、“法生行政主体”和“主体资格源自于法律赋予”。任何组织欲获得行政主体资格，只能通过“法律、法规授权”；任何行政主体向外“授出”权力和职能，必须得到法律许可，即“再授权禁止”和“委托法定”；任何个人欲取得执法资格，必须首先考取公务员资格，并通过执法资格考试，坚决杜绝“临时工执法”。

二是“行为法定”。没有法律明文授权，行政机关不得作出任何法律行为，强调“行政行为”与“根据规范”的一一对应，亦即必须根据某个法某一条的授权作出行为，当下立法设计中的许可法定、处罚法定、强制法定便是“行为法定”理念的制度样态。但是，毫无例外地强调“行为法定”会压制政府的服务功能，所以，当下各国立法大都采用“侵害保留”“损益保留”等低限保留原则。《纲要》在“权责统一”项下规定：“行政机关依法履行经济、社会和文化事务管理职责，要由法律、法规赋予其相应的执法手段。”这里的“管理职责”可以视为“损益行为”的同义词，其对应概念应为“服务职能”，由此可见，从《纲要》的精神看，政府服务功能和授益行为是不需要“法律保留”的。但这种观点必然受到行政行为“双效性”理论的掣肘，按此理论，对相对人授益的行为可能对相关人损益，而对相对人损益的行为可能对相关人授益，即使是公众普遍授益的行政行为也可能有个别损益利害关系人，那么对该行为究竟按哪个效果定性并确定法律保留范围与强度？对此，翁岳生认为：“只要在行政组织法规定的权限范围内，且有国会通过的预算为依据，纵使缺乏行为法上的根据，仍可为给付性的行为。”[1]从而否定授益行为必须有“根据规范”。不少日本学者也持相同观点：“没有法律根据，就不能进行补助奖励措施、公共设施建设与行政指导，行政无论如何也不能完成其任务。”[2]笔者认为，采“绝对不规制”策略有失偏颇，因为这会损及损益利害关系人的合法权益，危及平等性和公平正义。采“放松保留”或“适度规制”策略则需要配套裁量基准，建议将利益衡量理论和比例行政原则纳入双效行为的合法性

〔1〕 翁岳生编：《行政法》（上册），中国法制出版社2002年版，第30～31页。

〔2〕 转引自刘俊祥：《日本行政法的基本原理——法治主义论》，载《现代法学》1999年第1期。

判断和利益平衡机制当中，“两利相较取其大、两害相较取其轻”，凡是符合利益衡量与取舍、利害相较法则的双效行为均具有合法性，同时应辅以针对损益利害关系人的补偿机制。

三是“程序法定”。要求行政机关必须根据“法定”程序作出行为，只是由于当下行政程序立法滞后，法定程序时常无法可依，导致不少无法定程序可违、违反惯例程序、违反自律程序、违反协议程序的被诉行政行为很难纳入《行政诉讼法》第70条规定的“违反法定程序”项下，这就需要以“合法程序”代替“法定程序”、“程序不合法”代替“违反法定程序”标准，将一切合乎法律精神的程序均纳入“合法”范畴。

针对程序法或程序规定缺位的窘境，在无法定程序可资比对时，不少法院创造性地作出“程序不违法”的认定，[1]这确实是程序法定化不高情况下的无奈之举，但如此极易导致两个后果：一是人们容易产生行政诉讼举证责任在原告的误解，似乎“原告不能证明被诉行为程序违法”，视为其合法；二是“程序不违法”并不等于“程序合法”或“符合法定程序”，行政诉讼驳回诉讼请求判决和撤销判决理由是“符合法定程序”和“违反法定程序”而非“程序合法”和“程序不违法”，但本就无法定程序，又如何“符合”？这里的症结就在于行政诉讼立法时采用了机械而教条的“法定程序”观念和表述，为应对程序立法滞后的现状，应以“程序合法”取代“程序法定”、“合法程序”取代“法定程序”，进而将包容性极强的程序法理念和原则作为判断程序合法的标准。

四是“过程法定”和“步骤法定”。“法定”的目的在于促成行为结果的正确与合法，而结果往往受制于过程，过程合法可以极大地提升结果的合法几率，过程违法情况下即使结果合法，也不能认定行为合法。因此，过程合法是结果合法的前提，而要实现过程合法，就必须首先要求过程法定、步骤法定，即依法设定和规制行为过程中的步骤、顺序、时限以及各步骤之间的关联性等因素，使行为过程依法“循序渐进”。域外不少国家已经认识到必

---

[1] 参见最高人民法院行政判决书(2013)行提字第21号。其实，司法实践中，人民法院错误地认定被诉行政行为主体、权限、程序、证据、适用法律等“并不违法”的情形极其常见，这些都是忽略被告负举证责任和行政所应该秉承的“法无规定不可为”原则的结果，因为认定行政行为“并不违法”的前提主要是“法无禁止即可为”。

须"对行政活动加以更有力的管制",其中包括"不将事实上的行为、拘束力较弱的行为排除在所考察的范围之外",而是"将行政实务予以法定化"。[1]过程与步骤法定可以防范行政机关随意省略、添加、合并、反复、颠倒行政步骤,或者拉长、缩短行政过程,确保步骤紧凑、经济高效。[2]

五是"形式法定"或"形式保留"。尽管以大陆法系为代表的绝大多数国家都依法确认"行政程序不受一定方式之拘束",将"形式自由"确定为形式的一般法则,但特殊情况下对行为形式施以法律羁束始终具有正当性和实质合法性。在梅因的契约理论中,"形式只有在为了要保证真实性和交易安全时才加以保留",[3]这是法律对形式施以规制的低限标准。我国行政处罚、强制等法律制度设计中将结果文书限定为"决定书"的形式,并对所应涵盖的内容作出强制性要求,也是"形式法定"的制度例证。

六是事实与证据法定。"事实法定"要求主要有二:一是只有对"法定事实"才能依法规制和处置,对于"非法定事实"只能施以协商、说服等非强制手段;二是事实清楚的标准法定,即由《行政诉讼法》第70条设定的作为"撤销判决"理由的"主要证据不足"倒推出来的"主要证据确实充分",以及《行政诉讼法》第69条设定的作为"驳回诉讼请求判决"理由的"证据确凿"。

"证据法定"不仅寓意证据种类的法定性,不属于法定证据种类的证据不具备证据力,而且要求行政证据必须具有合法性、真实性和关联性。同时,宽泛意义上的"证据法定"还包括证明标准、非法证据排除等证据规则法定。

七是"责任法定"。在制度层面,没有法律规定就没有法律责任,责任必须以法律明文规定为依托,当下制度设计中的行政处分责任、处罚责任、赔偿责任等均贯彻了"法定"的思维,尤其是在其范围、方式、标准等方面。

2."法定"主要适用于损益行政行为,强调"法无明文授权不可为",而非"法无禁止即可为"

"法定"形成于"法治国"时期,该时期普遍信守"政府本恶"和"任何有

---

〔1〕[日]大桥洋一:《行政法学的结构性变革》,吕艳滨译,中国人民大学出版社2008年版,第18~19、284页。

〔2〕参见柳砚涛:《行政过程中的先行为效力》,载《东方法学》2017年第4期。

〔3〕[英]亨利·萨姆奈·梅因:《古代法》,高敏、瞿慧虹译,中国社会科学出版社2009年版,第240页。

权之人都会逾越和滥用权力”的政治信条，与此相适应的行政法本质上属于“控权法”，正因如此，美国法学家霍姆斯从实用主义哲学出发提出过一个西方法学著名的法律定义：“如果你想知道法律而不是其他什么东西，你就一定要从一个坏人的角度来看法律……”[1]表现在法律规范的体例上，大多以“不得”“禁止”等表述为基调，正如哈特所言，大部分的法律(道德也如此)不是要求人们提供服务，而只是以禁止、否定形式要求人们克制。如果没有这种规制，那么其他规则还有什么意义？[2]“法定”要求政府必须唯法是从、亦步亦趋地紧跟法律的“明文授权”，不敢超越法律半步。尤其是损益行政行为，因其给相对人带来了不利影响，所以，必须对其严加控制，没有法律的授权性规定，行政机关绝对不能“无据而为”。以本文开始的“例一”为例，既然设卡收费属于损益行为，人民法院在行政诉讼中必须审查其有无具体明确的法律授权或者“根据规范”，断然不可仅以“不违背法律的禁止性规定”就确认其合法性，因为对损益行为而言，不违法并不等于合法。

实质上，“政府本恶”和“防止政府作恶”的假定是片面的，其不仅与“社会契约”的基本精神相悖——人民不可能将权利委托给一个“本恶”的政府，而且忽略了政府存在的唯一价值只能是造福人民。相应地，行政法的理论基础、精神实质和核心内容不能仅定位于“控权”“管理”“公共权力”等，而是必须聚焦于如何为人民造福与服务，为“积极政府”“服务行政”提供依据和“保驾护航”，正所谓“在福利国家中为了国家能够按照社会的要求积极贯彻执行政策，法应该为行政提供其所需要的手段”。[3] 具体到行政行为层面，如何激励政府为人民服务就成为现代行政法学转型所遇到的首要命题，而这就必须首先“放松管制”，以使政府有造福人民的“行为自由”。

总之，当下法律与行政关系的主旋律应为：对于政府的“管制”功能，法律必须严控死守；对于政府的“造福”功能，法律应当放松规制、放任自由甚至积极促进。

---

[1] 转引自沈宗灵：《现代西方法律哲学》，法律出版社1983年版，第106页。

[2] 转引自沈宗灵：《现代西方法理学》，北京大学出版社1992年版，第196页。

[3] [日]西冈、久鞆·松木、昌悦、川上宏二郎：《现代行政法概论》，康树华译，甘肃人民出版社1990年版，第9页。

3.“法定”不适合用于普遍授益的行政行为

“法定”蕴含法律对行政施以控制的意蕴，其在行政行为层面的基本要求是“行为法定”，正所谓“在没有法律授权的情况下，应禁止对公民做出任何行政管理行为”，[1]这也是绝大多数国家所认同的法律保留范围。仔细解读会发现，这里并不蕴含“没有根据规范不得作出任何行政行为”的意思，而是将法律控制的对象限定于“管理行为”。可见，普遍授益的行政行为不需要具体根据规范，因为法律在阻止政府“做坏事”的同时，也不能限制政府“做好事”。尽管法律应该及时为政府创设必要的管理与服务手段，但在法律未提供手段的情况下，只要合乎“为人民服务”的法律精神，政府还是可以“广阔天地大有作为”的，亦即在普遍授益行政领域，完全可以适用“法无禁止即可为”的法则。

但是，个别授益的行政行为必须适用“法无明文不可为”的“行为法定”规则，因为“个别授益”寓意“多数损益”，涉及公共财政的“特别支出”会损及平等权。正是基于这种考量，我国《宪法》第45条将“物质帮助权”作为基本权利作了规定，这同时也决定了行政救助领域必须遵循“行为法定”原则，“无法律明文规定不得救助”。[2] 上述观点有《行政诉讼法》第12条第1款第10项作为例证。该项规定：“认为行政机关没有依法支付抚恤金、最低生活保障待遇或者社会保险待遇的”，其中的“依法”就是“政府救助法定”的投射反映，这同时也决定了人民法院审查行政救助、帮助行为的合法性时，必须遵循“行为法定”原则，着重审查被诉行为有无具体的“根据规范”。[3]

4.“法定”已经对行政诉讼制度的先进性构成掣肘，受案范围中的“法定权利”和判决理由中的“法定程序”便是例证

“可诉权益”的“法定权利”标准实质上使“合法权益”标准归于无效。《行政诉讼法》第2条将“可诉权益”原则性地界定为“合法权益”，且在框定受案范围的第12条中第6项关于“申请行政机关履行保护人身权、财产权等

---

〔1〕［德］罗尔夫·斯特博：《德国经济行政法》，苏颖霞、陈少康译，中国政法大学出版社1999年版，第69页。

〔2〕当然，这里仅限于涉及公共支出的政府救助，至于社会组织、社会公众基于道德、道义所进行的捐助、扶助等，除非为了防范善款挪用等特殊情形，国家和法律一般不会加以干涉，尤其不能“以法规制”。

〔3〕如若这里采用“合法支付抚恤金”的表述，寓意行政机关的救助、帮助行为不必须有具体的“根据规范”，只要合乎法的精神、理念、原则，甚至合乎基本法理、政府目的等“善良价值”，均应认定为合法。

合法权益的法定职责”、第12项关于“认为行政机关侵犯其他人身权、财产权等合法权益的”中也都贯彻了“合法权益”标准,但在第10项“认为行政机关没有依法支付抚恤金、最低生活保障待遇或者社会保险待遇的”极易将这一标准限缩到“物质保障权”“济困权”等“法定权利”,在第7项关于“认为行政机关侵犯其经营自主权或者农村土地承包经营权、农村土地经营权的”中实质上已经将这一标准限缩到“法定权利”标准,与之前《行政复议法》第6条第5项关于“认为行政机关侵犯合法的经营自主权的”中的“合法”相比,明显退步了。

《行政诉讼法》第70条规定的“违反法定程序”与当下统一行政程序法缺位以及行政机关程序自律相矛盾。首先,我国当下尚未制定统一行政程序法,尽管有行政处罚、强制、复议、信息公开等方面的立法已经先行将“程序法定”,但即使已有程序立法的地方、部门和领域,“程序法定”的覆盖面仍显不足,更何况大量的行政领域并无程序立法,“程序法定”的有限性和行政程序的无限性之间关系紧张,这就使得诸如“法外程序”等很多程序难以套用“违反法定程序”的定性,因为在“法无明文”的情况下,这些“法外程序”根本就是“无法可违”。

其次,为解决程序立法缺失的境况,不少地方和部门以规范性文件、内部规定、通知等形式制定了一些“自律程序规定”,以规范性文件形式存在的“自律程序规定”可以在“合法有效”的情况下被人民法院“引用”,但以“内部规定”、惯例、协议等形式存在的“自律程序规定”的法律地位和诉讼功能欠缺法律明确规定,一旦被违反,很难归入“违反法定程序”之列。为此,必须采取两方面措施:一是将“法定程序”中的“法”由“条文法”拓展至“理念法”,进而将正当法律程序、程序法的精神理念等纳入程序合法性的判断基准体系。随着“社会法治国”理念逐步取代“自由法治国”思想,“形式自由”理念的地位和价值逐步得到提升,只要政府能为人民造福和服务,又何必在乎其做好事的形式?这就必然导致“形式保留”“形式法定”的重要性降低。既然很多程序和形式没有也不需要法律规定,那么,“法定形式”只会占取形式要求的“冰山一角”,绝大多数形式是“无法可依”的,这些形式在以往制度设计中只能定性为“违反法定形式”,但随着“理念法”逐步取代“条文法”,“合法”与“违法”的判断标准已不仅限于“规范条文”,而是拓展至规范条文的“字里行间”，亦即法的精神、理念、价值、原则、规则、原理等。“理念法”是没有“人定性”的，因而不能用“规定”“法定”等概念加以诠释，它是存在于事物内部的“自然之理”，对此人们唯一能做的就是发现、遵循、维护等工作。因此，在形式法定化程度不高、“理念法”逐步得到落实的当下，“合法形式”取代“法定形式”已是必然趋势。二是将“违反法定程序”修改为“程序不合法”，进而将所有没有规范条文作为依托或载体、但又合乎“理念法”的程序规定纳入审判依据或参照体系。在当下行政实践中，不少行政机关苦于程序立法滞后或缺位，为做到“程序有据”和“程序自律”，纷纷以“自律程序”[1]“惯例程序”“协议程序”等来为“法定程序”补缺，此类程序不能用“法定”来命名和诠释，对这些程序的“合乎”或者违反自然也不能用“符合法定程序”或者“违反法定程序”来定性，面对法定程序和定性理由上的无法可依，人民法院必须在判决理由上用“合法程序”和“合法形式”取代“法定程序”和“法定形式”。

五、作为法治思维和“形式保留”双重标准的“适法”

1.“适法”既是过程又是形式

作为过程，“适法”一般运行于执法人员的思维当中，是“法治思维”的基本要求和组成部分，因为在依法办事、依法行政、法治社会等法治环境下，人们决定作为与否以及选择行为方式、幅度时，首先必须“适法”。这种“适法”或者表现为人们思想意识当中基于自身法律知识、法律素养对一件事、一个行为的合法性预判，或者表现为人们查找法律条文并与自己面临的一件事、将要做出的一个行为之间对比考察。执法人员在作出行政行为之前或行为时，也必须进行“合法性思考”和“条文比对”两种形式的“适法”，前者是对即将作出行为的“合法性预断”；后者是为了实现“有法可依、有法必依”而进行的找法、用法过程。仅就“思维”和“思想”层面的“适法”而言，法治行政要求任何行政行为都必须“适法”无疑是极其正确的。

---

〔1〕 有学者认为，行政机关“自定行政程序”，属于“程序失当行政行为”，因为“行政程序不得由行政机关自行设定”。参见胡峻：《论程序失当行政行为的规制》，载《行政论坛》2015 年第 3 期。笔者认为，行政机关“自定程序”是当下我国行政程序立法之后的“无奈之举”，不能从根本上否定其合法性，而应主要看其程序功能与目的究竟是不是规范权力运行和保障程序权利，对于“自律程序”应该予以褒奖。

作为形式,"适法"时常被设计为行政行为结果文书的当然内容,是"形式保留"原则在行政行为结果形式或者载体上的折射反应。应当说,此项要求对于促进损益行为"有法必依、处置有据"确有积极意义,但如果将此项要求普适于所有行政行为,就显得过于"教条"和欠缺理性。对于损益性、强制性较强的行为而言,为体现法律对行政的"严控"态度和落实"行为法定"原则,要求行政机关将具体法律条文写入结果文书,必要时将相关法律条文附在决定书之后,不仅有利于落实行政机关的告知、释明义务,实现行政公开,而且便于监督行政和权利保障。但是,如果要求授益行为也必须"载明法条",则不利于最大限度地拓展政府的公共服务职能,也会滋长形式合法性理念所附随的效率低下、行政职能受限、抬高行政成本等弊端,正如学者所言,对于审查行政行为合法性而言,"适用法律并不总是必要条件"。[1]

以本文开始的"例二"为例,最高人民法院认定具体行政行为"仅说明所依据的法律名称,没有说明依据的具体法律条款",并不构成违法,只有在"且不能证明其具体行政行为符合法律的哪些具体规定"时才构成违法,这实质上是以"合法""法定"抵消和取代了"适法",如此认定如果仅指向授益行为倒也合乎实质法治、服务政府、理念法等价值取向,但将其适用于要式行为则未免牵强,因为"结果文书载明具体法律条文"是法律基于"形式保留"原则对要式行为的"额外要求",其承载着有据而为、公开行政、告知义务、说明理由、提升说理性等"法律使命",结果文书未载明具体法律条文本身就构成违法,即使事后或诉讼中能够提出和说明"符合法律的哪些具体规定",也不能消除其违法性。

"适法"较之于"法定"更加严格,强调法律条文"现于纸上"。这种过度程式化的要求与实质法治、实质合法性理念格格不入,因此,在不少国家已遭到抨击或摒弃。如在德国,毛雷尔认为,"以行政行为方式进行活动的特别授权是没有必要的,法律保留只涉及行政的内容,而不涉及行政的活动方式。"[2]但是,对于我国当下以"行政法制"为铺垫的"法治行政"而言,"适

---

〔1〕 Kenneth CulpDavis, *No Law to Apply*, San Diego Law Review, Vol. 25, p. 10(1988).

〔2〕 [德]哈特穆特·毛雷尔:《行政法学总论》,高家伟译,法律出版社 2000 年版,第 232 页。

法”一定程度上能够防止行政机关“无据而为”，增强行政行为的说理性、透明度和公信力。

值得注意的是，当下行政诉讼实践中，有法院将被诉行为是否适用或引用规范性文件及其功能是“依据”还是“参考”作为是否启动一并审查规范性文件合法性的前提条件，[1]将实质上适用但文书上未引用以及作为“参考”的规范性文件合法性审查排除在外，这是对“适法”的错误理解和运用，不利于权利保障和个案诉讼监督范围最大化，也与实质法治理念相悖。因为一方面，即便是“参考”，也说明规范性文件对行政行为有一定影响，既然有影响，就应视为“准依据”，进而纳入附带“合法性审查”范围；另一方面，当下行政诉讼实践中，人民法院普遍认同即使被诉行为未载明法律条文、但法律条文确实存在时，并不构成作为撤销判决理由的“适用法律、法规错误”，唯独在规范性文件附带审查这个环节一味强调必须形式上适用或引用了该规范性文件，否则不能附带进行合法性审查，确实有违法律平等原则。尤其是，实践中确有不少行政行为确实参考甚至依据了规范性文件，只因执法人员疏忽大意或者习惯、故意等缘由而未将其载入文书，[2]只因未“引用”就使实质上起了作用的规范性文件“跳出”合法性审查范围，说明制度设计确有漏洞。

2.“适法”不仅限于适用“规范条文”，还包括适用法的精神、理念、价值、目的、方法、原理、原则等

“适法”的前提是“有法可依”，“无法可依”背景下不可能实现“适法”的法治要求。但是，“法条有尽，而现实无穷”，[3]再完善、再超前的法律也不可能包罗万象，“不能期望法律体系为每一种可能出现的事实性情景作出规定”，[4]因为“立法者不是可预见一切可能发生的情况并据此为人们设定行

---

[1] 参见广东省东莞市第一人民法院行政判决书(2015)东一法行初字第239号。

[2] 事实上，执法人员在作出行政行为过程中，会依据和参考诸如规范性文件、案例、判例、惯例、法理等很多信息资料，这种在执法人员心中或脑海里完成的“思维或思想适法”对于行政行为的准确合法意义重大，但很少将这些信息资料现于纸上，相对人和法官也很难断定到底是否存在“隐形适法”情形，对于此种“隐形适用或参考”相关信息资料的情形如何纳入司法监督范围，确需理论上深入探究。

[3] 何海波：《通过判决发展法律——评田永案件中行政法原则的运用》，载罗豪才主编：《行政法论丛》(第三卷)，法律出版社2000年版，第468页。

[4] [英]丹尼斯·劳埃德：《法理学》，许章润译，法律出版社2007年版，第173页。

为方案的超人”,[1]那么,在没有规范条文的情况下如何达到“适法”要求?执法人员到哪里去“找法”?这就要求必须摒弃“条文法”理念,这不仅缘于“法条主义代价极高”,[2]而且在于规范条文包容性、预判性低,不能满足瞬息万变、包罗万象的社会对行为规则的需求,为此,必须到规范条文的字里行间、法制发展史、法学理论和法文化当中去找寻“理念法”和不成文法源,用“理念法”的“博大精神”来弥补“条文法”的“捉襟见肘”,诚如学者所言,“行政法的形式操作,若是无视于隐藏于后的一些基本理念,将成为没有方向感也没有生命的逻辑操作。”[3]

同时,“理念法”只能作为授益行为而非损益行为的“根据规范”,损益行为的作出必须源自“明文授权”,当下立法将“处罚法定”“强制法定”中的“法”限定为法律、法规、规章等“条文法”印证了这一点。但是,损益行为完全可以将“理念法”作为“规制规范”,即不得违背诸如以“不得”“必须”“应当”等积极或消极义务为内核的原则、精神、原理等。例如,即使没有“条文法”关于告知、说明理由、陈述申辩等明文规定,本质上属于损益行为的行政征收行为也不得违背“正当法律程序”理念,不得剥夺相对人的知情权、陈述申辩权等项权利。

六、制度完善建议

1. 构建以“合法”为原则、以“法定”和“适法”为例外的“三位一体”的“复合型”行政诉讼审查标准体系

鉴于当下制度设计已经将“合法”、“法定”和“适法”作为了法治行政基准而“三足鼎立”,且其各自具备不同的功能、司职不同的领域,共同组成法律控制行政的“三位一体”的基准或标准体系,为顺应实质合法性、法律理念主义、服务政府等价值理念,建议将“合法”确立为行政的一般原则,在此原则之下,对损益行为、形式保留等情形施以“法定”“适法”限制。相应地,行

[1] 徐国栋:《民法基本原则解释:以诚实信用原则的法理分析为中心》,中国政法大学出版社 2004 年版,第 182 页。

[2] [美]P. 诺内特、P. 塞尔兹尼克:《转变中的法律与社会:迈向回应型法》,张志铭译,中国政法大学出版社 1994 年版,第 71 页。

[3] 叶俊荣:《行政法案例分析与研究方法》,三民书局 1999 年版,第 26 页。

政诉讼的审查也并非“合法性审查”的单一标准，而是包括特定情况下的“法定性审查”“适法性审查”在内的“复合”审查标准。以往仅根据《行政诉讼法》第6条将行政诉讼审查标准界定为“合法性审查”这一单一标准是错误的，该法中关于合法、法定、适法的规定都从不同角度确立了“合法性、法定性、适法性审查”的“三维审查”标准。

第一，这一做法可以将法治行政基准与行政诉讼审查标准统一于“合法”，促成法治行政基准体系的一致性。首要的是，将《纲要》关于“合法行政”与《行政诉讼法》第6条关于“合法性审查”的界定保持在同一基准水平，防止出现同一基准、不同评价标准与体系的情况出现。例如，“规章及其他规范性文件”只有在“合法有效”的情况下才会作为行政诉讼裁判文书的“参照”或“引用”，但下级行政机关遵照执行上级行政机关制定发布的“规章及其他规范性文件”却是不附加任何条件的，那么，后者是否也应设定“合法有效”的前提条件？从实质法治理念看是应当的，但从层级节制的行政隶属关系，尤其是类似于“畏上”的传统习惯来看，又很难允许下级机关拒绝执行其自以为违法的上级机关的“规章及其他规范性文件”，究竟如何取舍值得理论上进一步深入研究。

第二，“合法”能够涵盖“法定”和“适法”，无论是“法定”还是“适法”，最终都能被“合法”所吸收。同时，“合法”又不仅限于“法定”和“适法”，在法无明文的情况下，“合法”能以法的精神、原则、理念、价值等评价所有行政行为。总之，以“合法”作为法律对行政“面上”的要求，以“法定”和“适法”作为法律对行政“点上”的特别关照，才合乎法律对行政“宽严有别、张弛有度”的法治精神，才能对诉讼程序中的行政行为做全面法律评价。

第三，之所以将“法定”设定为例外，是因为无论政府的服务性、行政的公共性多强，国家与社会治理过程中总会存在强制性明显的损益行政行为，为防止处于弱势地位的权利受损，法律必须以“行为法定”“程序法定”等理念与制度施以控制。

第四，之所以将“适法”设定为例外，主要原因有三个：一是法治国家、法治社会、法治行政强调法治思维和规则意识，凡事诉诸法律必须成为人们尤其是公职人员的思维定式，“适法”应当成为每个人做每件事的必由之路，“适法”本应成为“法治”在个人、个案上的缩影。二是对于“要式”行政行为而言,“适法”是“要式”的当然组成部分,因为“要式”就“在于法律是否要求必须具备特定的形式或程序”,[1]满足不了此种“要式”必然构成违法甚至无效。三是与当下强化判决书的说理性相呼应,“理性行政”同样要求行政决定在“合法”的前提下“以理服人”,而列出和释明法律依据则是“说理”的重要路径。

2. 建议将当下行政诉讼撤销判决理由的“适用法律、法规错误”修改为“违反法律、法规”,[2]相应地,“驳回诉讼请求判决”中的“适用法律、法规正确”应改为“符合法律、法规或者在法律、法规有特别要求的情况下正确适用法律、法规”。理由如下:

第一,“适用法律、法规错误”的前提是“适法”,是违反“适法”要求时的法律定性,当行政行为违反“合法”和“法定”要求时,不能一概以“适用法律、法规错误”来定性。

第二,法治行政基准包括“合法”、“法定”和“适法”,撤销判决理由必须能够涵盖对这三个基准的违反,“适用法律、法规错误”显然不能担此重任,因而只能让位于包容性更强的“违反法律、法规”。在法治发达国家,“违反法律”在宏观上可以涵盖违反自然法、违反公共政策、侵犯人权等,在微观上则可以体现为违反具体法律条文、违反岗位职责等。

第三,从域外制度设计和我国当下行政法学理论通说看,行政行为的“错误”仅指误写、误算等“公开错误”“显然错误”“技术错误”,且一般对行政行为的实质合法性不产生实质影响,或者说其根本不属于法律问题,所以,以适用法律、法规“错误”来指称“违法”显属不妥。

而且,查阅世界各国司法审查中撤销判决和确认违法判决的法定理由,很难找到类似我国当下制度设计中“适用法律、法规错误”的定性。在法国,“行政机关提起的依据(如法律条文)不适用于案件情况”本属于典型的“适法错误”,却也定性为“违反法律”。[3]

[1] 参见张文显:《法哲学范畴研究》(修订本),中国政法大学出版社2001年版,第87页。

[2] 参见柳砚涛:《认真对待行政行为适用法律瑕疵——基于当下我国行政判决的实证考察》,载《政治与法律》2016年第2期。

[3] 参见[法]古斯塔夫·佩泽尔编:《法国行政法》(第十九版),廖坤明、周洁译,国家行政学院出版社2002年版,第301页。

第四，对于组织规范和根据规范，法律可能会提出"适用"的要求，但对本质上属于禁止性规范的规制规范，法律一般只会要求行政行为"不得违反"，而违反"不得违反"要求绝对不能以"适用法律、法规错误"来定性。实质上，在给付行政、服务型政府背景下，此种冠以"不得""禁止"字样的"规制规范"的数量与日俱增并逐步成为法规范的主干和核心。

第五，违反禁止性规定、未适用法律、于法无据等情形是不能用"适用法律、法规错误"来指称的，只能归入"违反法律、法规"范畴。如在法国，"政府部门采取行动时如同法律准则不存在，视而不见，丝毫不予考虑，那就叫直接违法。"〔1〕

第六，现代行政已非"无法律即无行政"的严格法律保留时代，在服务行政领域只要合乎"理念法"，行政机关完全可以进行"无规范条文依据的行政"，即德国学者平特纳笔下的"无法律的行政"，〔2〕对此，法律不能施以"适用法律、法规"意义上的控制，只能以"合乎法律""违反法律"为基准来加以衡量。相应地，按德国学者伯恩·魏德士所言，法官在对某一案件事实进行法律评价时，不能局限于争议事实所直接关联的某一种法律规范，而是必须置身于整个法律秩序，考虑整个法律秩序的目的来适用、解释法律。〔3〕

---

〔1〕［法］让·里韦罗、让·瓦利纳：《法国行政法》，鲁仁译，商务印书馆2008年版，第813页。

〔2〕［德］平特纳：《德国普通行政法》，朱林译，中国政法大学出版社1999年版，第47页。

〔3〕参见［德］伯恩·魏德士：《法理学》，丁小春、吴越译，法律出版社2003年版，第202页。

检察机关参与行政公益诉讼的角色定位*

张栋祥　柳砚涛**

摘要　关于检察机关参与行政公益诉讼的角色定位,原告人说难与客观义务相融,公益代表人说源于对域外制度和理论的"剪裁",公诉人说囿于制度调和而难以扩展,只有法律监督者说,兼具制度基础和司法实践支撑。以法律监督而不是公益代表为本位的行政公益诉讼,意味着权力之间平衡制约的新型关系形成,对实现行政权力行使的法治化及监督制度本身的克制与平衡,具有非常重要的意义。对此,需加强"检察建议、行政公益诉讼"二元监督模式的参与和民主要素,暂缓采用客观诉讼理论,明确诉前程序的价值和定位,逐步完善我国行政公益诉讼制度。

关键词　行政公益诉讼　检察机关　角色定位　制度建构

我国行政公益诉讼的理论研究和实践探索成果丰

---

* 本文原载《山东社会科学》2017 年第 11 期。

** 张栋祥,山东大学法学院博士研究生;柳砚涛,山东大学法学院教授、博士生导师、法学博士。

富，但究竟谁才是提起行政公益诉讼的适格主体，仍没有形成一致的结论。经历了由个人提起到社会组织提起的尝试后，这一重担目前落在了检察机关身上。[1] 但应注意到，行政公益诉讼的学理研究和制度构建中存在一些被忽略但亟需解决的基础问题。基于待解争议，全国人大常委会曾指出，公益诉讼制度理论研究不够深入，"特别是对检察机关提起公益诉讼的法律基础、职能定位以及检察机关在公益诉讼中的诉讼地位等问题研究不深不透。"[2]时值行政公益诉讼试点期满，检察机关提起行政公益诉讼正式写入《行政诉讼法》，研究检察机关参与行政公益诉讼的角色定位，探讨行政公益诉讼制度的具体建构，无疑具有重要意义。

一、法律监督者：检察机关提起行政公益诉讼的身份基础

随着行政公益诉讼试点期满，以及检察机关提起行政公益诉讼正式入法，检察机关作为公益诉讼提起主体的适格性争议渐消，但将这一主体资格的合理性简单定义为"公益代表人"或"公诉人"，则可能会导致行政公益诉讼制度构建基础不牢。笔者认为，"原告人说"与客观义务难以兼容，"公诉人说"妨碍制度的统一性，限缩发展空间，而主流的"公益代表人说"因对域外制度的"剪裁"或多或少存在偏差，又与宪法、部门法摩擦不断，为我国下一步行政公益诉讼立法埋下隐患。检察机关的法律监督机关定位，恰已预留足够的角色空间，使检察机关足以胜任提起行政公益诉讼的身份基础和角色定位。这不但有利于未来立法确立行政公益诉讼制度的稳固性、长远性，也与法教义学的理念吻合。

（一）"原告人说"难与客观义务相融

"原告人说"将检察机关提起行政公益诉讼定位于平等主体之间的争讼，"基于民事诉讼理论及其构造"，[3]要求具有直接利害关系，与我国民事

---

〔1〕 2017年6月27日，第十二届全国人大常委会第二十八次会议高票通过关于修改《民事诉讼法》和《行政诉讼法》的决定，检察机关提起公益诉讼明确写入这两部法律。

〔2〕 蒲晓磊：《试点检察机关办理公益诉讼案1710件》，载《法制日报》2016年11月7日，第2版。

〔3〕 关于"原告人说"不符合检察机关属性的讨论，参见姜涛：《检察机关提起行政公益诉讼制度：一个中国问题的思考》，载《政法论坛》2015年第6期。

诉讼和行政诉讼中对原告的认定相似。

这种学说的优点是,当事人之间的地位平等,消解法律监督权对法院判决独立性和公正性的影响。但较少有学者支持该学说,原因在于:第一,尽管域外出现公益诉讼中融合私益保护的趋势,[1]但提起公益诉讼的理论基础毕竟不同于私益诉讼,公益诉讼主体的客观义务更多,直接“拿来主义”会引起一系列问题。第二,即使忽略宪法、部门法赋予检察机关的法律监督权,仍旧不能回应主观诉讼下的“原告人说”要求存在利害关系的问题。第三,民事诉讼和行政诉讼中的“原告”虽然基于诉权提起诉讼,但如果基于权利和义务平等的关系,势必需要检察机关承担原告应承担的实体义务,这一问题在败诉的情况下尤为凸显。

(二)“公益代表人说”源于对域外制度和理论的“剪裁”

“公益代表人说”是检察机关提起行政公益诉讼的主流观点,使用频次最高,但以“公益代表人说”为基础建构我国行政公益诉讼制度是否最合理呢?尤其是在实体法没有规定的情况下,从宪法到部门法全部作出修改以向“公益代表人说”靠拢,是否是最佳选择?公益代表人学说把检察机关在行政公益诉讼中的角色定位于公共利益的代表人,理由是:(1)维护公益需要“公益代表人”身份;(2)美国公民诉讼或说“私人总检察长诉讼”,可以作为我国公益诉讼制度的蓝本参照;(3)德国《行政法院法》规定了检察官的“公益代表人”角色;(4)以法国越权之诉和日本住民诉讼为代表的客观诉讼模式,成为“大势所趋”。

笔者认为,第一,提起行政公益诉讼,“法律监督者”的角色足以胜任。检察机关履行法律监督职责,而法律监督的目的是保障机关、组织和个人行为的合法性,这种守护法律秩序、确保法律权威的职责本身就与公共利益天然联系在一起,另赋头衔反而臃肿。尤其在公共利益概念难以明确,[2]实体法没有界定的情况下,由公共利益具体化的“法律监督”,在宪法和部门法一致的前提

---

〔1〕 黄忠顺:《论公益诉讼与私益诉讼的融合——兼论中国特色团体诉讼制度的构建》,载《法学家》2015年第1期。

〔2〕 公益概念内容的不确定性表现在“利益内容的不确定性及受益对象的不确定性两个方面”,参见陈新民:《德国公法学基础理论》(上册),法律出版社2010年版,第182页。

下，作为提起行政公益诉讼的身份基础和角色定位，更加适合。

第二，美国公民诉讼制度基于权力分立、司法权扩张的政治博弈背景逐渐形成，"公益代表人"身份不宜采用"拿来主义"。首先，谁可以质疑政府，以及在何种程度上质疑政府是变化的，受政治和历史环境影响，虽然授予"任何人"，但限制却越来越多。[1] 其次，"放开起诉资格的要求直接关系到司法权的扩张"，[2]美国最高法院曾多次在既往人民行动起来确立的意志表现出不适应和僵化时，借"人民支持或反对的名义"，发挥推动社会发展的功能。[3] 但我国并不具备司法审查权力配置，效仿美国公民诉讼体制模式难以取得预期效果。最后，从实体法的角度，美国的《反欺骗政府法》将主体限制为个人或公司，在反托拉斯的相关立法中，检察官可提起衡平诉讼，但被诉主体并非针对行政机关。即使美国《清洁空气法》《清洁水法》等，任何人以自己的名义提起针对所有主体的诉讼，不需要利害相关，但从《清洁水法》对原告资格的限制和美国最高法院在"塞拉俱乐部诉莫顿案"确立"实质损害要件"来看，"任何人"意在通过广义的"公民"角色扩大原告资格，而非发挥检察官的"公益代表人"作用。

第三，德国《行政法院法》第35条规定，联邦行政法院设有一名检察官，"为维护公益，该检察官可以参与在联邦行政法院中的任何诉讼"，并"保障该检察官的发言权"。有学者将此处检察官的"公益代表人"的身份作为我国行政公益诉讼确立主体的制度参照，并将"参与"改述为"提起"，值得商榷。德国环境团体公益诉讼仅可以行政机关作为被告，[4]并且将可提起公

---

[1] 1972年制定的《清洁水法》相较于1970年版，将公民原告资格限定为"利益受到严重影响或存在受到严重影响的可能性者"；一些典型案例如"塞拉俱乐部诉莫顿案"，也要求原告符合"实际损害"要件。参见夏云娇、王国飞：《国外环境行政公益诉讼相关立法对我国的启示——以美国、日本为例》，载《湖北社会科学》2007年第9期。

[2] John M. Scheb & John M. Scheb II., *Law and Administrative Process*, Belmont: Thomson Wadsworth, 2005, p. 347.

[3] [美]布鲁斯·阿克曼：《我们人民：转型》，田雷译，中国政法大学出版社2014年版，第386页。

[4] 出于引入纯粹公益不以个人利害关系为要件的诉讼模式，与传统主观诉讼为框架的制度整体难以协调的顾虑，整个20世纪，德国联邦层面上的立法中，如《联邦污染防治法》及《联邦自然保护法》，环境团体诉讼的方案均搁浅。直到2002年，作为签约国，迫于联合国《奥胡斯公约》和欧盟《环境参与指令》的双重压力，德国修改《联邦自然保护法》，正式赋予环境团体行政公益诉权。2006年《环境法律救济法》和2007年《环境损害法》，为应对联合国和欧盟的要求，进一步细化了团体的公益诉权、起诉条件、起诉方式和证明规则。参见陶建国：《德国环境行政公益诉讼制度及其对我国的启示》，载《德国研究》2013年第2期。

益诉讼的环境团体限制为“在当初的参加程序中曾对该问题表明过反对意见或政府剥夺过其表明意见的机会”。因此,无论以“参与”和“保障发言权”为中心的检察官角色,还是环境团体公益诉讼模式,均不能为我国检察机关提起行政公益诉讼的“公益代表人”身份提供理论证成和实践支撑。

第四,法国的越权之诉的制度基础是行政权和司法权的分离,通过撤销“越权”的行政决定,救济集团利益、公共利益和个人利益。首先,法国的行政诉讼制度是在主观诉讼和客观诉讼的学理区分基础上,围绕客观诉讼建立的,[1]诉讼体制与我国相差较大。从主体资格的变化,即要求“申诉人利益受损”的角度来看,客观诉讼越来越表现出主客观融合的色彩。[2] 并且,从前述越权之诉所救济的利益角度看,其所对应的集团诉讼、机关诉讼、“个人利益”之诉,并不等同于国内学者所言的“为了保护公共利益的需要而提起的行政诉讼”,[3]而是各有“私心”。日本法学界从学理上根据诉讼目的保护个人利益和维护客观法律秩序的不同,将法定的行政诉讼类型划分为主观诉讼和客观诉讼,[4]前者如抗告诉讼、当事人诉讼,后者如住民诉讼、机关诉讼。机关诉讼围绕“国家或公共团体机关相互间的职权纷争”,与“公益代表人”身份和维护公共利益的关联性较弱。而住民诉讼,[5]从纳税人身份和所诉对象为违法不当的公共支出和财产管理处分的角度而言,实际上是主观诉讼和客观诉讼融合的新型诉讼模式。以纳税人为基础的“公益代表人”身份,与我国检察机关提起行政公益诉讼的角色定位存在显著差异。

第五,从公益代表人的归宿及我国当前的立法现状来看,行政机关更适合作为公共利益的代表人。首先,我国《宪法》第 9 条第 1 款规定:“矿藏、水流、森林、山岭、草原、荒地、滩涂等自然资源,都属于国家所有,即全民所有;由法律规定属于集体所有的森林和山岭、草原、荒地、滩涂除外。”与此对应,《物权法》在第 45 ~46 条、第 48 条对上述关于国家所有的财产内容,进行了

---

〔1〕 [法]莱昂·狄骥:《公法的变迁 法律与国家》,郑戈、冷静译,辽海出版社、春风文艺出版社 1999 年版,第 151 页。

〔2〕 王名扬:《法国行政法》,北京大学出版社 2000 年版,第 669 页。

〔3〕 章志远:《行政公益诉讼热的冷思考》,载《法学评论》2007 年第 1 期。

〔4〕 [日]樱井敬子、桥本博之:《行政法》,弘文堂 2007 年版,第 251 页。

〔5〕 夏云娇、王国飞:《国外环境行政公益诉讼相关立法对我国的启示——以美国、日本为例》,载《湖北社会科学》2007 年第 9 期。

重申和明确,并规定"国有财产由国务院代表国家行使所有权",由此,国务院和各级人民政府受托管理公共财产,"公益代表人"身份更具法律基础。其次,随着现代行政理念的扩展和福利国家的推进,"公益"成为现代政府追求的主要目标,正因如此,行政机关(政府)成为"公共利益的最佳代表者、判断者、维护者和促进者"。[1]

(三)"公诉人说"囿于制度调和而致难以扩展

"公诉人说"认为,传统公诉权局限于刑事公诉,检察机关作为国家利益的代表人,通过行使公权力追究刑事领域侵害国家利益、社会利益的不法行为,已不能满足维护国家利益、公共利益的需要,现代公诉权向行政公诉和民事公诉领域扩展,是法治化、现代化的应有之义。[2]

但是,由此产生的行政公诉与行政公益诉讼概念,存在包含、交叉等多种关系可能。[3] 取一而舍弃另一,均难以实现制度自洽。"公诉人说"也不利于制度体系的调和与统一。一方面,公诉权理念、公诉制度均围绕刑事诉讼建构,与行政诉讼制度所追求的目标及相关程序设计差别较大,容易对行政公益诉讼的发展带来束缚。另一方面,民事公益诉讼中,检察机关以公诉人的身份"官告民",行使公权力,代表国家意志,对诉讼结构的平衡及双方当事人的权利地位平等造成损害。虽然在"省级检察院下设立若干提起行政公益诉讼的专门检察院",[4]对解决法院天平倾斜的难题有所帮助,但在国家监察体制改革的背景下仍显轻率。

(四)法律监督者应为最佳角色定位

法律监督者并非仅依据《宪法》第134条的赋权,尽管这是非常重要的法律依据,也不仅在于检察机关所扮演的合法性监督角色,对公民、社会组

---

〔1〕 章志远:《行政公益诉讼热的冷思考》,载《法学评论》2007年第1期。

〔2〕 学者对该说的支持和论证可参见孙谦:《设置行政公诉的价值目标与制度构想》,载《中国社会科学》2011年第1期;王志华:《公诉权对行政诉讼的介入——公诉权的一种新境界》,载《行政与法(吉林省行政学院学报)》2001年第6期;刘拥、刘润发:《传统公诉权现代转型的路径选择》,载《人民检察》2010年第24期。

〔3〕 章志远:《行政公益诉讼热的冷思考》,载《法学评论》2007年第1期。

〔4〕 姜涛:《检察机关行政法律监督制度研究》,载《东方法学》2016年第6期。

织、机关等的行为进行合法性监督，更多的是在于“检察建议、行政公益诉讼”互助的二元监督模式，检察机关程序性诉权、法院实体裁判权的制度创新，以及司法权对行政权监督的公正性保障和“弱”司法权的平衡中检察机关所发挥的职能和作用。

以法律监督者角色提起行政公益诉讼的理由如下：

第一，“法律监督”可以解决“公共利益”内涵外延不确定的弊端。与法律监督者的角色对应，公权力的行使范围和边界更加清晰，同时基于公共利益的下位概念“法律秩序”，确定检察机关在行政公益诉讼制度中的权力义务要容易得多。最重要的是，作为法律监督者的检察机关行使法律监督权，同样符合行政公益诉讼的“公益”二字，因为维护法律秩序、进行合法性监督和守护是法治国家公共利益的首要内容。

第二，诉权基于法律监督权派生。“监督和诉讼两者之间存在内在的联系，都具有维护法制的作用，诉讼是监督的主要手段，而监督又可以通过诉讼来实现。”[1]在这一点上，行政公益诉讼的诉权基础与刑事公诉相近，即“检察机关向法院提起诉讼只是实行监督的一种方式”。[2] 也有学者认为，我国社会主义司法体制的内在机理及权力制约就已经足够为检察机关提起行政公益诉讼提供理论支撑。[3]

第三，源于检察机关在司法权与行政权新型权力平衡制约关系中的定位。首先，诉前程序不同于域外的前置审查程序，是以诉讼为后盾的“强化版”检察建议，但检察机关没有代替行政机关作变更或撤销的实体处分权。其次，在行政公益诉讼中，实体裁判权由法院行使，检察机关仅有启动审判的程序性权力。[4] 这种监督的制度创新背后，无疑是检察机关在以法律监督者的角色创造新的权力平衡，既减少干预行政活动的可能性，又不至于监督缺位。相比之下，公诉人说较难解释“检察建议、行政公益诉讼”二元监督模式中检察建议的超高占比，“公益代表人说”不能契合公权力行使的特征和表现，只有法律监督者的角色定位不需要修饰，具有天然优势。

---

〔1〕 孙谦：《设置行政公诉的价值目标与制度构想》，载《中国社会科学》2011 年第 1 期。

〔2〕 林钰雄：《检察官论》，法律出版社 2008 年版，第 23 页。

〔3〕 黄学贤：《行政公益诉讼：多维的功能　未来的方向》，载《中国环境法治》2014 年第 1 期。

〔4〕 孙谦：《设置行政公诉的价值目标与制度构想》，载《中国社会科学》2011 年第 1 期。

第四,我国法律制度是围绕检察机关行使法律监督权来建构的,“法律监督者”的角色定位具有深厚的制度基础。《宪法》第134条和《人民检察院组织法》第2条规定:“人民检察院是国家的法律监督机关。”《人民检察院行政诉讼监督规则(试行)》第3条和第9条,对检察机关的“法律监督”职责进行了明确。《民事诉讼法》第14条和《行政诉讼法》第11条规定,人民检察院对民事审判活动、行政诉讼实行法律监督。《民事诉讼法》第235条规定:“人民检察院有权对民事执行活动实行法律监督。”《刑事诉讼法》第8条规定:“人民检察院依法对刑事诉讼实行法律监督。”可见,法律监督者的角色定位有利于我国法律体系的一致性和检察机关职能发挥的协调性。

二、以法律监督为中心建构行政公益诉讼的合理性及其价值

在法治化及社会转型、体制改革攻坚克难的背景下,强化法治思维、运用法治方式,改善公权力的运行状态,避免部分行政权行使不当给国家利益和公共利益带来损失,不仅必要而且必需。负有合法性监督职责的检察机关,以法律监督为本位提起行政公益诉讼,不但可以填补空白,还能通过维护法律秩序保障社会公共利益。尤其在传统诉讼模式要求“利害相关”,国有资产、环境生态等领域因利益不属于个人,没有适格的起诉主体而无法进行及时和有效的保护,行政乱作为或不作为现象频发时,被《宪法》赋予“法律监督”使命的检察机关,从理论研究和司法实践角度,及时跟进、不断强化行政法律监督,非常有必要和有价值。

(一)与中国古代法律监督制度的理念相通

中国现代检察制度集众多人类文明成果于一体,比如人权保障、法定规范、程序正当等理念。但从历史的角度看,尽管中国古代没有现代意义上的法律监督机构,但御史制度源远流长,监督范围广泛,可以弹劾玩忽职守的官吏,查处贪赃枉法的犯罪行为,还可以对审判活动进行监督,监督理念和制度设计有其先进之处。[1] 秦朝时期,设在中央的御史大夫,“上疏事,议朝政”,弹劾行政机关和官吏的职务过失,查处违法乱政的官吏,可谓行政监督

〔1〕 李勇:《中国古代法律监督制度与当代检察制度辨析》,载《法学杂志》2009年第1期。

的雏形。作为承前启后的隋朝监察制度，不仅监督对象增多：包括王公贵族、宰相将军，监督权行使范围也非常广泛：弹劾权、谏诤权、封驳权、审判权，同时对中央和地方权力机关的行政行为、程序和文书档案等也有检查权。[1] 在中国古代，国家权力相对集中，内部上下级监督存在“灰色地带”，通过相对独立的专门机构进行行政法律监督，保障行政权力行使效率的同时，又意在防范其逾越法律边界。这种趋于独立行使监察权，并且为了防止权力滥用，建立制约机制的做法，闪烁着智慧光芒，与当代检察机关行使法律监督权，实现司法权对“膨胀”行政权的适度制约和平衡的理念相通一致。

(二)是对1954年《宪法》规定“一般监督权”的继承和发展

列宁在《论“双重领导”与法制》中首次提出“检察权”的概念，检察长只做一件事情：“监视整个共和国对法制有真正一致的了解，不管任何地方的差别，不受任何地方的影响。”[2] 检察监督制度随后确立，并且历经数十年司法实践探索，形成了包括立法监督、执法监督、司法监督及守法监督在内的“一般监督”制度。中华人民共和国成立后，在御史监察制度和列宁法律监督思想的影响下，1954年《宪法》正式确立了检察机关的监督地位，1954年《人民检察院组织法》对检察机关一般监督职能及行使方式进行了具体化规定。

1982年《宪法》法律监督权的确立，正式宣告一般监督权走下历史舞台。为了保障行政权行使的合法性和公正性，很多学者呼吁恢复一般监督权，扩大检察监督范围。笔者认为：第一，宪法对法律监督的赋权和规定，足够容纳和扩展行政法律监督；第二，法律监督权无疑是适应性变革和创新的产物，无须重拾旧路。因为就立法监督而言，根据“《宪法》、《立法法》及《各级人民代表大会常务委员会监督法》对立法行为的监督权设置可以得出，立法行为的监督专属各级人大及其常委会”。[3] 就公民监督而言，不能对公民过度压制，所以范围限定在特殊情况的守法监督。换言之，出于公益、审慎、监督资源的有限性考虑，需要将守法监督中损害公益行为的违法程度限制为

---

[1] 张先昌：《隋朝监察制度述论》，载《法学研究》2005年第2期。

[2] 列宁：《论“双重”领导与法制》，载《列宁全集》（第43卷），人民出版社1987年版，第196页。

[3] 李爱年、刘爱良：《论检察机关提起公益诉讼的权力属性及职权配置》，载《重庆大学学报（社会科学版）》2016年第3期。

"严重损害"。在监督职责细分和法律监督有序进行的大环境下,为扩展行政法律监督,而重新踏上一般监督权理论"监督范围过于宽泛""监督目标超乎实际"[1]的路子,并不理智。而法律监督权作为一般监督权的承继与创新,拥有得天独厚的制度基础和司法实践经验基础,是我国行政公益诉讼制度定位的不二选择。

(三)是积极参与、保障监督公正的制度创新

法院参与进行实体裁判的权力互动,是行政法律监督的制度创新。诉前程序中检察建议仅有"软"性约束,因为法律监督权在这里仅为程序性权力,唯一"强制力"是启动审判程序。[2] 这样一种权力制约平衡的诉讼构造,既可以保障公共利益,又能实现法律监督的公正,具有内在合理性。第一,《宪法》第134条规定,人民检察院是国家的"法律监督机关"。对国家机关、社会组织和个人行为的合法性进行监督的职能,决定了在行政机关违法行为或不作为时,检察机关有义务挺身而出,维护国家利益。第二,我国法律制度体系围绕法律监督构建,那么在刑事公诉和对法院审判活动的监督之外,还应补上行政法律监督的空缺。第三,检察机关行使程序性诉权,法院作实体裁判的诉讼构造,既保障监督公正,又体现积极参与、积极监督的理念;而且"检察建议、行政公益诉讼"的二元互动监督模式,以及法院参与到权力之间平衡的机制中来,更有利于实现法律监督的社会效果,不会导致法律监督权过度膨胀压制行政活力。

(四)为行政公益诉讼制度的未来发展预留空间

以法律监督者为中心完善行政公益诉讼制度,不会封闭未来社会组织和公民提起行政公益诉讼的理论和实践道路。我国行政公益诉讼的提起主体,经历了由公民到社会组织再到检察机关的发展,但不可否认的是,公益性社会组织在国家管理中发挥越来越重要的作用,不仅是放权和治理效率的问题,而且对扩大管理的民主性和提高参与度非常有益。将来在制度成

---

〔1〕 甘雷、谢志强:《检察机关"一般监督权"的反思与重构》,载《河北法学》2010年第4期。

〔2〕 孙谦:《设置行政公诉的价值目标与制度构想》,载《中国社会科学》2011年第1期。

熟、法治发展后,公益诉权还要回到社会组织和公民中去。[1] 作为缺位补充的检察机关,以法律监督为本位提起行政公益诉讼,不会使其在二元监督模式、免于缴纳诉讼费用、抗诉而不是上诉、诉权的放弃等制度和程序设计方面,与将来扩展社会组织作为适格主体产生理论混淆、实践不清的问题。

(五)以法律监督为中心进行制度建构具有重要法治意义

第一,检察机关提起行政公益诉讼定位于法律监督,相比公益代表人定位更易于扩展"检察建议、行政公益诉讼"的二元监督模式,对不承担败诉后果和提起抗诉而不是上诉具有更强的解释力。第二,有利于保障法律体系的一致性。《宪法》规定人民检察院是我国法律监督机关,预留了足够空间,不必为了"公益"二字大修大改,强推"公益代表人"。而且公益代表人在目前的法律体系内,缺少基础支撑,恐导致"公益代表人"无所不包含而囿于受案范围和司法资源的有限性不作为。因此,将行政公益诉讼作为行政法律监督方式的扩展纳入制度体系,要比在实体法外另立为"公益代表人"以论证提起公益诉讼的主体适格性,更具前瞻性和实践意义。第三,有利于实现法治政府的建设目标。以诉讼的形式对行政机关进行法律监督,实现司法权对行政权的监督和弱司法权的平衡,[2]既有权力制约与互动,又有公正性保障,对提高公权力运行的法治化程度及实现法治政府建设目标意义重大。

三、行政公益诉讼制度具体建构的思考和建议

以法律监督为中心建构行政公益诉讼制度,在理论基点和程序设计上表现出不同于公益代表人等其他角色定位的若干特质。基于此,应注重程序设计中的预防、参与和民主要素,暂缓采用客观诉讼理论。在制度实践中,要消解双重身份顾虑,明确诉前程序的定位。在程序设计中,要通过单行实体法、司法解释和案例指导制度积累经验、提炼规则,逐步完善我国行

〔1〕 社会组织和公民,可以依照另赋实体请求权和法定诉讼担当理论取得实体赋权或程序赋权,"前者如《消费者权益保护法》第37条解释有关消费者协会公益性职责的规定旨在保护不特定消费者的请求权,后者则由于请求权所试图保护的扩散性利益不存在特定受害人,而依据《民事诉讼法》第55条的规定将请求权所对应的诉讼实施权赋予适格的消费者协会"。参见黄忠顺:《论公益诉讼与私益诉讼的融合——兼论中国特色团体诉讼制度的构建》,载《法学家》2015年第1期。

〔2〕 姜涛:《检察机关行政法律监督制度研究》,载《东方法学》2016年第6期。

政公益诉讼的制度。

（一）注重程序设计中的预防、参与和民主要素

以法律监督为中心的制度设计，要注重融入预防、参与、民主要素。公益诉讼实质上是广义的利益相关者在民主、协商、参与的基础上，共同决策、解决问题的过程，“更在于体现法实现过程中的民主精神”。[1] 德国环境公益团体提起行政公益诉讼就很好地体现了这一特点，限制团体在行政决策的最初参与程序中，“曾对该问题表明过反对意见或政府剥夺过其表明意见的机会”。[2] 我国也需要强化立法保障：在行政公益诉讼中，保障诉前程序的公开、公正，便于公民和社会监督；在行政公益诉讼外，扩大相关公益团体在行政决策中的参与度，将行政公益诉讼作为一种防御性和辅助性手段。重视预防和参与，体现过程民主，是国家治理能力现代化的重要标志。

（二）客观诉讼理论仍未成熟

许多学者建议以客观诉讼为基础建构我国行政公益诉讼制度。虽然从诉权理论起诉权与实体权的分离角度看，公益诉讼与客观诉讼的特征吻合，[3]但笔者认为：第一，客观诉讼的起诉主体往往动力不足，而且“比例罚金”的激励方式显然不适合当前阶段检察机关作为提起主体的制度实践。第二，公益诉讼与私益诉讼融合的需求加深，[4]纯粹客观诉讼模式的前景并不明朗。第三，在学理上进行主观诉讼和客观诉讼划分的国家，均未坚持纯粹的客观诉讼形态，主观诉讼的“利害相关”因素若隐若现，例如，法国的越权之诉的“申诉人利益受损”、日本住民诉讼的“纳税人身份”、美国公民诉讼提起主体由公益团体向大农场主等利益相关群体的变迁等。第四，最重要的是，我国行政公益诉讼的诉讼请求主要是针对行政违法行为和行政不作为，法律监督色彩大于公益救济，并且因违宪审查机制不同、权力配置不同，

---

〔1〕 蔡巍：《美国个人提起公益诉讼的程序和制度保障》，载《当代法学》2007 年第 4 期。

〔2〕 陶建国：《德国环境行政公益诉讼制度及其对我国的启示》，载《德国研究》2013 年第 2 期。

〔3〕 于安：《公益行政诉讼及其在我国的构建》，载《法学杂志》2012 年第 8 期。

〔4〕 包括“私益性诉讼实施权向公益性诉讼实施权融合”和“公益性诉讼实施权向私益性诉讼实施权融合”两种类型。参见黄忠顺：《论公益诉讼与私益诉讼的融合——兼论中国特色团体诉讼制度的构建》，载《法学家》2015 年第 1 期。

当下引入客观诉讼恐难获得良好发展。

(三)消解双重身份的理论难题

当下,学者们在探讨行政公益诉讼制度时,较多顾虑检察机关的公权力身份会与作为公益代表人的身份叠加,影响审判。造成这一现象的主要原因是对公益代表人说的误读。因为在域外公益诉讼制度中,适格主体是以公益代表人身份提起诉讼,这导致我国检察机关法律监督权的身份安放"无可参照",只能做"暂时隐去"的"技术处理"。其实,基于监督者的角色定位,通过区分实体法和程序法上身份的不同,便可厘清双重身份问题的真实面目。在实体法上,检察机关履行的是法律监督职责,通过对行政行为合法性进行监督,保障公正、秩序和法治。而在程序法上,检察机关仅仅是原告身份,即程序当事人。[1] 这与我国"刑事附带民事诉讼"中检察机关"既是国家法律监督者,又是附带民事诉讼的原告人"[2]的身份定位、原则理念一致。同时,"只是形式意义上的当事人,并非实质意义上的当事人"[3]也解释了为什么检察机关不需承担实体义务,如败诉后果、诉讼支出等。

(四)诉前程序的定位与制度优化

截至2017年5月,试点地区检察机关共办理行政公益诉讼诉前程序案件6774件,除未到1个月回复期的935件外,行政机关纠正违法或者主动履行职责4358件,占75%。[4] 诉前程序发挥如此大的作用,也与本文所论证的"法律监督"定位不谋而合。那么,应该如何定位诉前程序与诉讼本身的关系,又应如何优化程序设计,保障制度的良好发展和运行呢?软性诉前程序和刚性诉讼是围绕法律监督制度所建构的两个互助单元:诉前程序是实现法律监督的灵巧设计,提起诉讼则是制度核心和最终保障。取消诉前程序,会使更多需要法律进行监督的领域,限于司法资源的有限性而无暇顾

---

〔1〕 孙洪坤、陶伯进:《检察机关参与环境公益诉讼的双重观察——兼论〈民事诉讼法〉第55条之完善》,载《东方法学》2013年第5期。

〔2〕 韩庆祥、白春安:《检察机关提起附带民事诉讼的性质》,载《检察日报》2011年5月25日,第3版。

〔3〕 魏武:《法德检察制度》,中国检察出版社2008年版,第186页。

〔4〕 陈菲:《检察机关公益案件88%在诉前程序得到办理》,载新华网,http://news.xinhuanet.com/legal/2017-06/27/c_1121222253.htm,2017年6月27日访问。

及。另外，缺少刚性的诉讼保障，则整个制度核心无存，行政法律监督效果大打折扣。“75%的占比”并不意味着要压制诉前程序的活力，而是要通过诉前程序的制度设计优化，进一步发挥行政公益诉讼的法律监督效果。例如，对诉前程序案件的整改情况进行跟进监督，以及建立诉前程序的听证制度、公开制度，保障公众对公益案件的知情度和参与度等。

（五）具体制度和程序设计的完善路径

2017年6月27日，全国人大常委会高票通过《关于修改〈中华人民共和国行政诉讼法〉的决定》（以下简称《决定》），检察机关提起行政公益诉讼正式入法，也标志着行政公益诉讼由试点转向全面推开。行政公益诉讼入法是一剂强心剂，对公益诉讼制度的完善至关重要。但也应注意到，《决定》仅在第25条增加一款，为检察机关提起行政公益诉讼提供法律依据，具体的制度框架和程序设计仍需要进一步探索和完善。本文认为，以下路径可以选择：第一，在《行政诉讼法》修改并作了总括性的规定后，根据公益保护领域的不同，如生态环境和资源保护、食品药品安全等，通过单行实体法，如《环境保护法》《食品安全法》等具体规定公益诉讼的范围、程序和责任。日本即是通过《日本行政诉讼案件法》总则第5条、第6条“声明”住民诉讼和机关诉讼，其具体实施要件和审查对象则分别由单行法如《公职选举法》《地方自治法》等进行明确。[1] 第二，注重发挥司法解释的引导和缓冲作用，例如，在制度和规则足够成熟之前，先通过司法解释进行适应性规定，当然也包括对《行政诉讼法》的良性扩张等。第三，在行政公益诉讼制度逐渐成熟的过程中，不可忽视我国案例指导制度的重要作用。由最高司法机关批准发布的、依存于原案的指导规则，虽然不是法律、只是参考作用，“但其法律的特征还是十分明显的”。[2] 在通过《行政诉讼法》修改解决原告主体的合法性危机后，进一步通过案例指导制度积累经验，提炼规则，逐步形成适应我国国情、制度体系，以及有效保护公共利益的诉讼体系。

---

〔1〕 林莉红、马立群：《作为客观诉讼的行政公益诉讼》，载《行政法学研究》2011年第4期。

〔2〕 陈兴良：《我国案例指导制度功能之考察》，载《法商研究》2012年第2期。

行政给付判决的定位和适用

章超钧*

摘要 《行政诉讼法》修改后增设给付判决制度，学界对行政给付判决和履行判决的逻辑关系，以及给付判决的适用产生争议。在给付判决是行政给付的一种裁判方式及实质解决行政争议的立法背景下，行政给付判决体现出提供专门救济渠道、实质性解决纠纷的优势。实践中，给付判决纠纷类型多样，以2018年2月8日实施的最高人民法院《关于适用〈中华人民共和国行政诉讼法〉的解释》（以下简称《行政诉讼法解释》）规定的情形为主，"实体性裁判"数量多于"程序性裁判"。基于此，行政给付判决适用于财产性给付、履行判决中的"实体性裁判"情形，且给付判决是履行判决的特殊形式。

关键词 行政诉讼　给付判决　履行判决

2014年《行政诉讼法》第一次修改时，[1]增设行政给付判决这一新的行政判决类型。《行政诉讼法》第73条

---

* 章超钧，浙江财经大学法学院宪法学与行政法学硕士研究生。

〔1〕《行政诉讼法》2017年第二次修正，该次修正只在2014年修正的《行政诉讼法》第25条增加了一款，作为第25条第4款。

规定,人民法院经过审理,查明被告依法负有给付义务的,判决被告履行给付义务。同时,《行政诉讼法解释》对该判决类型具体化。《行政诉讼法解释》第92条规定:“原告申请被告依法履行支付抚恤金、最低生活保障待遇或者社会保险待遇等给付义务的理由成立,被告依法负有给付义务而拒绝或者拖延履行义务的,人民法院可以根据行政诉讼法第七十三条的规定,判决被告在一定期限内履行相应的给付义务。”

在《行政诉讼法》修改前,人民法院面对抚恤金、社会保险待遇等纠纷时,大多以履行判决的方式支持原告的诉求。那么,行政给付判决和原行政履行判决有何区别?其在法律体系中的定位如何,在司法实践中如何适用?要解决上述问题,首要任务是对两种判决的核心概念“给付”“履行”予以探讨。“给付”“履行”的概念源自民法,但我国民法对两者的态度模棱两可,存在混用。[1] 这使得我国语境下的给付判决和履行判决似乎具有了相同的意义,即判决被告向原告履行一定的义务。因此,从学理上界定两者概念的区别尤为重要。

查阅相关论文和司法案例发现,学者们对行政给付判决的定位和适用存在较大争议,同时司法审判实践中对该问题也不甚明晰。鉴此,本文试图从学界对行政给付判决的定位和适用的争议入手,分析行政给付判决作为独立判决类型的立法背景,探究行政给付判决相对于履行判决的优势,并结合我国司法审判实践中对行政给付判决的运用,从而对争议点予以回应,厘清行政给付判决的定位和适用。

一、行政给付判决定位及其适用争议

在“中国知网”上,以“行政诉讼”“给付判决”为关键词检索,共查找到22篇期刊论文及21篇硕博士论文。[2] 对上述论文以及相关学术著作进行分析之后发现,学者们对行政给付判决定位的争议聚焦于给付判决与履行判决何者为特殊、何者为一般的逻辑关系问题,对行政给付判决适用的争议可以归结为给付判决的客体范围大小的分歧。

---

〔1〕 参见王洪亮:《给付》,载朱庆育等主编:《中德私法研究》(2011年第7卷),北京大学出版社2012年版,第165~171页。

〔2〕 截止时间2019年10月15日。

（一）给付判决与履行判决的逻辑关系之争

关于给付判决相对履行判决是一般还是特殊形式的问题，由于思考进路不同，不同学者的观点呈现出截然相反的两种态度。

1. 给付判决是履行判决的一般形式

持此观点的学者认为，我国的履行判决、给付判决制度沿袭的是德国行政诉讼法“给付之诉”的理论传统。

“给付”（Leistung）和“履行”（Erfüllung）两概念均源自德国债法。前者指债权人基于债务关系有权请求债务人给付，也可以是不作为。[1] 后者指债权人或某个第三人提出所负担的给付，给付并不因给付行为的实施而被“履行”。相反，如果所负担的是给付结果，则给付结果的发生才是决定性的。因此，履行更倾向于对给付效果的实现或者清偿。在德国民事诉讼法中，只存在给付之诉这一类型，并无单独的履行之诉。原告对被告主张特定行为或者财产的“履行”其实就等同于对债的“给付”请求，从这一角度讲，“履行”被“给付”所吸收。德国行政诉讼法将诉的类型分为形成之诉、给付之诉和确认之诉，给付之诉（Leistungsklage）目的在于，原告希望法院判决被告实施某种“给付”，“给付”可以是一种积极的作为，也可以是一种停止作为。[2] 由于“给付”有不同的内容，因此给付判决也具有不同的“亚种”。

若请求给付的内容是一个行政行为，则将其归纳为义务之诉（部分学者称之为“课以义务之诉”）（Verpflichtungsklage）；若请求给付的内容是停止作出或者中止一个对其不利的权力行为，而该行为并非行政行为，则将其归纳为停止作为之诉（Unterlassungklage）；若请求给付的内容是除行政行为以外的，则将其归纳为一般给付之诉（Allgemeiner Leistungsklage）。因此，一般给付之诉是给付之诉的兜底形式。[3] 由此，义务之诉的内容是行为，而行为也是“给付”的一种特殊形式，故义务之诉是一般给付之诉的特殊形式。

---

〔1〕 参见［德］迪尔克·罗歇尔德斯：《德国债法总论》（第七版），沈小军、张金海译，中国人民大学出版社2014年版，第3页。

〔2〕 参见［德］弗里德赫尔穆·胡芬：《行政诉讼法》（第五版），莫光华译，法律出版社2003年版，第205～207页。

〔3〕 ［德］弗里德赫尔穆·胡芬：《行政诉讼法》（第五版），莫光华译，法律出版社2003年版，第295页。

在我国行政诉讼法体系中,有学者将《行政诉讼法》第72～73条分别对应德国法中的义务之诉和一般给付之诉的判决形式,由此得出履行判决是给付判决的特殊形式的结论。[1] 或是认为,给付判决应当充分发挥其作为履行判决"兜底"判决的作用。[2]

2. 给付判决是履行判决的特殊形式

与上述第1种观点相反,不少学者认为,对给付判决的理解应当从《行政诉讼法》的修改逻辑出发。旧《行政诉讼法》第54条第3项规定,被告不履行或者拖延履行法定职责的,判决其在一定期限内履行。立法者解释,"本条规定的给付判决,要比给付诉讼窄的多,是专门针对行政给付行为设置的相应判决"。[3] 基于此,对于被告向相对人给付抚恤金等义务其实是法定职责的一种形式。因此,有学者指出,给付判决是从履行判决中分离出来的一种新的判决方式,[4]也即给付判决是履行判决的特殊形式。[5] 从给付判决和履行判决的核心概念出发,宽泛地说,给付义务其实是法定职责的一种具体形态。[6]

(二)给付判决的适用范围争议

由于给付判决定位不同,不同学者关于给付判决适用范围的观点差异极大。关于给付判决的适用范围,理论界有三种不同的观点。

1. 仅适用财产给付

有学者从给付判决是履行判决的特殊形式出发,主张根据法律文义进行解释,将给付判决较为狭义地理解。该观点将事实行为和行政合同履行纠纷排除在给付判决的适用范围之外。首先,法院对事实行为的审查适用的是行政赔偿程序而非行政诉讼程序。笔者认为,此处对事实行为定义较为狭隘,例如,道路维修、信息提供不涉及行政赔偿问题。其次,行政合同应当适用我国《行政诉讼法》第78条更为特殊的条款,本文认同此观点。因

---

〔1〕 参见梁凤云:《不断迈向类型化的行政诉讼判决》,载《中国法律评论》2014年第4期。

〔2〕 参见李傲、赵晓洁:《论我国一般给付判决的适用范围——以231份判决书为分析样本》,载《河南财经政法大学学报》2019年第5期。

〔3〕 信春鹰主编:《中华人民共和国行政诉讼法释义》,法律出版社2014年版,第194页。

〔4〕 参见章剑生:《现代行政法总论》,法律出版社2019年版,第501页。

〔5〕 参见余凌云:《行政法讲义》,清华大学出版社2010年版,第484页。

〔6〕 参见张旭勇:《行政判决原论》,法律出版社2017年版,第264页。

此，其主张凡涉及公民人身权利和财产权利而又应由行政机关发给的救济金、福利金、保险金、奖励金及最低生活保障金等都属于行政给付判决的适用范围。[1] 也有学者明确指出，我国现行《行政诉讼法》的逻辑与大陆法系给付之诉的理论不同，为了保证我国给付判决和履行判决并行不悖，给付判决应当狭义解释，仅限于财产性给付，履行判决为非财产性给付。[2]

2. 以财产给付为核心，还适用事实行为等非财产给付

有学者将我国《行政诉讼法》第73条界定为一种“兜底”性质的条款，认为给付判决应当作较广义理解，即认为履行判决是给付判决的特殊形式。该观点基于德国一般给付之诉理论进行思考，意图在我国适用范围中寻找到回应。德国行政诉讼中一般给付之诉的诉讼目的，可能是任何一种非行政行为的给付。这里所指的非行政行为通常情况下都是行政事实行为。例如，信息行为、生存照顾和基础设施的给付、金钱给付、某些制定规范的行为、要求消除后果请求、公法合同及作为兜底的其他行为。[3]

因此，该类观点认为，给付判决的适用范围应当及于除履行判决之外的情形，包括财产性给付、事实行为给付、停止作为给付和不得公开信息的预防性不作为给付。[4] 有学者还主张将行政机关不履行行政赔偿、行政补偿义务的案件，纳入给付判决的适用范围。[5]

3. 适用除法定职责、行政合同以外的给付

支持此类观点的学者较少，其从履行判决是给付判决的特殊形式之一的思路展开分析，认为区分履行判决和给付判决的关键在于两者的内容是否为法定。履行判决的履行内容是由法律、法规、规章明确规定的职责，而给付判决的义务内容为法定的给付义务（履行判决的履行内容）、基于行政协议的给付义务、行政允诺确认的给付义务、类推适用民法规定得出的给付

---

〔1〕 参见应松年主编：《〈中华人民共和国行政诉讼法〉修改条文释义与点评》，人民法院出版社2015年版，第230页。

〔2〕 参见胡建淼主编：《行政诉讼法学》，法律出版社2004年版，第466～467页。

〔3〕 参见郭修江：《行政诉讼判决方式的类型化——行政诉讼判决方式内在关系及适用条件分析》，载《法律适用》2018年第11期。

〔4〕 参见李傲、赵晓洁：《论我国一般给付判决的适用范围——以231份判决书为分析样本》，载《河南财经政法大学学报》2019年第5期。

〔5〕 参见郭修江：《行政诉讼判决方式的类型化——行政诉讼判决方式内在关系及适用条件分析》，载《法律适用》2018年第11期。

义务。而法定的给付义务和行政协议的给付义务由我国《行政诉讼法》第72条和第78条特别规定,基于体系解释,我国《行政诉讼法》第73条的给付判决应当适用于除原告要求行政机关履行法定给付义务、基于行政协议的给付义务之外的其他给付义务的情形。[1]

通过归纳学术争议点,笔者认为,产生上述争鸣的核心在于给付判决与履行判决关系的模糊不清。而追问行政诉讼给付判决相对履行判决的优势,可以为其定位与适用提供启发。因此,下文从行政给付判决的立法背景出发,对给付判决的优势进行总结。

二、立法增设行政给付判决的优势探析

在《行政诉讼法》修改前,行政判决种类被划分为维持判决、履行判决、撤销判决、变更判决,给付判决未曾崭露头角。而其作为一项新的判决类型被确立在新行政判决体系中,有其特有的立法背景和考量。通过挖掘我国语境下的给付判决立法背景有利于确定其特有优势。

(一)行政给付判决的立法背景

在构建服务型政府的大背景下,给付行政以及授益性行政逐渐进入人们的视野,并逐渐成为现代体系中的新核心,政府给付义务是行政诉讼不可回避的领域。[2] 给付行政,是指行政机关旨在通过给予行政相对人利益来实现行政任务的一种行政。其内容包含社会保障提供、政府资助发放及公用设施建设。但给付行政作为一个行为来认识时,其可以被称为“行政给付”,而给付判决即是针对行政给付的一种裁判方式。在《行政诉讼法》修改前,还没有专门的判决方式对给付判决的问题作出规定,而均是规定在旧法第54条的履行判决之中,但在实践当中,出现了不适应。正如2014年《行政诉讼法》第一次修改时,修改草案说明中所提到的“根据审判实际需要,增加给付判决”。[3]

---

〔1〕 参见黄锴:《论给付判决的适用范围——以〈行政诉讼法〉第73条为分析对象》,载《浙江学刊》2017年第4期。

〔2〕 参见江必新、邵长茂、万颉琳编著:《行政诉讼法修改资料汇纂》,中国法制出版社2015年版,第235页。

〔3〕 信春鹰主编:《中华人民共和国行政诉讼法释义》,法律出版社2014年版,第317页。

在《行政诉讼法》第一次修改前，按照履行判决的逻辑，相对人向法院主张要求行政机关依照职责给付一定数额的金钱，法院一般要求被告履行给付，但具体的数额留给行政机关裁量。因此，相对人可能会以行政机关未完全履行或者错误履行为由又提起诉讼，导致司法资源的浪费。[1]《行政诉讼法》第一次修改时，第1条立法目的中增加了"解决行政争议"的宗旨，基于此，给付判决须承担起实质性解决纠纷的任务。德国一般给付之诉的给付判决目的在于，法院通过给付判决判令被告作出一种非行政行为的特定行为或给付。更为关键的是，其是一种执行名义(Vollstreckungstitel)，即原告可以以此请求法院予以执行被告之财产。[2] 因此，该制度在我国立法中极具借鉴意义。

(二)行政给付判决的优势探究

我国立法者基于以上目的和背景增设给付判决这一类型，突出了给付判决作为一项独立的判决制度在我国行政诉讼实践中的优势。尤其是在为充分保障相对人救济权和实质性解决纠纷方面。

1. 为行政给付争议提供专门救济渠道

我国《宪法》第45条规定，公民享有物质帮助权这一基本权利。《行政诉讼法》作为公民基本权利的主要救济机制，[3]必然需要保障公民物质帮助权的实现，"物质帮助权"的实现依靠"物质"的给付。[4]《行政诉讼法》第73条的给付判决，基于行政机关法定的救助、保障职责，在行政机关拒绝履行或拖延履行时，赋予相对人要求行政机关给付保障金或者待遇的可能。

行政给付判决是专门对行政给付行为设置的判决类型。一方面，专门救济渠道有利于实现我国行政诉讼类型化更进一步。《城市居民最低生活保障条例》、《社会救助暂行办法》(2019年修订)等相关法律、法规的出台，分别

---

[1] 参见应松年主编：《〈中华人民共和国行政诉讼法〉修改条文释义与点评》，人民法院出版社2015年版，第227～228页。

[2] 胡建淼主编：《行政诉讼法学》，法律出版社2004年版，第592页。

[3] 参见林来梵：《宪法学讲义》(第三版)，清华大学出版社2018年版，第343页。

[4] 参见黄锴：《论作为国家义务的社会救助——源于社会救助制度规范起点的思考》，载《河北法学》2018年第10期。

规定了支付社会保险待遇、最低生活保障待遇、各项社会救助行为的可诉性。[1] 给付判决的确立呼应了在受案范围中有关行政给付的规定，为此类给付纠纷提供了专门的救济渠道。另一方面，为相对人解决给付纠纷提供了更利于调解、执行的渠道。给付判决的适用对象主要是财产性利益，这在学理中达成了共识。强调“专门”的渠道，意义在于重点区分以行为为对象的履行判决的判决方式，对于相对人来说此类财产是弱势群体所期盼的社会兜底性补助救济，需要由专门渠道专门保障。

2. 实质性解决纠纷

第一，《行政诉讼法》修改前，诸如抚恤金等给付争议适用履行判决。从判决对象角度看，履行判决对象为行政行为。当被告行政机关不履行或者拖延履行法定职责时，判决被告作出一定的履行法定职责的行为，且行为内容绝大多数由被告裁量确定。对于行政相对人来说，履行判决后，行政机关将对其进行“首次”的履行法定职责，这是司法权对行政权判断裁量的尊重。行政相对人只能期待行政机关在判决后较好地履行了职责，但存在仍无法合理解决纠纷、导致相对人再次诉讼的可能，极大浪费司法资源，也不利于当事人纠纷的实质性解决。

第二，给付判决具有执行力，可以将判决作为执行文书申请强制执行，具有直接的执行性。[2] 从行政判决的对象角度看，给付判决是以行政法律关系作为对象，审查过程中，不仅对具体行政行为的撤销进行审查，还进入原始纠纷，直接确定相对人的权利义务内容。[3] 人民法院适用《行政诉讼法》第73条作出给付判决，在判决结果中往往会以“实体性裁判”[4]形式对行政机关具体应当履行的义务作明确限定，行政机关无自己的裁量权。该种方式将原先需要先作撤销判决，再作履行判决的两步程序，整合为一个判决，节约了司法成本，给予“给付行政”对象的弱势群体以高效的救济。与履行判决对象为行政行为相比，行政判决对象确定为行政法律关系更能实质性化解行政纠纷。

---

〔1〕 参见信春鹰主编：《中华人民共和国行政诉讼法释义》，法律出版社2014年版，第195页。

〔2〕 胡建淼主编：《行政诉讼法学》，法律出版社2004年版，第467页。

〔3〕 参见张旭勇：《行政判决原论》，法律出版社2017年版，第73页。

〔4〕 参见章剑生：《行政诉讼履行法定职责判决论——基于〈行政诉讼法〉第54条第3项之展开》，载《中国法学》2011年第1期。

三、司法实践中的行政给付判决

为分析《行政诉讼法》修改后，人民法院对给付判决的定位和适用情况，本文在“无讼”法律数据库中以“《中华人民共和国行政诉讼法》第七十三条”为关键词检索，共搜索到2015年至2019年10月判决592份，本文抽样随机选取其中200份判决予以考察。200份判决中有19份属于判决驳回或者与主题不相关的案件。因此，着重对181份判决进行分析，总结出以下几类特点。

（一）纠纷类型多样，以《行政诉讼法解释》规定的情形为主

人民法院对给付判决的适用较为广泛，在除了司法解释规定的类型外，还适用于其他案件类型，似乎表明对“给付”予以了扩张理解。案件中，以《行政诉讼法解释》规定的“支付抚恤金、最低生活保障待遇或者社会保险待遇”纠纷为关键词，共搜集到155份，占统计总额的85.6%，其中判决内容以工伤保险金或待遇给付为主。其余类型的判决分别为林地补偿金给付纠纷3份、住房补助金给付纠纷1份、工资保证金给付纠纷1份、行政合同给付纠纷7份，搬迁或征收补偿12份、烈士补助补偿1份，如图1所示。

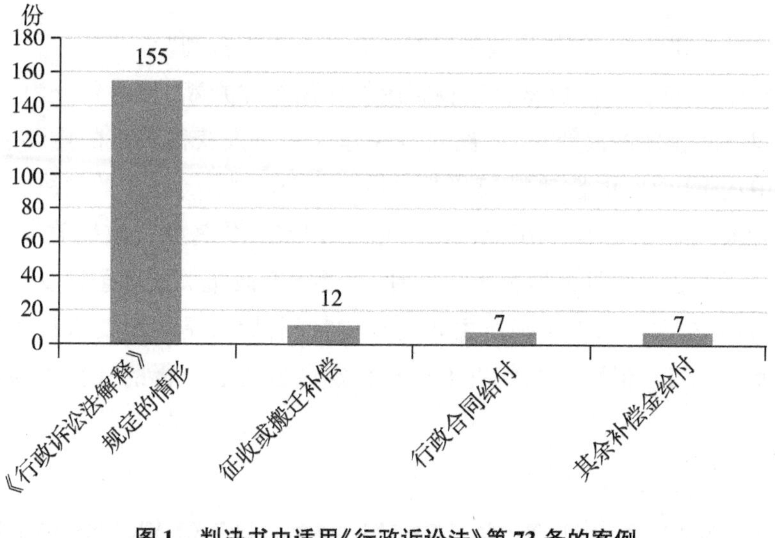

图1　判决书中适用《行政诉讼法》第73条的案例

在《行政诉讼法》修改前，补偿金给付判决、征收补偿判决属于第54条

第3项的履行判决。依照《行政诉讼法》第54条第3项之规定，责令被告重庆市大足区国土资源和房屋管理局在本判决生效之日起60日内对原告杨某某被拆迁房屋的居住问题作出处理。[1]

对行政合同来说，《行政诉讼法》第78条规定了行政协议的判决方式，由此，本文认为上述关于行政合同给付的纠纷原则上可以适用第78条。而其余类型的给付，似乎是人民法院在司法实践中对立法者给付判决的突破。实践中，退耕还林补偿，搬迁或者征收补偿，补助金、保证金的三种给付纠纷具有类似的构造。即行政机关依据法律、法规、规章或者行政规定，具有向相对人给付各类补助的义务，但由于其各类事由未依法履行该项义务，导致相对人提起诉讼。法院审理后查明作出判决行政机关给予相对人确定的补助金额。这类判决给予相对人以及时、明确的救济，同时也表明对给付判决的适用不仅局限于《行政诉讼法解释》规定的几大范围。

在以上案例中，人民法院以具体行政法律关系作为判决对象，使行政机关负担了对相对人具体的给付义务，保障了公民的救济权利，实质性化解了纠纷。

（二）人民法院"实体性裁判"数量多于"程序性裁判"

学理上，依据司法权是否代替行政权作出具体判断，将裁判分为"实体性裁判"和"程序性裁判"。[2] 给付判决作为相对人获得救济的重要途径，实践中法院以"实体性裁判"和"程序性裁判"两种不同方式的判决支持原告的诉求。前者，法院依照上位法或是行政规定，代替原行政机关的核定，对原告所应获得的具体数额予以裁判，并要求行政机关立即全额支付。例如，原告并未在诉求中明确所主张的具体数额，而只是提出要求被告行政机关履行职责。但法院在判决中径直核定原告所应获得的社会保险待遇

〔1〕 参见(2013)足法行初字第99号，杨某某与重庆市大足区国土资源和房屋管理局不履行住房安置法定职责一审行政判决书。

〔2〕 参见章剑生：《行政诉讼履行法定职责判决论——基于〈行政诉讼法〉第54条第3项之展开》，载《中国法学》2011年第1期。

金额。[1] 部分法院综合以上两种做法，只有在庭审过程中原被告双方对行政机关给付的金额无异议情况下，才直接作出财产给付的判决。例如，某法院认为，“原告对被告在不扣减第三方支付费用情况下核定的一次性伤残补助金18,817.4元无异议，应认定核定支付金额已经确定。为减轻当事人诉累，实质性化解行政纠纷，被告应依法履行给付义务即向原告支付次性伤残补助金18,046元”。[2] 后者，法院不干预行政机关的判断，判决由不履行给付义务的行政机关核定被告应获的财产金额或核定相关待遇。因此，有法院主张，“一审法院迳行判决被上诉人应予支付工伤保险待遇的具体数额，系司法权替代行政权，明显不当，”[3]或者“另工伤保险待遇的具体金额应由行政机关依法确定。”[4]从判决书反映的情况看，法院多在判决中以司法审查代替行政审查具体确定财产给付的数额。确定财产数额的判决（实体性裁判）有126份，占总数的69.6%，如图2所示。

同时，社会保障行政主管部门根据《工伤保险条例》（2010年修订）对相对人作出的给付抚恤金、工伤保险金等财产性给付是履行其法定职责的表现，实践中人民法院作出给付判决维护相对人权益。由此，根据行政机关的法定职责而判定应当适用履行判决的说法难以成立。

引人深思的一个问题是，统计的判决中有30.4%为程序性裁判，虽然人民法院在判决理由中均援引《行政诉讼法》第73条，但其判决的实质其实与履行判决（尊重行政机关首次判断权）一致。那么在此意义下，此类给付判决和履行判决又是何种关系？从立法预设目标看，给付判决的目标是偏向“执行性”“高效性”地解决行政争议，由此出发可能会得出给付判决仅适用于“实体性裁判”的结论，但实践中存在诸多“程序性裁判”的给付判决是该目标无法回答的。由此，笔者推测，给付判决解决的是社会保障待遇、社会

---

〔1〕 张某某诉乐山市市中区社会保险事业管理局、第三人四川大冢制药有限公司社会保障行政给付案，四川省峨眉山市人民法院行政判决书(2017)川1181行初28号。

〔2〕 王某某诉被告乐山市医疗保险事业管理局社会保障行政给付案，四川省峨眉山市人民法院行政判决书(2019)川1181行初4号。

〔3〕 喻某某、张某某等与溆浦县工伤保险管理中心行政给付案，怀化市中级人民法院行政判决书(2016)湘12行终127号。

〔4〕 新邵县工伤保险管理站与李某社会保障行政给付案，邵阳市中级人民法院行政判决书(2017)湘05行终189号。

保障金、抚恤金等财产性纠纷,此类金额的计算具有一定的专业性和复杂性,部分法院可能难以查清具体的数额,所以,作出“程序性裁判”。此裁判可能对给付判决的“实质性解决纠纷”的优势造成冲突,但在具体操作层面还是将其视为例外对待为佳。

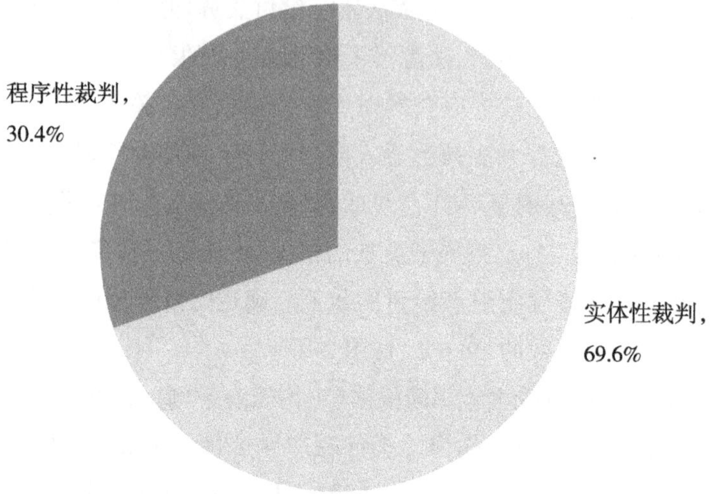

图 2　实体性裁判与程序性裁判对比

四、行政给付判决定位和适用的厘定

由此,从上文分析的结果看。对给付判决的理解不应简单将其认为是德国“一般给付判决”在我国的重现,也不能仅以立法者狭义的本意来理解。应当结合实际,从法条本意出发,适当扩大对给付判决的适用范围才是合理的解决思路,同时在此过程中对给付判决的定位予以明确。

(一)适用于财产性给付、履行判决中的“实体性裁判”情形

从判决结果看,工伤保险待遇纠纷类财产性给付判决占了多数,这是对修改本意(将适用范围限定于《行政诉讼法解释》三大类型)的实践证成。但从其他判决中发现,给付判决并不仅限于该三大类型。

第一,给付判决应当从《行政诉讼法解释》三大类型拓宽适用至所有财产性给付。财产性给付判决无论是《行政诉讼法解释》规定的抚恤金、最低生活保障待遇、社会保险待遇类纠纷,还是如征收补偿、救助金给付、退耕还

林补偿金等均有相同的结构。即相对人首先向行政机关主张授益,但行政机关拒绝或者拖延履行职责导致相对人提起行政诉讼,人民法院在审理后认定被告行政机关负有给付财产性利益的义务,则判决行政机关向相对人给付财产性利益。此处的关键在于,人民法院是否认定行政机关负有给付的义务,而并非单纯是否属于三大类型范围。有法官撰文对《行政诉讼法解释》这一条文进一步分析指出,原告申请被告依法履行支付抚恤金、最低生活保障待遇或者社会保险待遇等中的"等"是"等外等"。[1] 将财产性作为给付判决的特征之一,有利于与履行判决进行区别,符合《行政诉讼法》修改的初衷。

第二,给付判决应当涵盖履行判决中的"实体性裁判"类案件。从给付判决的独立价值出发,给付判决需要侧重实质性解决纠纷,且赋予可作为执行依据的意义。但不可忽视的是,司法权的介入导致行政首次判断的失灵,这将导致行政机关作出行为的不确定风险。这是行政首次判断权和"权利实效保障"的利益冲突和价值衡量。在搜集的判决中,人民法院在作出给付判决时,往往裁量出具体的给付范围。在给付判决这类以保障相对人权利经济性、实质性的价值取向下,当人民法院能够依职权依法查明原被告双方所争议的标的额的具体范围,还是以直接作出具体裁量为宜。

需要指出的是,"实体性裁判"不能替代给付判决。从司法判决中观察,在财产性给付方面,有30%左右的判决尊重行政机关的首次判断权。在专业性较强的社会保障金核算领域,人民法院可能无法对金额作出确定的判断,因此,除非在庭审过程中对给付金额原被告双方达成一致,或是人民法院能够确定保障待遇或金额,宜作出以财产给付为对象的给付判决。

(二)给付判决是履行判决的特殊形式

在我国法律语境下,"给付"指债的内容,意为债的标的,债务关系上特定人之间可请求的特定行为,不作为也可以作为给付的内容,且不局限于有财产价格。"履行"指债务人或第三人作出作为债务内容的给付,并因此使债权目的达到而归于消灭。两者概念的差别在于,履行重视过程和结果,给

[1] 参见梁凤云:《行政诉讼法司法解释讲义》,人民法院出版社2018年版,第250页。

付重视手段性。但是,不论是合同的履行,还是履行义务均是由"履行"一词所替代。因此,笔者认为,"给付"与"履行"在我国民法体系中存在概念模糊不清、意义相互交替的情况,由此也导致《行政诉讼法》上对两者概念的混淆和不清。

需要指出的是,不少学者基于给付的内容是否为行政行为,将我国《行政诉讼法》第72条与第73条分别对应为德国行政诉讼法上的"义务之诉判决"和"一般给付判决"。[1] 笔者认为,这个观点值得商榷。从"义务之诉判决"和"履行判决"的关系看,义务之诉判决强调被告不履行特定行政行为,而履行判决侧重被告不履行法定职责,从法条文义出发,法定职责显然包含特定行政行为及其余事实行为等职责。[2] 而从"一般给付判决"和"给付判决"的关系看,两者也并不能等同。一般给付判决在德国诉讼法中作为对"给付判决"的兜底,但在我国法律语境下,与此有较大的不同。首先,我国《行政诉讼法》判决类型中还并无类似德国法中与确认判决、形成判决相并列的"给付判决"这一独立形式。其次,部分学者主张,以《行政诉讼法》第72条的履行判决、第78条的行政合同判决及作为兜底的第73条,来构建我国行政诉讼法体系中的"给付判决"。笔者认为,该观点并未回应我国立法者的本意及给付判决的优势,立法者更倾向于将第73条作为一项授益性的财产给付判决,同时该主张也未对部分学者所主张的将第73条作为第72条的特殊形式作出回答。

因此,笔者对给付判决和履行判决的逻辑关系作出如下界定。给付判决适用于财产性给付及"实体性裁判",裁判的依据实际来源于各行政机关依照法律、法规、规章或行政规定所拥有的职责。例如,人民法院依据《退耕还林条例》,认定被告林业局负有向相对人给付补偿款的职责。[3] 《行政诉

---

〔1〕 参见夏黎黎:《行政诉讼一般给付判决的适用》,载《法制与社会》2017年第30期;吴静:《行政诉讼一般给付判决客体范围之界定——以一般给付判决的增加为切入》,载《法制博览》2016年第4期;董巍:《行政诉讼一般给付判决适用的分析与规范——以中国裁判文书网142份一般给付判决书为样本》,"全国法院第28届学术讨论会"会议论文,2017年5月15日于北京。

〔2〕 参见黄锴:《论作为国家义务的社会救助——源于社会救助制度规范起点的思考》,载《河北法学》2018年第10期。

〔3〕 杨某某与岑巩县羊桥土家族乡人民政府乡政府行政赔偿案,贵州省三穗县人民法院行政赔偿判决书(2018)黔2624行赔初6号。

讼法》中"给付"一词所含的意义内含于"履行"之中,且从修改前到修改后这一更改历程看,可将给付判决看作履行判决的给付财产性利益的特殊形式,同时通过体系解释,《行政诉讼法》第78条所规定的行政协议履行、补偿判决等也属于履行判决的特殊形式。而第72条所规定的履行判决是作为完整体系下的兜底和原则。基于此,给付判决是履行判决的特殊形式,履行判决是给付判决、行政协议履行、补偿判决的一般形式。相关概念的逻辑关系如图3所示。

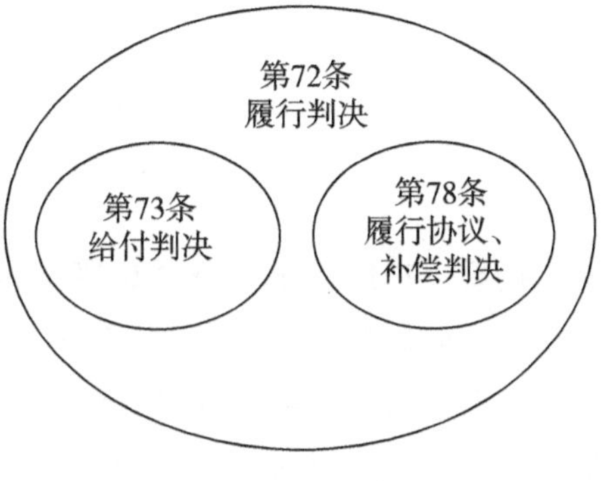

图3　条文间逻辑关系

五、结语

给付判决作为我国行政救济的重要方式,在《行政诉讼法》实施后崭露头角,其正确适用关乎相对人实质化解决纠纷,及时获得物质补助补偿。但也正如文中所提到的,现行法条及司法解释规定尚不能完全满足司法实践的适用,人民法院正根据"给付"的独特价值和意义在实践中善意地扩张适用范围。但在扩张的过程中,必须遵守一定的标准,否则可能使司法审查陷入恣意。

但随着行政诉讼理论的研究走向深入,给付判决的定位与适用可能随着实践及理论的新发展而被赋予新的目标。但我们坚信,在民事诉讼逐渐走向类型化的背景下,行政诉讼给付判决理论定能更为完善和系统化。

食品安全公益诉讼制度研究

康金娉*

摘要 2012年修订的《民事诉讼法》首次将“公益诉讼”纳入法律的范围，公益诉讼的目的是为了保护社会公共利益，2017年修订的《民事诉讼法》增加人民检察院参与和支持公益诉讼的有关规定。食品安全关乎国计民生，涉及千家万户的安全，加之近年来食品安全事故频发，给公众造成不安和恐慌的同时，也不断蚕食了国家行政机关、政府的公信力和威严。为了保护公民利益，我国从立法和实践层面出发不断努力探索。但目前我国食品安全公益诉讼还存在很多的空白。通过对“公益诉讼”深入剖析，论述构建完善食品安全公益诉讼制度的重要性和可行性，希望对我国公益诉讼制度的完善有所裨益。

关键词 食品安全 食品安全公益诉讼制度 公益

---

* 康金娉，江南大学法学院研究生。

一、食品安全公益诉讼制度概述

（一）食品安全公益诉讼的界定

1. 公益诉讼的界定

公益诉讼是为了保护社会公共利益的一种诉讼模式。在论述公益诉讼之前，必须对公共利益有所了解。从字面上理解，“公共”是指“共同的、共有的”，“公共利益”是指“公共的利益”“社会的利益”。公共利益不能简单认为是多数人的利益或者是个人利益的整合，公共利益应是社会整体所认同的价值观念和公共秩序，反映了一个国家在某个特定历史时期对“善”的认识和理解，只有当人们做到清醒并理性地观察、思考，诚信善良的交往、行为时，公共利益的内容便依人们的选择而产生了。我国法律对公共利益没有明确的规定，我国宪法以及在论述其他法律的时候一般都将“利益”分为国家利益、社会利益、他人利益和个人利益，这四种分类中，国家利益最大也最接近公共利益。但这样的理论与实践是有差别的，公共利益是数量上多数人利益的相加，还是国家利益相符的群体的利益？是指单纯的公益，还是可以是“为己私欲”？这些都是值得深思与研究的问题。

公益诉讼（public lawsuits）则是对公共利益进行保护的一种诉讼，赋予特定的主体为保护社会公共利益，针对特定的事项向法院提起诉讼的一种方式。公益诉讼的历史悠久，最早可以追溯到古罗马时期，被称为“罚金诉讼”“民众诉讼”。公益诉讼是国家保护公共利益的补充手段，也是最后的一道防线。在之后的发展进程中，各国对“公益诉讼”的理解逐渐深入，并探索出适合自身发展的公益诉讼制度。在我国，公益诉讼最早出现在1990年，在随后几年里，中国人民政治协商会议中收到过多次确立公益诉讼制度的提案。最终在2012年新修的《民事诉讼法》中以法律条文的形式首次将公益诉讼纳入法律的范畴，2017年修正的《民事诉讼法》又增加人民检察院参与和支持公益诉讼的规定。公益诉讼成为解决矛盾、保障公共利益的重要渠道。

公益诉讼的重点是诉讼的公共性，但该诉讼的提起者能否与案件存在利害关系，各国学者有不同的看法，澳大利亚 Kirby J. 法官认为，公益诉讼应当是与公益性有关，而不是与当事人动机有关。澳大利亚法律改革委员会认为，公益诉讼是“被承认或可能被承认具有公共因素（public element）的诉讼”，倾向于主张原告本人不能从中获益。在英美国家，这种诉讼也被称为“公法诉讼”（public lawsuit）或“公共诉讼”（public action），是当民众的权利受到公权力的侵害时提起的一种诉讼，可以弥补法律保护的不足、防止公权力的滥用。其认为公益诉讼的原告可以从中获得私益并要求提起者自己也是受侵害人。

2. 食品安全公益诉讼的概念

食品安全，指食品无毒、无害，符合应当有的营养要求，对人体健康不造成任何急性、亚急性或者慢性危害。食品是人类生存的基础，随着经济的不断发展，人们对食品“量”的追求转向对食品“质”的追求，不仅要求吃得饱，更要求吃得好、吃得健康、吃得绿色。食品安全问题愈加得到重视，2017 年修改的《行政诉讼法》更是将食品安全侵犯多数消费者合法权益的事件纳入行政公益诉讼的受案范围，显示出国家对食品安全的重视。

食品安全领域的公益诉讼是指检察机关、食品监管部门和法律规定的组织为了针对危害食品安全公共利益的行为向法院提起诉讼的行为。食品安全公益诉讼的突出特点就是“公益性”，这也是其与一般诉讼的重要区别，判断一个案件是否可以提起公益诉讼的标准就是是否侵害了社会多数人的利益，其主要的目的：一是为了让受侵害的消费者得到救济；二是让侵权人停止侵权行为，对其进行惩罚，保证食品的安全，取得实际的效益。

（二）食品安全公益诉讼的法理基础

1. 保障人权理论

人权是指“人，因其为人而应有享有的权利”，国际人权文件很久以前就关注了食品安全中的人权，1948 年《世界人权宣言》第 25 条规定：“人人有权享有为维持他人和家属的健康和福利所需要生活水准，包括食物、衣着……和必要的社会服务……有权享受保障。”1966 年《经济、社会及文化权利国际公约》第 11 条中也有类似的规定，其确认了人人享有免受饥饿的权利。1979 年《消除对妇女一切形式歧视公约》要求缔约国应保证妇女在怀孕和哺乳期间得到充分营养。在这些国际公约中，对食品安全中人权的保障主要体现在社会权利中，即健康权和生命权，在相关的社会保障中间接涉及食品安全问题。日本、西班牙等国家的宪法就是在社会保障条款中，间接达到对保障食品安全的要求。生命权是人的基本人权，洛克曾说过："人们既然都是平等和独立的，任何人就不得侵害他人的生命、健康、自由和财产。"生命权不仅包括生命不受侵犯，而且还包含了生命的质量和内容。为了在食品安全领域达到保障人权的目的，2002 年联合国大会第三委员会报告的决议《食物权》还在全球范围内明确了"食物权"的概念，认定食物权是人权的重要内容之一。保障人权理论给食品安全公益诉讼制度的发展奠定了重要的理论基础。

2. 诉权理论的发展

诉权是指"可诉讼的权利"，19 世纪德国法学家萨维尼提出了诉权私法说，他认为诉权就是当人受到侵害的时候通过诉讼得到救济的权利，随着自由主义的兴起，人民主权理论的产生，诉权公法说逐渐兴起。针对侵害众多公民利益、社会利益的案件的发生，比如在生态资源与环境保护领域、食品安全领域等，人们发现传统的私权理论已经无法有效地保护社会利益，学界纷纷提出"公益诉权"的理论，即当公民、有关机关、社会组织基于公共利益受到侵害或者侵害行为正在发生时得以向法院提起诉讼。公益诉权理论对食品安全公益诉讼原告的确立具有重要意义。

二、构建食品安全公益诉讼制度的重要性和可行性

(一)构建食品安全公益诉讼的重要性

"民以食为天，食以安为先"，食品是人生存的基础，保证食品安全是保障公民生命权、健康权等基本权利的要求，食品涉及的范围广，有毒、有害的食品对人体造成的危害十分严重。尤其是随着社会经济的发展，食品的种类、食品添加剂的种类愈加繁多，食品的生产、运输、保存等复杂烦琐的过程增加了食品的不安全性。商业的盈利性使无良商家为了利益最大化以次充好，无视食品生产、运输的标准。在农产品中，农户为了食品能出售使用过多的化肥农药，食品安全事故频频发生，如三聚氰胺事件、双汇瘦肉精事件、鸿茅药酒事件、虾扯蛋辣条事件。对此有人用"食品恐怖主义"来形容当前

不安全食品的危害和人们的恐慌,有人发出了“谁在拿食品安全赌民族未来”的拷问。现实的需要催生了食品安全公益诉讼,为了更好地保障食品安全,惩罚犯罪,让公众吃得放心,构建食品安全公益诉讼制度具有重要的现实意义。

此外,目前的行政手段无法有效保证食品安全,食品安全监管存在很多的漏洞,无法有效发挥监管作用。根据2018年修订的《食品安全法》可知,我国主要的食品监管部门有:食品安全委员会、食药监部门、卫生行政部门。2018年机构改革后食药监部门并入市场监督管理局。食品安全的监管是一个全过程、全方位的监管,但在实际操作中,各个机关的监管职责、监管权限分配不明确,容易出现互相推诿的现象,使得不法商家有机可乘。再者,随着互联网时代的到来,外卖、网络食品的出现,给行政机关的监管增加了许多困难,也使得行政监管举措无法有效实施。仅仅依靠政府的监管无法有效保障食品安全,急需调动包括政府部门、食品生产者、消费者、社会组织、公民个人的社会力量共同参与食品安全工作,形成社会共治格局。食品安全公益诉讼正是社会共治的重要方式之一、是社会各主体行使监督职能的重要渠道。

(二)构建食品安全公益诉讼制度的可行性

构建食品安全公益诉讼具有一定的社会基础和理论基础。首先,前文已经论述了其涉及的理论基础,包括人权理论、公权诉讼理论等。在实践中,公民、社会组织的责任意识、主体意识增强。对侵害社会利益的事件十分地关注,这让公益诉讼制度的构建有了更多的支持者,作为一种新出现的制度让大家更能接受从而能够顺利进行后续的工作。其次,现实的需要催生了食品安全公益诉讼制度的产生。经济基础决定上层建筑,社会经济快速发展的同时也带来了众多新的环境污染问题、食品安全事件,涉及的范围大、影响深远,现有的诉讼制度已然无法有效应对新出现的情况,构建食品安全公益诉讼制度成为社会发展的必然趋势。

构建食品安全公益诉讼制度具有法律基础,《民事诉讼法》的修正意味着公益诉讼制度正式纳入法律的范畴,随后的几年时间里,有关国家机关陆续发布了系列实施办法和指导意见,以期推动公益诉讼有序进行,同时为了进一步明确公益诉讼的审理程序,国家又出台了配套的司法解释,这给食品安全公益诉讼奠定了扎实的法律基础。《食品安全法》《消费者权益保护法》《刑法》等法律规定对侵犯食品安全的人和生产者进行严厉惩罚,为食品安全公益诉讼的进行提供了法律支撑。另外,公益诉讼制度作为法律制度整体构建的一部分,其本身具有不可替代的优越性,弥补了法律制度上的缺陷,为保持社会稳定、促进经济发展发挥了重要作用,其带来的效益远远大于其不足之处,可见,构建食品公益诉讼制度是可行的。

三、食品安全公益诉讼制度现状分析

(一)食品安全公益诉讼制度的立法现状

我国食品安全公益诉讼发展较晚,是一个年轻的制度,其最早出现在1990年。理论界最先出现的是"经济公益诉讼"的概念,其认为经济公益诉讼就是指特定的国家机关和相关的组织、个人,根据法律的授权,对违反经济法律、法规,侵犯国家利益、社会利益或不特定的他人利益的行为,向法院起诉,由法院依法追究相对人法律责任的活动,将其视为经济法领域维护国家经济利益的工具。直到2012年修订的《民事诉讼法》才首次以法律形式将其确定下来,使其具备了法律正当性。2015年全国人大常委会授权最高人民检察院在13个地区开展为期2年的公益诉讼试点,同年12月,最高人民检察院颁布《人民检察院提起公益诉讼试点工作实施办法》,对公益诉讼进行了较为细致的规定。2016年,最高人民法院出台了《人民法院审理人民检察院提起公益诉讼案件试点工作实施办法》,初步规定了公益诉讼案件的审理程序。2017年6月27日,通过了修改的《民事诉讼法》《行政诉讼法》、2018年2月8日起施行的《最高人民法院关于适用〈中华人民共和国行政诉讼法〉的解释》增加了人民检察院参加支持公益诉讼的有关规定。2018年3月2日起施行的最高人民法院、最高人民检察院《关于检察公益诉讼案件适用法律若干问题的解释》,进一步细化公益诉讼的有关事项。《检察机关行政公益诉讼案件办案指南(试行)》则对办理行政公益诉讼案件的管辖、立案、诉前程序、提起诉讼、二审、执行、诉讼监督等七个方面分别进行了规范,让公益诉讼制度的规定更为具体。2018年,全国检察机关统一开展"保障千家万户舌尖上的安全”专项监督活动，为扎实推进专项活动，最高人民检察院专门制定下发了《关于开展“保障千家万户舌尖上的安全”检察公益诉讼专项监督活动的实施方案》，要求检察机关将其列为工作重点，及时制定可行的方案。从试点开始到现在，公益诉讼制度的法律法规不断完善，公益诉讼的适用范围不断扩大，在保护社会公共利益方面发挥了重要的作用，也让公益诉讼制度法律化、合理化。

公益诉讼的规定日渐完善，但立法还是存在一些漏洞，如对检察机关的角色定位、原被告举证责任的分配、原告主体资格问题、检察机关的检察建议的性质等仍须完善。另外，我国对公益诉讼没有具体的分类，无法对食品安全公益诉讼进行特殊性和针对性的审理，尚需要进一步完善有关立法。

（二）食品安全公益诉讼实践情况分析

食品安全公益诉讼又分为食品安全民事公益诉讼和食品安全行政公益诉讼，食品安全民事公益诉讼是在2012年就确立起来的，食品安全行政公益诉讼是在2017年修正的《行政诉讼法》规定下来的。公益诉讼制度在我国得到了越来越广泛地运用，2019年3月12日，最高人民检察院检察长张军在十三届全国人大二次会议上作最高人民检察院工作报告，公布了一组数据：2018年，全国检察机关共立案办理民事公益诉讼4393件、行政公益诉讼108，767件。其中食品安全公益诉讼案件的数量也在逐年上升，在实践中提起食品安全公益诉讼的途径有两种：一种是单纯地提起民事或者行政食品安全公益诉讼；一种是刑事附带食品安全民事公益诉讼，这也是目前最主要的方式。提起食品安全公益诉讼的目的不是为了“息诉”，而是为了保护公共利益，为受到侵害的人提供救济手段，得到赔偿。

在实践中，食品安全公益诉讼也存在不足之处。首先，原告主体资格不明确。确定原告资格是进行公益诉讼的重要前提，也是确定有关审理程序的基础。法律明确赋予了检察机关的原告资格，但对于社会组织、其他国家机关、公民个人是否具有原告资格，以及原告是否要与案件有利害关系在实践中存在很多的争议。目前，我国司法实践中法院受理的几乎都是检察机关提起的食品公益安全诉讼，但在日后发展成熟，应当适当扩大原告的范围，细化起诉主体，增强食品安全公益诉讼的可行性和可操作性。其次，食品安全公益诉讼中缺乏举证责任分配的规定，一般的原则是“谁主张，谁举证”，在最高人民法院、最高人民检察院《关于检察公益诉讼案件适用法律若干问题的解释》第6条赋予了检察机关调查权，这为检察机关在收集证据方面提供了极大的便利，但在实际操作中，很多问题专业性强，涉及范围广，导致证明难度大。最后，实践中缺乏与食品安全公益诉讼配套的保障制度，如何实现部门之间的联动、如何进行判决后的工作、如何补偿受害者的损失等问题没有详细规定，使得该制度实施困难，生效裁判不能有效执行。在后续完善工作中应当注重相关配套制度的落实，真正达到保障食品安全、救济受害者的目的。

四、食品安全公益诉讼制度的构建

（一）明确食品安全公益诉讼的基本原则

1. 保护食品安全公共利益原则

公共利益原则是食品安全公益诉讼的首要原则，保护食品安全公共利益也是提起诉讼的重要依据和目的。简言之，就是该诉讼的提起、审理过程中都要尽可能最大化地实现公共利益。一旦公益诉讼违背了“公共利益”这个原则，将成为无源之水、无本之木，公益诉讼的基本价值和意义也将变为空谈。食品安全公共利益原则应当贯穿于公益诉讼的全过程，从起诉主体、诉讼目的和诉讼请求，到法院的审理全过程都应当坚持这一原则。

2. 坚持社会共治原则

社会共治是指在食品安全治理中要调动社会方方面面的积极性，政府、监管部门、社会组织以及公民个人联动，共同参与食品安全治理工作。在新修订的《食品安全法》总则中也明确规定了这一原则，并从四个方面来加强食品安全共治，要求食品行业协会、消费者协会、监管部门、公民共同出力从多方面多角度进行食品安全治理的工作。这也是行之有效的方式，坚持社会共治、发挥各方力量互相监督、互相弥补不足，共同为保障食品安全而努力。

3. 保障公民的食物权原则

1988年《美洲人权公约附加议定书》第13条规定了“食物权利”，这是较早关于食物权的规定。在联合国粮食和农业组织的官方网站上，一篇关于庆祝“世界粮食日”(World Food Day)的文章对“食物权”(The Right to Food)有一个全面的定义：“食物权是指每个人有正常获取为活跃、健康的生活(所需)的充分的、营养上适当的和文化上可接受的食物的权利。”目前我国并无食物权的概念，但一般认为食物权是人权派生出来的一项基本权利，应当得到国家无差别的保护，食品安全事故本质上侵犯的是公民的食物权，食品安全公益诉讼的重要目的就是保障公民吃得安全，保障公民的食物权。

(二)食品安全公益诉讼审理程序的完善

1. 起诉主体的确定

《民事诉讼法》第55条规定，法律规定的机关和有关组织可以向人民法院提起诉讼。从法律层面来说检察机关作为原告提起诉讼是没有争议的，但从理论层面来说不少学者对检察机关角色定位存在争议。在《人民检察院提起公益诉讼试点工作实施办法》和《关于检察公益诉讼案件适用法律若干问题的解释》(以下简称《公益诉讼解释》)也表示检察机关在履职过程中发现食品安全事故会侵害多数消费者利益的时候，经过前置程序，侵害者拒不悔改的，检察机关可以向人民法院提起公益诉讼。之所以将检察机关认定为原告是由其天然优势决定的，检察机关在调查取证、收集证据、财力、物力等方面都更有优势，较公民、社会组织而言更能与被告相抗衡。其作为法律监督机关本身也担负着维护国家利益、公共利益的职责，因此其具有原告的资格是毋庸置疑的。同时为了权力制衡，避免检察机关在履职时发生角色错位，不论是食品安全行政公益诉讼还是食品安全民事公益诉讼，都要求应当先经过前置程序才可以提起公益诉讼。

行政机关主要涉及药监局、市场监督管理局、卫健委等部门，笔者认为由行政机关提起公益诉讼是不合适的。行政机关在保障食品安全过程中本身就承担着监管的职能，拥有行政处罚权，在食品安全行政公益诉讼中更是存在成为被告的可能性，因为一旦发生重大的食品安全事故，很多行政机关也是难辞其咎的。因此，如果赋予行政机关原告资格，会致使其职能扩大，甚至导致民事责任和行政责任的混同，也有悖于有限政府的原则。

对于一些组织来说，如消费者权益保护协会、食品行业协会等，本文认为可以赋予其原告主体地位，但对社会组织应当要有限制性条件，可以参考《消费者权益保护法》第47条的规定，对于提起诉讼的组织必须要有年限、资质及影响力的要求，防止滥诉的情况出现。社会组织在很多时候更贴近消费者，对食品安全领域、消费领域的情况较为了解，具有一定的专业能力，虽然也存在不足之处，但可以弥补检察机关作为原告的缺陷。

对于是否应当赋予公民原告资格，学界众说纷纭，支持者认为我国公民的权利意识不断增强，同时公民享有监督权，有权提出控告、提起诉讼。而日渐完善的法律援助制度可以弥补公民起诉的不足。反对者则认为公民个人不可以提起诉讼，这样极易导致滥诉的情况出现。笔者赞同反对者的观点，由于食品安全的特殊性，如果公民都能够提起诉讼会使很多人因为一个案由提起多重诉讼，增加法院的工作量。公民发现问题后可以向检察院控告，再由检察院调查核实后提起诉讼，既能解决问题又可以防止滥诉。

2. 完善食品安全公益诉讼前置程序

在《民事诉讼法》和《行政诉讼法》及《公益诉讼解释》中都规定了前置程序，在《民事诉讼法》第55条第2款中规定，在前款规定的机关或者组织不提起诉讼的情况下，检察机关可以向人民法院提起诉讼。而在食品安全行政公益诉讼中，要求检察机关应当先向行政机关提出检察建议，督促其依法履行职责，行政机关不履职的时候，人民检察院可以向法院提起诉讼。根据法律条文可知，前置程序是必经的一个程序，这也是由食品安全的利益特殊性决定的，通过前置程序一定程度上节约司法资源、减轻法院负担，达到诉讼的目的。实践中对于前置程序的规定十分的简单且模糊，前置程序的具体工作如何进行、检察建议如何书写、如何通知行政机关在法律上是空白的。通过分析试点期间以及近年来的数据发现，行政公益诉讼案件中有很大一部分都是在发出检察建议后，行政机关就纠正了自己的行为，解决了矛盾与纠纷，使得公共利益不再受到侵害。这也在很大程度上减少了检察机关的工作，提高了行政效率。在后续的发展中也要注重完善前置程序，从而以最小的资源解决重大的问题。

3. 完善食品安全公益诉讼举证责任分配规则

在传统的民事诉讼法中，通常遵守“谁主张，谁举证”的原则，在特殊情况下法律明确规定实行举证责任倒置的原则。换言之，除了法律明确规定由被告承担举证义务的，原告要对其提出的主张进行证明，在食品安全公益诉讼中，举证责任的分配应当根据主体的不同区别适用不同的规则。

食品安全公益诉讼案件相对复杂、涉及范围广、专业性强，原告方往往容易出现举证难的问题，而被告往往专业知识较好，且掌握更多的有效信息，此种情况下由被告承担举证责任将更有利于实现公共利益，体现司法公正。同时，当检察机关或有关组织作为原告的时候，其在诉讼中地位较强，其本身的人力、财力等方面也同样具有优势，在《公益诉讼解释》中还赋予了检察机关的调查权，使得其在收集证据方面具有特有的优势。这种情况下实行“谁主张，谁举证”的规则符合公平正义，也可以保证诉讼目的的实现。

五、结语

食品安全公益诉讼制度在保障食品安全、维护社会公共利益方面发挥了重要的作用。该制度的实施在一定程度上可以提高公民权利意识，更好地保障人权。同时能够发挥检察机关的监督职责，为国家食品安全保驾护航，从法定程序对行政机关、食品生产者进行监督惩处。近年来，该制度得到了广泛的运用。虽然其中存在一些不足，但是整体利大于弊，在日后继续推行、完善该制度是经济和社会发展的需要，也是保护食品安全的必然选择。

参考文献

[1]徐石江：《我国经济公益诉讼制度研究》，西南政法大学 2011 年博士学位论文，第 11 页。

[2]周相、胡文翰、谢邦余编：《罗马法》，群众出版社 1983 年版，第 352 页。

[3]参见 2012 年修订的《民事诉讼法》第 55 条。

[4]陈亮：《环境公益诉讼研究》，法律出版社 2015 年版，第 7 页。

[5]曾祥华、蔡永民：《食品安全中的人权初探》，载《科学 · 经济 · 社会》2009 年第 1 期。

[6][英]洛克：《政府论》（下篇），叶启芳、瞿菊农译，商务印书馆 1964 年版，第 4 页。

[7]白纲、史卫民主编:《中国公共政策分析》(2006 年卷),中国社会科学出版社 2006 年版,第 122 页。

[8]吉宇飞:《检察机关提起公益性诉讼的可行性分析》,载《山西煤炭管理干部学院学报》2008 年第 1 期。

[9]参见正义网,2018 年 12 月 26 日,www. jcrb. com/xztpd/ZT2018/fogang/2018SD/jcxw/201812/t20181226_1947024. html。

[10]参见 2018 年最高人民法院、最高人民检察院颁布的《关于检察公益诉讼案件适用法律若干问题的解释》第 6 条。

[11]孙艳:《食品安全领域人格权的研究综述》,载《法制与经济》2013 年第 1 期。

主　题　二

《行政复议法》修正研究

复议机关共同被告制度实效分析

葛先园　丁翊时*

摘要　我国2017年《行政诉讼法》规定了复议机关共同被告制度，目的是要改变原先行政复议案件中过高的维持率，促使行政复议能够充分发挥行政内部监督机制的效能，提高民众利用行政复议这一救济手段的积极性。然而，通过对复议机关共同被告制度确立前后案件的对比分析，发现该制度的预期目的并未实现。

关键词　行政复议　行政诉讼　共同被告

一、引言

我国2017年《行政诉讼法》第26条第2款规定："经复议的案件，复议机关决定维持原行政行为的，作出原行政行为的行政机关和复议机关是共同被告；复议机关改变原行政行为的，复议机关是被告。"这是对1989年《行政诉讼法》第25条第2款的修订，[1]标志着我国以法律

---

* 葛先园，安徽财经大学法学院教授，副院长；丁翊时，安徽财经大学法学院硕士研究生。

〔1〕 1989年《行政诉讼法》第25条第2款："经复议的案件，复议机关决定维持原具体行政行为的，作出原具体行政行为的行政机关是被告；复议机关改变原具体行政行为的，复议机关是被告。"

形式确立了行政复议机关共同被告制度。2015 年,最高人民法院相关司法解释又将"改变原行政行为"的范围限缩为"改变原行政行为的处理结果",并将"驳回复议申请(申请不符受理条件除外)"和"驳回复议请求"两种情况都纳入"维持原行政行为"的范围。[1] 在此之前,行政复议机关"维持原行政行为"仅指不对原行政行为的认定事实、证据、依据和结果做任何改变,完全维持原行政行为的情形。[2] 2015 年最高人民法院《关于适用〈中华人民共和国行政诉讼法〉若干问题的解释》扩大了"维持原行政行为"的情形,在新的复议机关共同被告制度背景下,实际上就是扩大了行政复议机关共同被告的范围。2018 年最高人民法院《关于适用〈中华人民共和国行政诉讼法〉的解释》虽然废止了 2015 年的司法解释,但是新司法解释的内容并未改变复议机关作为共同被告的范围,只是对复议机关共同被告制度中举证责任、赔偿责任等具体细节问题做了进一步的规定。[3]

2017 年《行政诉讼法》规定的行政复议机关共同被告制度,是立法机关为了化解原先行政复议实践中所面临的一系列现实困境而设计的,为我国所独有的一项行政诉讼制度。[4] 通过扩大复议机关作为被告的范围,将复议机关对行政行为的复议结果与其自身的工作负担和应诉负担直接挂钩,旨在合理限制复议机关在行政复议中的自由裁量权,促进行政机关内部的自我监督、自我纠错,提高复议能力和复议水平。然而,在复议机关共同被告制度建立并实施的四年多时间里,针对该制度的支持和批判声音一直并存。一种观点认为,由于我国行政复议机关并非是独立的专门机构,而是由上级行政机关负责,复议机关共同被告制度造成复议机关面临的行政诉讼

---

〔1〕 2015 年最高人民法院《关于适用〈中华人民共和国行政诉讼法〉若干问题的解释》(已失效,但不影响本文对其有效时数据的实证分析)第 6 条:"行政诉讼法第二十六条第二款规定的'复议机关决定维持原行政行为',包括复议机关驳回复议申请或者复议请求的情形,但以复议申请不符合受理条件为由驳回的除外",第 2 款"行政诉讼法第二十六条第二款规定的'复议机关改变原行政行为'是指复议机关改变原行政行为的处理结果"。

〔2〕 2000 年最高人民法院《关于执行〈中华人民共和国行政诉讼法〉若干问题的解释》(已失效,但不影响本文对其有效时数据的实证分析)第 7 条规定,"改变原具体行政行为"包括改变原行政行为认定的主要事实和证据、适用的对定性产生影响的规范依据以及撤销、部分撤销或变更原行政行为处理结果这三种情形。

〔3〕 具体内容参见最高人民法院《关于适用〈中华人民共和国行政诉讼法〉的解释》(法释〔2018〕1 号)第 133 条~第 136 条的规定。

〔4〕 参见沈福俊:《复议机关共同被告制度之检视》,载《法学》2016 年第 6 期。

案件数量呈井喷式增长,使其疲于处理应诉工作,甚至影响到本职工作的正常进行,反而进一步降低了复议工作的效率。同时,该制度在法理上存在不足,制度设计亦非理性,造成其在实施过程中面临各种难题和困境。[1] 另一种观点则相反,认为该制度对于解决复议机关作出维持决定比例过高的现实问题,能够取得成效,有学者通过实证分析,证成了复议机关共同被告制度是一项很成功的改革方案,相较于成立行政复议委员会有明显的成本优势。[2]

为了进一步探清这一制度在实践中究竟发挥了怎样的效用,是否实现了修法者构建该制度的初衷,本文整理了中国政府法制信息网公布的 2010 ~ 2017 年全国行政复议案件审理情况及全国行政案件一审诉讼、判决情况,[3] 并对之展开实证分析,结果我们的结论与近期相关研究成果的结论并不一致。[4] 当然,本文的结论也可能偏颇,仅为抛砖引玉,供相关决策部门参考和学界批判。

二、复议机关共同被告制度的实施状况

如前所述,复议机关共同被告制度的设计,主要是为了解决行政复议机关滥用维持决定,难以发挥行政复议内部监督和行政内部自我修正的效能,影响行政复议救济的可靠性和行政复议机关的公信力等问题。[5] 复议机关共同被告制度自 2015 年 5 月实施至今,已经历了五年多的时间,其在实践中所取得成效究竟如何,我们通过对 2010 ~ 2017 年 8 个年度的行政复议案件的相关数据进行归纳总结,能够得出较客观的结论。首先可以通过数据来形成一个较为直观的认识,如表 1 所示。

---

〔1〕 参见沈福俊:《复议机关共同被告制度之检视》,载《法学》2016 年第 6 期。

〔2〕 参见俞祺:《复议机关作共同被告制度实效考》,载《中国法学》2018 年第 6 期。

〔3〕 以《行政诉讼法》生效实施日期 2015 年 5 月 1 日为界,可分为 2010 年至 2015 年 4 月 30 日、2015 年 5 月 1 日至 2017 年两个时段(由于中国政府法制信息网尚不能检索到 2018 年以后的数据,笔者为了数据的统一性,未用其他途径检索数据)。本文重在对比分析该两阶段的数据。

〔4〕 参见俞祺:《复议机关作共同被告制度实效考》,载《中国法学》2018 年第 6 期。

〔5〕 参见梁凤云:《行政复议机关作共同被告问题研究——基于立法和司法的考量》,载《中国政法大学学报》2016 年第 6 期。

（一）近年全国行政复议案件审理情况比较分析

表 1　2010～2017 年全国行政复议案件审理情况[1]

年　份	行政复议案数（件）	审结数（件）	维持率（%）	直接纠错率[2]（%）
2010	93,055	77,606	58.78	8.34
2011	102,815	84,387	59.18	8.51
2012	110,543	91,974	57.66	8.75
2013	130,537	106,491	55.84	8.28
2014	152,714	123,859	59.73	10.03
2015	148,396	142,139	63.70[3]	13.32
2016	164,909	152,310	60.34[4]	16.75
2017	205,533	193,740	63.26[5]	14.58

通过对表 1 中各项数据的对比分析，可以发现如下事实：

第一，复议维持率并无实质性变化。如果仅直接看数据，复议机关共同被告制度确立以后，2015 年复议机关作出维持原行政行为的复议决定的比例为 54.59%，2016 年为 48.48%，两年的比例确实有大幅下降的趋势。但这只是“第一眼”的结论，立法机关认为复议机关共同被告制度可以降低复议维持率，其前提假设是，原先复议机关过多地维持行政行为是为了避免自己成为行政诉讼被告。也正是在这前提预设下，立法机关才希望通过加重复议机关的应诉负担和压力的手段，掐断复议机关逃避诉讼的途径，使其只有在公正客观、认真严谨地开展复议工作的情况下，才能降低坐上被告席的

---

〔1〕 这些数据原载于中国政府法制信息网，http://www.chinalaw.gov.cn/，每年数据具体网页略有区别，例如，2010 年统计数据的网址是 http://www.chinalaw.gov.cn/art/2014/2/25/art_21_205148.html。现载中国政府法制信息网，http://www.moj.gov.cn/，同样，每年数据具体网页仍略有区别，例如，2010 年统计数据的网址是 http://www.moj.gov.cn/Department/content/2014－02/25/601_2089986.html。由于载有每年数据的具体网页在网站内很容易查找，这里没有将每个网页地址一一列出。

〔2〕 直接纠错率＝（确认违法决议案件数＋撤销决议案件数＋变更决议案件数＋责令履行决议案件数）/复议案件审结数×100%。

〔3〕 2015 年维持率＝54.59%（维持决定比例）＋9.11%（驳回决定比例）＝63.7%。

〔4〕 2016 年维持率＝48.48%（维持决定比例）＋11.86%（驳回决定比例）＝60.34%。

〔5〕 2017 年维持率＝50.89%（维持决定比例）＋12.37%（驳回决定比例）＝63.26%。

可能性。如此一来,我们分析数据时,就不能仅考虑纯粹复议机关作出"维持决定"的维持率,而是应该考察只要复议机关会成为共同被告的复议决定,都属于"维持"情形(复议机关有义务成为共同被告的情形)的复议决定,只有这样,才能凸显出该制度对复议机关的制约效果和改善情况。据此理念,结合2015年最高人民法院《关于适用〈中华人民共和国行政诉讼法〉若干问题的解释》的具体规定,在计算复议机关"维持率"的时候,应当加上复议驳回决定的比例,也即2015年的"维持率"应当为54.59%(维持决定比率)+9.11%(驳回决定比率)=63.7%,2016年的"维持率"则是48.48%(维持决定比率)+11.86%(驳回决定比率)=60.34%,2017年甚至出现了回升,即50.89%(维持决定比例)+12.37%(驳回决定比例)=63.26%。而没有双被告制度的2010~2014年维持率最高的年份也不过是59.73%。

当然,决不能认为复议机关共同被告制度反而刺激了行政复议机关作出所谓的广义的"维持"决定,但至少可以认为,即便复议机关考虑到成为共同被告的风险,在权衡之后,仍然较为频繁地作出了其会成为共同被告的"维持"决定。这就是说,复议机关共同被告制度虽不能说完全不被复议机关忌惮,但至少从目前来看,它并没有成为复议机关的"达摩克利斯之剑",对他们的决定未能起到更显著的制约作用。对此数据也可以换一个角度思考,得出另外一个更加正面和积极的结论,即无论是否有复议机关共同被告制度,复议机关都能够依据法律,客观公正地进行复议,进而作出复议决定,立法者构建双被告制度时假设之前复议机关滥用维持决定的情形并不存在,至少没有立法者假设的那么严重。

第二,复议纠错率的上升与双被告制度没有必然的关联性。复议机关共同被告制度确立之后的两年,虽然复议机关的纠错率逐年增长,且涨幅明显提升,但是,通过对比2010~2014年的纠错率变化趋势可以发现,即便在没有复议机关共同被告制度的时期,复议机关的纠错率总体上也呈上升趋势。这说明,复议机关纠错率的逐年增长趋势,在复议机关共同被告制度确立之前就已形成,并非该制度促使的结果。这种趋势是行政复议机关自我完善、提高行政复议能力的必然趋势,复议机关共同被告制度,至多就是在有限的范围内,加快了这一趋势的发展。复议机关共同被告制度仅起到了微弱的作用,与该制度导致的复议机关参与诉讼的资源投入不成比例,有降低效率、浪费资源之嫌。

(二)近年全国行政案件一审审理现状分析

表2　2010～2017年全国行政案件一审诉讼、判决情况[1]

年份	一审作出撤销、变更、确认违法或无效、履行法定职责判决案数(件)	复议机关共同被告案数(件)	共同被告率(%)	行政机关一审胜诉案数(件)	一审作出判决行政案数(件)	行政机关总胜诉率[2](%)
2010	9224	—	—	30,866	40,327	76.5
2011	6895	—	—	24,440	31,484	77.6
2012	6539	—	—	21,899	28,630	76.5
2013	6551	—	—	24,714	31,439	78.6
2014	9060	—	—	32,461	41,747	77.8
2015	14,108	1351	9.6	54,356	68,969	78.8
2016	17,347	3817	22.3	67,339	85,424	78.8
2017	22,336	4601	20.6	94,191	118,251	79.7

根据表2的数据可以得出的结论是:复议机关共同被告制度没有实质性提升复议质量。或者说,复议质量的提升,并非实质性归功于该制度。理由如下:

第一,复议机关共同被告案件,从2015～2016年的数据中发现,2015年一审法院作出撤销、变更、确认违法或无效、履行法定职责判决的行政案件中,作出原行政行为的行政机关和复议机关共同担任被告的占9.6%,2016年则是增至22.3%,2017年也在20%以上。该百分比的增长反而传递了一

[1] 中国政府法制信息网,http://www.chinalaw.gov.cn/,每年数据具体网页略有区别,譬如2010年统计数据的网址是http://www.chinalaw.gov.cn/art/2014/2/25/art_21_205148.html。现载中国政府法制信息网,http://www.moj.gov.cn/,同样,每年数据具体网页仍略有区别,例如,2010年统计数据的网址是http://www.moj.gov.cn/Department/content/2014-02/25/601_2089986.html。由于载有每年数据的具体网页在网站内很容易查找,这里没有将每个网页地址一一列出。

[2] 2010年至2014年行政机关总胜诉率=(驳回诉讼请求判决数+确认合法或有效判决数+维持判决数+不予赔偿判决书)/全年一审作出判决案件总数×100%;2015年以后的行政机关总胜诉率=(驳回诉讼请求判决数+确认合法或有效判决数+驳回赔偿请求判决数)/全年一审作出判决案件总数×100%。

个消极信息，即复议机关作出复议决定的科学性并没有因为双被告制度的施行而提升，因为如果双被告制度明显提升了复议质量，那么复议机关作为共同被告的案件，法院作出撤销、变更、确认违法或无效、履行法定职责判决的行政案件的比例应该降低。这一比例的上升，是一个较为客观的数据。这是因为，根据2017年《行政诉讼法》的有关规定，复议机关做共同被告并不以原告的意志为转移。因为经复议并维持的案件，只要行政相对人提起行政诉讼，不论其所列被告是原行政机关还是复议机关，抑或是两者兼告，最终的结果都是两者作为共同被告。

第二，表2的数据显示，在2010～2017年的区间里，行政机关的胜诉率一直较为稳定地保持在75%～80%之间，且在大体上呈逐年增长的趋势。这就是说，在这期间行政机关的表现相当稳定，其工作效率的提高和工作质量的改善按部就班、有条不紊地进行着，与复议机关共同被告制度并无必然的因果关系。[1]

三、对复议机关共同被告制度的评价

构建行政复议机关共同被告制度的初衷是为了改变原先复议机关对被申请复议的原行政行为居高不下的维持率，充分发挥行政复议这一行政机关内部监督机制的效能，保护和提升行政相对人通过行政复议救济途径维护自身合法权利的积极性。然而，从现有的各项数据来看，自2017年《行政诉讼法》颁布至今，不论是在实现降低复议维持率这一最直接目的上，还是在提升行政复议机关威信，充分发挥行政机关内部矫正和监督机制效能的更高层面的目标上，复议机关共同被告制度都表现平平，没有达到预想的效果。这一不太乐观的事实提醒着我们，应当更为全面深入地探究复议案件维持率不断走高的本质原因，以及其他会对之产生影响的关联因素。实际

---

〔1〕 需要说明的是，表2中的总胜诉率并非行政机关胜诉案件总数与行政案件总数之商，而是胜诉案件总数与以判决形式终结一审程序的行政案件总数。这样计算是出于排除干扰因素的考量：如果以行政案件的总数计算胜诉率，得到的结果必然是偏低的，笔者在收集资料的过程中，发现有学者以这样一个偏低的胜诉率论证复议机关高维持率是不科学的。然而，这样计算出的低胜诉率所对应的并不是高败诉率，他们之间的公式是：胜诉率＋败诉率＋裁定结案案件数所占比例＝100%。我们认为，这样的操作有很强的误导作用，使得民众下意识地认为行政机关在大部分被诉案件中遭遇了败诉的结果。因此，本文直接以作出明确判决的案件数为被除数，使行政机关的胜诉率与败诉率相对应。这样的安排更加科学合理。

上，行政机关在实践中所面临的问题几乎都与其自身的行政能力和行政水平相关，尽管从数据分析中发现，行政机关正在缓慢地、稳定地自我提升，但不可否认，其仍有较大的进步空间。既然复议机关共同被告制度并没有击中要害，就要寻找更为深入的原因，以正本清源。

一般来说，复议机关与作出原行政行为的机关之间的上下级关系，以及行政机关内部的考核机制等因素，都可能会对行政复议案件最终的结果产生一定影响，但行政复议作为行政内部监督制度，相对于司法救济，复议机关不具有足够的独立性，不可能百分之百地修正原行政行为，这也是由行政复议这一自我纠错的制度本身的性质所决定的。更值得注意的是，正如上文所述，不能排除与否认，随着近些年行政机关的建设和完善，行政复议法、行政诉讼法以及相关规范性文件的出台和修改，我国行政机关的运作机制、行政能力和行政水平的完善和提升，使行政机关作出的原行政行为本身的合法性及合理性得到加强。原行政行为合法合理的概率提高，复议机关作出维持决定的概率自然也会随之提高。除此之外，行政实践当中，还存在许许多多可能会影响行政复议最终决定的因素，这都值得另做深入地探讨。本文列举这些因素，并不是为了使目前偏高的行政复议维持率合理化而强做的辩解，而是要说明，想要解决问题，就要首先找到问题的症结所在，对症下药。因为行政复议案件维持率高，便单纯地将复议机关作为共同被告，一定程度上可以说是头痛医头，脚痛医脚，治标不治本。[1] 试想，《行政诉讼法》未修改前，行政复议机关仅仅在不对原行政行为做任何变动的情形下，才不会成为行政诉讼的被告。而2017年《行政诉讼法》出台后，经复议的案件，无论行政复议机关是否对原行政行为进行改动，只要发生诉讼，其都可能会成为被告。既然如此，复议机关与其对原行政行为进行变动，成为单独的被告，还不如采取维持原行政行为的决定，在成为被告时，能够由作出原行政行为的行政机关分担应诉压力。总之，从2015～2016年的情况来看，共同被告制度在降低复议维持率上显然没有达到效果显著的程度。

当然，尽管复议机关共同被告制度存在争议和缺陷，但也不能将其视为

---

〔1〕 梁君瑜：《复议机关作行政诉讼共同被告——现状反思与前景分析》，载《行政法学研究》2017年第5期。

当下行政诉讼案件激增的始作俑者。在批判复议机关共同被告制度的观点中,往往会列举呈逐年上涨趋势的行政案件立案率加以佐证。诚然,2014 年修改的《行政诉讼法》颁布实施后,次年的行政案件受案总数就达到 145,351 件,较 2014 年行政案件立案总数的 82,114 件,增长了 77%,但这并不是复议机关共同被告制度造成的,因为行政相对人提起行政诉讼的原因只能是对具体行政行为的不满(包括原行政行为和复议决定),而不是可以多一个被告这样一个对行政相对人而言并没有太大意义的因素,行政诉讼中原告本身就处于弱势,多一个行政机关作为法定被告,也会对原告形成更多的压力。在司法实践当中,常常出现行政相对人对经复议的案件提起行政诉讼时,只列举了作出原行政行为的机关或者复议机关的情形。真正对行政诉讼案件激增有推动作用的,是 2017 年《行政诉讼法》确立的立案登记制度,案件由原来的审查制变为登记制,只要满足起诉的形式要件,法院都应当予以立案,这就使得大量原先由于各种原因被人民法院拒绝立案的案件得以成功立案。此外,行政相对人自身权利意识的增强,以及法律知识的普及,使行政相对人更懂得利用司法救济渠道等,都是行政案件立案率快速上涨不可忽视的因素。

四、结论

行政诉讼法规定的行政机关共同被告,原本是由两个以上作出同一行政行为的行政机关担任,复议机关与原行政行为行政机关作为共同被告,不符合行政诉讼法关于行政机关共同被告的一般规定,也不符合法理中对共同被告制度的一般原理,其合理性一直是争议的焦点。如果复议机关共同被告制度能够证明其在实践中的必要性和优越性,那么,从实用主义出发,以这种必要性和优越性作为其存在的合理依据也未尝不可。但是,通过对前文所列客观数据的分析,可以发现,该制度在行政复议实践中,并没有起到显著的效果,而从行政诉讼案件审理的结果来看,其存在所产生的影响也不甚明显。

相反地,从成本来看,较之于原来的单独被告制度,复议机关与作出原行政行为的行政机关共同应诉将司法程序复杂化,同一个案件中存在分别作出了被诉两个行政行为的被告人,对于人民法院而言,审理工作当然是加重了的，且复议机关成为法定的共同被告，而未考虑行政相对人的意愿，使司法救济过于主动，有违处分权主义的诉讼法理。[1] 而对于作为共同被告的复议机关，需要应诉的案件数量增加，要做到兼顾诉讼和行使行政职能，也是一项不小的挑战。

概言之，复议机关共同被告制度犹如鸡肋，没有什么害处，却也并非十分必要。而最高人民法院2018年2月出台的《行政诉讼法》最新司法解释将行政复议共同诉讼单独作为一个重点问题作出规定，可以预见，这一制度在未来还将继续被行政领域和司法领域重视。但如果只是继续维持目前的制度设计，这一制度在未来的实际效用，可能与立法者的初衷相去甚远。

---

〔1〕 梁君瑜：《复议机关作行政诉讼共同被告——现状反思与前景分析》，载《行政法学研究》2017年第5期。

行政复议准司法化之语境及其进路*

孙 迪 董姝玥**

摘要 行政复议准司法化改革并非要将行政复议的理论基础和实践操作全部推翻重建,而是在保持行政复议的高效性基础上引入公正合理的司法化程序。通过明确行政复议的功能价值定位,进一步保障行政复议机关的独立性,完善行政诉讼和行政复议之间的衔接制度,充分发挥行政复议制度的作用,使行政复议的程序朝着准司法化方向迈进。

关键词 准司法化 功能定位 程序正义

一、引 言

我国的行政复议制度在设计之初就刻意和行政诉讼予以区分,立法者的本意是避免两者功能的混同,但这也导致了行政复议制度的程序不够法治化、结果公正性欠缺等问题,继而引发了民众对于行政复议制度的信任危机,使其在处理行政纠纷时,更倾向于选择信访和诉讼的

---

* 本文原载《渭南师范学院学报》2019 年第 12 期。

** 孙迪,西安工程大学讲师,法学博士,主要从事法治政府建设、社会治理研究;董姝玥,西安工程大学硕士研究生,主要从事行政法学研究。

方式，因此，研究如何使行政复议摆脱尴尬的现状，增强行政复议的权威性和认可度，充分实现行政复议制度的功能，是非常具有现实意义的。目前，十三届全国人大常委会已将修改《行政复议法》列入立法规划，行政复议制度的改革方向再一次受到瞩目，行政复议改革的相关理论也日趋成熟，引入司法化程序的观点在学界也得到了普遍认可，这将对行政复议改革产生重要影响。

二、行政复议准司法化之语境

行政复议制度与行政诉讼制度在监督行政权力、保障公民权益、解决行政纠纷等功能方面是一致的，因此，行政复议准司法化改革并非要对行政诉讼的全部内容照搬，而是取司法程序之精华，用之于行政复议，在保障行政复议高效性的同时，提高复议结果的公正合理性，解决行政纠纷的同时实现对复议申请人的权利救济，对于行政复议准司法化进行研究则必须分析行政复议准司法化的具体语境及其理论基础，以此为行政复议准司法化改革提供理论层面的支撑。

（一）行政复议准司法化的语境分析

行政复议准司法化既不同于一般意义上的行政内部监督，也区别于诉讼的外部监督。应松年教授认为复议机构需要居中裁决，因而带有司法性。解决行政争议是复议制度多元功能产生的基础，由此行政复议必须有特定的体制和制度，使其区别于一般的内部监督。[1] 而周汉华教授认为要保持以行政方式解决争议的效率的同时，尽量引入司法程序所具有的独立性和公正性，使行政复议制度实现公平与效率的有机结合，最大限度地保护公众的合法权益。[2] 王万华教授认为行政复议准司法化实质在于将体现程序公正的基本要素引入行政复议中，在行政复议中确立公正程序的各项基本原则，切实保障申请人的各项程序权利，在此基础上完成行政复议正当程序制度重构。[3]

---

〔1〕 应松年：《对〈行政复议法〉修改的意见》，载《行政法学研究》2019年第2期。

〔2〕 周汉华主编：《行政复议司法化：理论、实践与改革》，北京大学出版社2005年版。

〔3〕 王万华：《行政复议程序反司法化定位的思考及其制度重构》，载《法学论坛》2011年第4期。

综合以上观点,不难得出行政复议准司法化的内涵,即复议机构通过行政方式居中裁决行政争议,引入司法化实质到复议程序中,在高效解决行政争议的同时,保障复议申请人的权利。我国的行政复议准司法化改革需要结合实际情况徐徐图之,从引入部分司法程序入手,逐步消除行政复议程序不公开、不透明、不规范的弊端,以司法化程序改革推动立法主体转变思维模式,从而发挥行政复议作为纠纷解决机制的重要作用。

目前,许多学者已经意识到我国的行政复议需要吸收合理的司法程序,在保障行政复议效率的同时,最大限度地保障行政复议解决行政纠纷结果的独立公正。承认行政复议的行政属性和将司法化程序引入复议制度之间并不存在必然的矛盾。〔1〕我国的行政复议制度对解决行政纠纷功能和相对人权利救济功能的重视程度过低,行政复议维持原裁决的概率居高不下,以致当事人更加倾向于选择行政诉讼,而使行政复议制度逐渐成为边缘化的行政纠纷解决途径,司法诉累自不待言,行政复议准司法化改革也显得尾大不掉。因此,要改变我国行政复议制度的现状,需要重新审视行政复议的功能定位,通过引入公正独立的司法化手段,为行政复议制度注入新的活力。

根据行政复议准司法化的含义,可以看出行政复议准司法化改革需要突破的以下几点:首先,保障行政复议机构的相对独立性。复议机构的独立性,是行政复议制约行政机关行使权力的重要因素,若行政复议机构与普通的行政执法部门的设置一般无二,则复议过程难免不受部门首长和上级机关的因素影响,更遑论作出公平的复议裁决。因此,复议审查者和复议过程均应当像司法程序一样,审查者只需根据案件事实、法律规定和专业知识进行裁定。其次,提高复议程序的高效性和公正性。行政复议制度本身具备一套系统的行政纠纷解决机制,在案件处理的效率方面远高于行政诉讼,这也是行政复议的重要优势之一,而在行政复议准司法化的过程中引入司法手段是以公开审查为原则,提高行政复议结果的公正透明性,同时要求行政复议审查者要像法官一样,避免与双方当事人存在利害关系,居中裁决以做到公平保障双方参与人的基本权利。〔2〕最后,赋予行政复议裁决准司法效

〔1〕杨小君:《我国行政复议制度研究》,法律出版社2002年版。

〔2〕方军:《论中国行政复议的观念更新和制度重构》,载《环球法律评论》2004年第1期。

力。一个行政复议裁决的作出是经过复议机关全体成员和部门首长从行政管理角度集体讨论决定的,若无明显违反法律规定,则不应该成为司法权和行政权角力的工具。若法院对于复议机关作出的裁决轻言撤改,不仅不能让行政复议制度得以优化,反而会使其陷入泥淖而失去行政复议原有的高效性和积极性。因此,当经过复议的案件进入诉讼程序后,司法机关应当做到尊重行政机关合理合法的自由裁量权,非有法定事由不得轻易判决撤销已生效的复议裁决。

(二)行政复议准司法化的理论基础

行政程序正当化、程序化对于高效解决行政纠纷和实现权利救济功能具有重大意义,因此,行政复议准司法化应当遵循程序正义原则。程序正义原则包含两方面的含义:一是指政府在行使权力的过程中,必须符合法定程序,满足形式上的公正;二是实体上的正义,明显违背公平正义标准的裁判也是程序不合法的一种表现。要制定出一套适合所有行政复议过程的绝对程序标准是不现实的,只能根据客观现实的需求,提出一种可适用于所有法治社会最低水平的程序正义要求。[1] "最低水平的程序正义"至少应当包含三项内容:裁决中立、程序参与和结果公开。裁决中立,要求复议机关在审理案件时应当处于中立地位,若复议机关和双方当事人存在法律上的利害关系或与一方当事人存在可能影响公正裁决的关系时,应基于程序正义理论要求该复议机关进行回避。程序参与,即当行政行为的结果对行政相对人和行政相关人产生直接影响时,则他们应当有充分的权利参与行政行为制定和实施过程,且其参与具有实质意义,即对于该行政行为的最终结果具有一定的影响力。结果公开,即行政复议程序的每一阶段和步骤都应当透明化,以保证利害关系人都能够轻易获知行政复议的过程。

(三)行政复议准司法化的功能定位

行政复议准司法化的最终目标是实现对公民权利的救济,而解决行政纠纷是实现权力救济的必要手段,更是行政复议准司法化目前最为迫切的

---

〔1〕 陈瑞华:《程序正义论——从刑事审判角度的分析》,载《中外法学》1997 年第 2 期。

改革方向。因此,应当建立良性循环的争议解决体系、对行政权力进行监督规制,使行政管理更加科学公正。第一,对当事人权利的救济应作为行政复议制度的价值追求。整个行政复议制度以此作为目标导向,围绕着权利救济的法治理念进行制度上的匹配。第二,行政复议准司法化的第一要务是解决行政纠纷。行政纠纷是相对人和国家机关之间的矛盾,是私权利和公权力之间的碰撞,甚至直接影响到社会群众对于政府的认可和信赖度。行政监督的过程原本是上级机关对下级机关的主动管理权,而行政复议则是由当事人主动提起复议申请引起的,这种动因明显和行政诉讼中的告诉机制相类似,而和行政监督的动因相去甚远。并且,既然当事人将案件交由行政复议部门,自然对于复议部门能够作出公正裁决怀有合理期待,若行政复议的审理程序不注重案件事实,只追求审查效率,那么本就不符合它产生的根本原因,也不符合法理逻辑,[1]因此,应当将解决行政纠纷作为行政复议的主要功能。第三,行政复议准司法化改革在发挥行政监督作用时,不仅能够追究行政机关不依法履行职责的责任,也能警醒相对人依法履行相应的义务,从而为建设法治政府和服务型政府提供机遇和制度保障。第四,行政复议作为政府监管的一种有效方式,对于行政主体有着重要意义。当行政复议的程序启动之时,这种管理方式就已经被纳入社会管理的范围,社会各个阶层的目光都会聚焦于此,而行政复议准司法化可以让行政权力的行使过程更加中立,并解决我国行政管理体制混乱、职能错位的难题,为政府更好地管理社会提供了更加公正的方式。

三、行政复议准司法化之困境

我国1999年通过的《行政复议法》在2009年修订之后又在2017年进行了修正,在促进政府依法行政方面,行政复议制度作出的贡献是毋庸置疑的,但目前来看,行政复议制度的设计过于行政化,导致其理论和实践方面出现了分歧,阻碍了行政复议作用的发挥。

---

[1] 刘莘:《行政复议的定位之争》,载《法学论坛》2011年第5期。

(一)功能性定位过于行政化

随着社会关系日趋复杂,政府的功能定位也在不断更新以适应新的社会需求,行政权力行使的过程中,行政相对人和行政机关之间的矛盾难免会增多。而行政复议准司法化要做到公正有效地解决行政矛盾,则需要进一步明确行政复议制度的功能定位。目前,对行政复议定位的问题共有三种学说,即内部监督说、权利救济说与争议解决说。

内部监督说认为,复议机关与被申请人之间体现着内部监督关系,通过行政复议,可以实现上级对下级的有效监管,因此行政复议过程和具体行政行为之间的界限较为模糊。权利救济说认为,行政复议的功能主要体现在对权利的救济,和行政诉讼、行政赔偿类似,行政复议也属于事后救济,是为行政相对人保护合法权益提供法律依据的一种制度。[1] 纠纷解决说的学者则认为,行政复议始于纠纷发生,终于争议的解决。如果行政复议最主要的功能不是解决行政纠纷,则和其他类型的行政监督活动之间就没有明显的区别,从而影响了相对人对复议制度效力和权威的认可度。[2]

行政监督是《行政复议法》规定的复议制度的主要功能,但行政监督限于行政系统内部,这样的定位行政化色彩过于浓厚,不利于将行政复议的功能充分发挥。目前行政管理体制改革势头正盛,行政复议要满足实践需要必然要更加程序化、法治化,进一步完善行政复议的程序机制、办案模式、办案人员职能责任等内容,不仅符合行政复议本身追求的价值目标,也满足复议准司法化趋势的需求。但由于立法定位影响,行政复议工作在实践层面依然处处受到掣肘,解决行政争议最终实现公民合法权益的核心价值提升较为缓慢,因此行政复议在引入司法化程序后的主要功能是解决行政纠纷,核心目标是对公民的权利救济,两者之间并不矛盾,只是形式和实质、效率和公正之间的关系。

(二)复议机构的程序独立性及自主性明显缺位

我国的行政复议组织是作为政府的内设机构,缺乏统一和独立的行政

---

〔1〕 姜明安:《我国行政救济的途径》,载《法学杂志》1989 年第 1 期。

〔2〕 沙金:《论中国行政复议制度的司法化改革》,载《河北法学》2015 年第 8 期。

复议体系。目前我国正在加快进行司法体制改革,要想增强司法机关的独立性和公信力,则必然要使司法主体能够独立办案,不受与案件无关的因素影响。行政复议机关的独立性也是同样的道理,在行政机关首长负责制之下,行政复议机构被设置在行政机关内部,而行政首长在考虑问题时难免会考虑法律之外的行政因素,因此,行政复议机构仍无独立做出行政复议决定的权力,行政复议的公正性也就显得相对不足。行政复议委员会目前已经在我国部分城市进行试点,虽然取得了一定的成果,但通过对渭南市行政复议委员会的调研发现,由于行政复议委员的运行机制缺乏相关理论及法律制度的支撑,因此,一些问题还困扰其实际运行,最突出的问题就是行政复议委员会依然设在行政机关内部,除了工作内容和普通行政机构有所区别之外,在人员编制和办公经费方面均依靠政府的财政支出,且仍以书面审理为主,开庭审理的案件较少,因此,独立性和当事人的程序参与感不强。

此外,多年来我国在引入司法化程序的立法态度上较为消极,当事人参与行政复议的环节相对薄弱。《行政复议法》规定行政复议以书面审理为原则,口头审理为例外,这样的审理方式虽然有利于提高案件审理效率,减少双方时间成本,但在实践中,部分机关也容易将行政复议的程序混同于普通的行政管理程序,导致行政复议程序被选择性适用,大大弱化了行政复议的纠纷解决功能。并且,由于书面审查难以全面客观地反映复议案件的真实情况,以致相对人的取证权、程序参与权、知情权、质证权、辩论权等无法得以全面保障,也不能体现出争议双方的对抗性和复议审查人员严格适用法律法规的过程。诚然,行政复议最大的特点就是高效便民,采用口头审理的方式会让复议程序略显复杂,但若仅注重行政复议的高效性而不能使双方当事人公开透明的在复议机关核实质证,那么案件的事实极易扭曲。公权力和私权利的对抗中,私权利本就不占优势,若再不对私权利保护并予以重视,就更难增强群众对行政复议制度的信赖感,最终使行政复议沦为行政诉讼的附庸制度。

(三)与司法程序衔接得不畅

行政复议制度具有专业性、灵活性和全面性的特点,而行政诉讼耗时长、行政管理人才缺少、双方当事人沟通不便,两者在彼此的局限性方面相互弥补,对于缓解司法体制改革背景下的立案登记制带来的司法工作压力具有十分重要的意义。但就案件审理程序、当事人资格、受案范围等方面,还存在衔接漏洞,因此,影响了行政复议功能价值的实现。

首先,当事人自由选择复议或者诉讼的方式阻碍了行政复议发挥纠纷解决功能。除了复议前置的案件外,当事人如果选择了诉讼途径解决行政矛盾,则行政机关的主管部门或上级机关被案件绕开,直接涌入法院,以致复议机关不能再通过复议程序进行内部监督核查,此举不仅抑制了行政复议监督功能的发挥,也不符合行政复议法的立法宗旨。

其次,我国部分行政纠纷案件采取复议终局的规定违背了司法最终原则,单纯强调复议的效率对于解决行政争议并无益处,反而可能提高相对人信访的概率。

最后,行政诉讼受案范围的过度扩大不利于司法资源的合理利用,行政诉讼的受案范围过大,甚至在行政管理权限上几乎大于行政诉讼,既不科学合理,也会导致司法权干预行政权的矛盾,因此,需要进一步平衡两者的资源配置效率。

此外,我国《行政复议法》规定,复议机关如果作出了确认原行为合法或者改变了原行为的裁决,相对人提起诉讼时,要以复议机关为被告。从行政复议制度准司法化程序角度来看,行政相对人或行政相关人在向法院告诉时,该行政案件的被告通常是原行为机关,而复议机关只是作为矛盾解决的裁判者,并非行政行为作出的当事人,但却要被强行追加为被告,这并不利于解决行政纠纷。特别是随着行政复议委员会试点工作的开展,行政复议委员会中会有一定比例的专家学者和社会专业人士的参与,因此,使复议机关成为行政诉讼被告的做法更不可取,因为这会抑制社会专家参与行政复议委员会的积极性。此外,复议机关在审理行政案件时,是以"裁判者"的身份面对当事人,此时复议机关和诉讼机关的身份和职能从某种角度来说并无高低之分,但却要面临司法机关审理复议机关的尴尬局面,从事实角度看,这本身就大大折损了行政复议机关的权威性,导致民众倾向于直接选择行政诉讼。[1]

---

〔1〕 梁君瑜:《复议维持"双被告制"之再检讨》,载《河北法学》2019年第6期。

四、行政复议准司法化之进路

随着世界范围内行政管理体制的变革，行政复议准司法化措施也在不断革新，但并未形成严格固定的模式。尽管我国行政复议制度对依法治国、依法行政的发展贡献了重要力量，但该复议制度存在的问题也必须继续完善，以真正实现行政复议准司法化的实际价值。

（一）明确行政复议的功能价值

立法将行政复议的主要功能定性为行政监督，过度强调了复议的自我监督功能。事实上，权利救济、争议解决、内部监督这三种功能之间本就不应该割裂开来，过分强调哪一种都难免顾此失彼。但鉴于我国立法上关于行政复议的证据规则、听证制度、法律适用等方面鲜有涉及，以至于实践中行政复议不得不引入司法手段来进行复议案件的审理，[1]因此，只有将权利救济功能作为行政复议的核心目标，将解决行政纠纷作为行政复议的第一要务，才能使行政复议在引入司法程序时更具理论基础，保持理论和实践的一致性。

（二）复议机构独立性的保障

复议机构的独立性和公正性保障了复议过程不被形式化，否则行政复议的裁决结果也就毫无意义。行政复议面对的是行政相对人和行政机关双方之间难以调和的矛盾，或者行政相对人无法再继续妥协，才会选择将矛盾纠纷提交给该行政复议部门或者通过诉讼程序维护权利，从这个角度看，行政复议和一般的行政管理行为存在巨大的差异。因此，只有在行政复议机构的设置上保持独立，才能保证行政复议司法化建设取得成效。

为解决行政复议委员会独立性欠缺和当事人参与性不强的问题，首先，在人员组成上，应加强引入法律专家学者、社会专业人才参与复议决定的过程，法律专家学者、社会人士不需要占用行政编制，行政复议委员会可以根据不同案件的专业需求设置专家名册，便于申请人挑选复议委员。[2] 其次，

---

〔1〕 张薰尹：《浅议行政复议的性质和定位》，载《中国检察官》2017 年第 7 期。

〔2〕 赵宁：《论我国行复议政机构的独立性和专业化》，载《甘肃联合大学学报（社会科学版）》2009 年第 6 期。

提高行政复议工作人员的业务水平。行政复议虽然追求高效,但并不意味着案件的复杂性和案件审理难度就会有所降低,尤其是书面审理的方式使审查人员无法直接接触到双方当事人,双方当事人无法当庭质证,因此,行政复议人员素质高低和专业化水平,对于行政复议结果的客观公正性具有至关重要的作用。对于重大疑难或社会影响力较大的案件,可以规定由当事人申请并经行政复议委员会同意后进行开庭审理。再次,我国的行政复议队伍的专业化和执法素质参差不齐,因此,可以通过建立任职资格制度、案件考核制度等方式,规范行政复议专业化队伍建设,也可以参照法律职业人员的遴选标准,严格选任条件,为行政复议司法化改革提供人才保障。最后,要建立健全复议人员的任职保障制度,使行政复议人员敢于作出公正裁决。从公正的角度看,应当从客观上保障复议人员不受无关因素的影响,否则裁决结果始终无法中立。另外,可以将行政复议案件的处理情况作为年度考核依据,并尝试建立行政复议委员评价制度,以当事人的评价作为工作绩效的参考指标,使复议人员的工作积极性充分释放,也能及时了解行政复议委员会工作中存在的不足。长远来看,最好将行政复议委员会设置于行政机关外部,各个行政复议委员会之间互不隶属,由中央设立行政复议委员指导机构,单独划拨经费,从而保障行政复议机构的独立性。

(三)与司法程序衔接机制的构建

我国的行政复议曾多年被视为行政诉讼的配套制度,但其之所以存续,主要原因还是行政复议本身的独特性和优势性,具有强大的生命力,适应社会需求。而减少行政复议和行政诉讼之间的衔接障碍,能够促进行政复议进一步弥补行政诉讼的缺陷,使我国的法治化建设更加完善。

首先,继续完善我国的复议前置的案件范围。行政复议前置能够有效将部分案件分流至复议程序,从而减少行政诉讼的受案压力,也有利于行政复议机关发挥行政监督的职能。行政行为带来的争议应当首先由行政机关自身出面解决,若当事人直接选择诉讼的方式解决,一方面行政机关的监督作用不能得到发挥,另一方面也不利于通过行政复议的手段缓解司法诉累,单纯来看,复议前置似乎阻碍了当事人直接通过行政诉讼途径解决纠纷,而实际上通过复议前置程序,行政系统内部就能化解大部分行政纠纷,而不需要再去消耗司法资源。即使申请人对行政复议的裁决结果不满,也可以再通过诉讼程序维权。因此,应该继续完善行政复议前置的相关内容,使司法和复议之间资源分配更加协调。

其次,废除复议终局的有关规定。近年来国内受司法最终裁决原则的影响,废除行政终局裁决的呼声不绝于耳,一个来自行政系统内部的争议解决机构作出的终局裁决,难免受人质疑。[1] 令人遗憾的是,复议终局制度并未被《行政诉讼法》和《行政复议法》所取缔,近年来行政权与司法权的相互博弈是不容忽视的客观事实,行政机关不愿让司法机关涉及更多的内部管理,而司法功能的实现又不得不去解决行政纠纷,因此立法机关总要拿出行之有效的措施来解决两者的矛盾。司法最终裁决权具有排他性,[2]这是衡量一个国家法治化程度的标准之一。因此,司法最终裁决原则必须作为基本原则,以保证行政复议与行政诉讼顺畅衔接。[3] 行政终局裁决的规定让案件直接止步于行政复议,这样的规定无益于任何矛盾的解决,反而会迫使当事人通过上访的方式寻求救济。一个理性的人不会因为行政复议终局的规定而放弃对自身合法利益的追求,也极少有人会在没有任何法定证据的情况下还要穷尽司法救济。因此,无论从程序角度,还是从实体角度,行政终局裁决的意义都不符合当下发展,应当及时革新,以司法最终裁决代之。

最后,拓展部分内部行政行为和行政自由裁量行为作为行政复议的受案范围,以弥补行政复议和行政诉讼之间的衔接空白。一是内部行为中直接涉及公务员权益的行为,如公务员的财产收益和人事任免等问题,可以纳入行政复议的受案范围。二是行政自由裁量行为。人民法院对于明显不当的行政行为可以判决撤销或部分撤销,意味着行政诉讼可以适当对行政自由裁量行为进行合理性审查。但"司法审查合理性标准"是远低于"行政合理性标准"的,所谓"明显不当"应该是一个正常理智的人不能猜测到行政机关作出如此荒谬的决定,[4]这体现着司法权对行政权的尊重。但行政行为

---

〔1〕 应松年:《行政救济制度之完善》,载《行政法学研究》2012 年第 2 期。

〔2〕 石佑启、杨勇萍编:《行政复议法新论》,北京大学出版社 2007 年版,第 30 页。

〔3〕 姜明安主编:《行政法与行政诉讼法》,北京大学出版社、高等教育出版社 1999 年版,第 47 页。

〔4〕 程静、李继辉:《我国若干特殊行政行为可诉性再探讨》,载《河南师范大学学报(哲学社会科学版)》2014 年第 4 期。

是否合理的判断，对行政复议机关而言应当是更加专业和精细的，即当案件提交至行政复议机关时，只要行政复议机关认为原行政行为欠妥，则可以对其进行指导和建议，甚至裁定被申请人重新作出更加合理的行政行为。因此，行政复议司法化的过程可以考虑适当将行政自由裁量行为纳入受案范围，这样既和行政复议内部监督的功能相契合，也有利于促使行政机关合理行使自由裁量权，做到有的放矢。

此外，对于复议机关作出确认原行为合法的决定，在原告方诉讼时仍应以原机关为被告。但若复议机关对明显不当的原行政行为仍然作出维持决定，此种情形法院在初审时，可以告知行政诉讼原告方，追加行政复议机关作为共同被告，以此避免复议委员会成为“不予受理委员会”。

五、结语

完善行政复议制度、发挥其在解决行政纠纷中的功能是政府依法行政的重要标准，而行政复议制度的独立性、权威性、公正性更是群众对其信赖的基础，行政复议司法化是司法体制改革与建设法治政府的共同要求，更是当下政府改革的突破口。受到过度行政化的影响，我国的行政复议制度积弊已深，应当尝试引入司法化手段和程序，在功能定位、组织结构、受案范围、复议程序等方面根据国情进行创新，使行政复议和行政诉讼能够有效衔接。

笔者通过对陕西省渭南市的行政复议委员会的实地调研，发现该市行政复议委员会“统一受理、统一审理、分散决定”的模式，确实能够弥补很多行政复议原有的缺陷，但试点工作仍然缺乏更为翔实的法律文件作支撑，行政复议委员会从政府法制办和司法局合并改革之后，对于各个部门的管理大为受限，以致各个行政部门对于复议委员会的决定执行力偏弱，因此还需要对理论和实践进行不断完善，以使行政复议委员会满足行政复议改革的需求，使行政复议制度充分发挥应有的作用。

论行政救济的若干理论问题

赵宝华*

摘要 行政救济在主体和客体上有其自己的内在规定性，与行政程序相比，在救济相对人权益方面的侧重不同，行政救济也有自己特有的原则。探讨行政救济的若干理论问题，可以正本清源，积极促进行政救济行政或司法法治实践的顺利发展。

关键词 行政救济 行政程序 监督

一、行政救济的概念

（一）概念表述

本文所述“行政救济”是取其广义的，即不能理解成由“行政”进行的“救济”，而是对“行政”进行的“救济”。“行政诉讼法”的称谓，也是取对行政的诉讼，围绕着行政行为是否合乎行政法的要求来进行的，在此语境中套用，并取对行政的救济，不服行政行为而采取的救济途径、手段和措施等，是合乎学界常理的。由此可见，行政救济是以行政争议为对象对被侵害的权利进行的法律救济。行

* 赵宝华，潍坊学院法学院教授。

政救济是指有关国家机关依法对有瑕疵的行政行为予以矫正以及对行政行为造成的不利后果予以消除的一种法律补救机制。其特征有：

1. 行政救济的主体是有关国家机关

由于有权对行政行为定性和纠正，要求行政主体就违法行政行为给公民、法人或其他组织造成的损失进行赔偿的主体，只能是掌握国家权力的国家机关，所以，行政救济的主体只能是国家机关。因为行政行为是行政主体代表国家实施的，具有法律效力，所以对这种行为效力的消灭或变更，同样只能由代表国家行使权力、维护公共利益的国家机关来决定。同时，有关国家机关既可以主动、也可依行政相对人的申请实施救济，既可以直接实施救济，也可以通过对行政行为的不予执行而间接地矫正行政行为。例如，由国家权力机关行使的行政监督权力就是对行政机关制定的规范性文件（从广义上讲，包含内容为行政法律规范的文件）进行备案审查或直接的审批，也即通常所说的立法救济。这里的“有关国家机关”可以是行政系统内的行政复议机关或上级行政组织，也可以是国家司法机关。

但是，实施救济的主体和发动救济途径、启动救济路径的主体并不总是一致的。行政复议、行政诉讼和行政赔偿等救济途径，共同特点是针对行政主体的行政行为，由有权主体对行政法“二次适用”以判断原行政主体适用行政法作出的行政决定是否符合行政法的要求，但这些途径的采取是由原行政相对人或对该行政决定有利害关系的人来通过申请复议、提起诉讼的行为来发动的。行政复议机关或法院不能依职权主动去审查行政决定的合法性。

2. 行政救济的客体是有瑕疵的行政行为及其造成的不利后果

通过行政救济要解决什么问题，或者说行政救济活动是围绕着解决什么问题来进行的，该问题就是行政救济的客体。

首先，行政救济的客体是行政主体的行为而不是相对人的行为，有关国家机关是对行政行为的合法与否进行审查。其次，作为客体的行政行为包括两个方面：一是有瑕疵的行政行为，即违法或不当，对该行为的矫正属于行政救济的范围；二是行政行为造成的对相对人不利的后果，对它的消除也属于行政救济的范畴。给行政相对人造成不利后果的行政行为既可能是违法或不当的行政行为，也可能是合法的行政行为，但只要造成了不利后果

(权利损害或利益损失),都应当给予法律上的补救,即国家赔偿或补偿。

3. 行政救济是一种法律补救机制

从行政相对人的角度审视行政救济,首先,行政救济对行政相对人来说,不是通过对行政主体实施法律制裁来保障行政相对人利益的,而是一种法律补救,即法律上设置的一套机制,让行政相对人通过该机制获得对受损利益的补救。行政救济还是一种应申请的法律补救,不告不理,没有行政相对人的申请或告诉就没有行政救济。其次,它不是一般意义上、纯物质上的对行政相对人的救济,而是对其进行的法律救济、权利救济。

4. 行政救济是监督行政的一种方式

从法治国家的高度认识行政救济,则行政救济不仅是对行政相对人合法权益的补救,而且对于监督行政,使行政保持在法治的轨道上运行也具有重要意义。相对于立法、监察等其他监督行政的方式,行政救济只是行政相对人发动的,由国家通过法律给予相对人的救济机会、权利。但这方面的意义,仅是行政救济运行的客观效果,发动行政救济的申请人或起诉人往往不明确或者不是以监督行政为发动行政救济的原始动因,他们发动行政救济只是解决行政争议、挽回损失或补偿自己因违法行政给自己带来的损失。

(二)行政救济与行政程序的关系

两者从客观的功用上来看,都具有监督行政和救济行政相对人权益的作用。但是,细究起来,其区别也是明显的。

第一,行政救济,乃事后救济,是消极的补救机制。它是在行政程序结束以后,行政决定作出并送达行政相对人之后,后者所享有的一种权利。鉴于此,只有成熟的、完整的行政行为才能成为行政救济的客体。过程性的、事实性的行政行为,以及不对行政相对人权利义务发生实质性影响的行政行为不能成为行政救济的客体。行政救济的作用在于事后补救,往往这时行政决定已经开始发生法律效力,其公定力、确定力、拘束力和执行力已经发挥作用。作为判断和衡量的尺度就是该行政行为已经送达给行政相对人,向社会公开并发生了社会作用。

第二,行政程序是行政主体在作出行政行为过程中的法律要求。亦即对行政主体从事行政行为的过程性、程序性要求。行政主体往往通过行政听证、听取相对人的申辩以及行政主体向行政相对人告知和说明理由等程序性机制,促进相对人更多地参与到行政过程之中,由此将受到不利影响或有利影响的行政相对人个人意见和行政主体的意志有机结合起来。从行政相对人维护自身权利的角度审视,行政程序是事中救济,是积极的救济,因为行政相对人行使行政程序赋予的陈述权、辩论权等程序权是在行政程序中,在行政决定没有最终作出来以前,所以,这种权利的行使可能影响行政主体是否作出行政决定或者作出行政决定的内容,所以,这是积极的救济。通过对该程序的积极参与,行政相对人可以防患于未然,行政主体也能通过行政程序避免偏听偏信、先入为主等影响将要作出的行政决定公正合理合法性的因素得逞。客观上,行政程序是行政相对人控制行政权力滥用的法律机制,在保护相对人权益上侧重于事前预防。同时,行政程序对行政主体保证自己依法行政,确保自己所做出的行政决定经得住未来的司法监督也有不可替代的作用。

二、行政救济的原则

行政救济的运用应当遵循的基本原则有:以事实为根据、以法律为准绳,法律面前人人平等原则,信赖利益保护原则等。这些原则或者是民事、刑事或行政救济通用的原则,或者是实体法、程序法通用的原则,还有的是行政法的基本原则。除此之外,行政救济特有的原则表述如下:

1. 赋予权利和规范救济两者相辅相成,缺一不可

赋权和规范行使权利是一枚硬币的两面,但现实中两者不总是相辅相成的。良法和善治不仅仅表现在"获得多数人民拥护的法律得到全体人民自觉地遵从",[1]这只是形式上或事后评判得到的定义,是从立法和守法的层面对良法善治的客观描述,仅仅如此还是远远不够的。良法和善治还应表现在执法和司法上,正在运行的实定法应当是遵循了"实体上赋权与程序上保障权利实现相辅相成"的原则。这里的治理是否善以及善的程度就是

---

〔1〕 古希腊伟大的哲学家亚里士多德说道:"法治应包含两重意义:已成立的法律获得普遍的服从,而大家所服从的法律又应该本身是制定得良好的法律。"引自[古希腊]亚里士多德:《政治学》,吴寿彭译,商务印书馆2006年版,第199页。

执法者(行政)和护法者(司法)保障实定法中公民权利的程度。法律解释中对实体和程序的并重,即实体法赋予权利、程序法规范救济,以及法律实务操作中将二者的有机结合,是对良法和善治的事中动态表述,是秉承法治理念而进行的主观判断。因此,仅仅宣示公民的权利还是远远不够的,没有规范的救济途径和救济程序的权利等于无权。立法守法应当与执法和司法相辅相成。

2.顺序救济原则

公民、法人或其他组织作为行政相对人[1](外部行政法律关系)的救济,在行政系统内部救济途径和行政系统外部司法途径兼备的情况下,要优先使用内部的救济手段,司法手段是最后的救济手段。这既是行政法在法治实践中适用二重性的本性使然,也是司法作为社会正义最后一道防线之宪法定位的表现。穷尽行政手段和途径对行政相对人的权利进行救济,让富有行政治理经验的行政专家启动行政系统内部的固有救济机制进行救济,既有成本低廉、效率较高的优势,也有执行力较强以及利于国家和社会、公权力和私权利和谐互动的考量。司法救济不仅仅在于其公正优位(在与效率价值处于两者只能选其一的特定情况下)的司法权力特质,在于其成本较高(相对于行政复议等救济途径)的特点,而且在于司法资源的有限性以及司法正义的最终性,所以,不能轻易使用,应当作为最后的手段和救济途径。因此,顺序救济的原则要求行政相对人优先选择行政复议等行政系统内部救济途径,如果不可以,最后再选择司法救济。

三、行政救济与对行政的法制监督

首先,内涵不同。从本意上来看,行政救济是行政法律关系中接受管理的一方主体享有的对抗行政管理的权利,也就是行政法学界所谓的“防御权”。将人民主权的观念用于观察国家机构的运行,会看到国家机构的运转往往掌握公民个人所不具有的巨大资源,具有压倒一切个人的行政优益权。行政法如果不赋予行政相对人相当的防御权,国家机构中工作人员的违法

[1] 本文除非有特别说明,凡是出现“公民、法人或其他组织”“公民、法人和其他组织”之处,都与行政相对人同一涵义。

行政行为、滥用国家权力的行为，成本就会很小，如此一来，人民整体赋权的民主国家就存在着被滥用权力的国家机构工作人员在行政行为中逐渐侵蚀的风险。因此，行政救济是通过个别案件，由行政管理相对人提起的维权机制，目的在于维护自己的法定权利和合法利益。

对行政的法制监督，是在国家体制的层面于法制的管道内对行政实施的监督。这种监督的发动者不限于该行政行为的行为对象人或利害关系人，[1]更强有力的监督来自国家权力分工制约的宪法架构。如我国《宪法》规定，人民检察院是国家法律监督机关，因此，人民检察院代表国家、代表全体人民对损害公众生存的环境的（表现为环境保护执法不力或不作为）行政机关向人民法院提起公诉的权力就是对行政的司法监督。[2] 省级人大决议撤销设区市地方政府作出的与省人大地方性法规相抵触的行政规章就是对行政的立法监督等。对行政的法制监督，其目的不在于对提起监督者自身利益的保护，更重要的在于对公共利益的维护，特别是有关行政法目的的实现。

其次，程序不同。对行政救济的法治规范化程度远比对行政法制监督的法治规范化程度高。前者有行政复议法、行政诉讼法和国家赔偿法进行规范，而对于后者并没有单行的专门的法律规范进行规制。对行政的立法监督，没有单行法律加以规范，人民检察院作为国家法律监督机关对行政的司法监督，也还没有专门立法加以规范。

最后，对行政的法制监督往往同行政救济交织在一起，成为一项活动的两个不同功能。比如，由行政相对人提起的行政诉讼，在原告看来是行政救济，而在受理案件的法院看来，法院对案件的审理范围却不局限于原告的起诉请求，行政法官在庭审中要对整个行政行为履行行政法制监督的责任、行使司法对行政的监督这个宪法职能。但总的看来，行政救济可以兼具行政法制监督的功能。但反过来则不成立，比如很难说对行政的立法监督具有

---

〔1〕“利害关系”，是指公法上而不是私法上的利害关系。只有当事人的主观公权利（公法上的权利和利益）受到行政行为影响、存在受到损害的可能性时，才承认当事人与行政行为具有法律上的利害关系。也可采用保护规范理论对公法上的利害关系进行判断。即以行政法规范是否要求行政机关考虑、尊重和保护当事人诉请保护的权利或法律上的利益，作为判断是否存在公法上利害关系的标准。

〔2〕延边中院裁判：行政公益诉讼的司法审查方式——延吉市检察院诉延吉市环保局不履行法定职责案。行政法公众号，ID：gh_c70b8fd06b83，2018年10月18日访问。

行政救济的功能,有时可能很难确定该不法行政行为的受害者个人。

四、行政救济的途径

我国在大陆法系的基础上制定了中国特色社会主义法律体系。在此语境下,行政救济在实定法上的救济途径首先从行政系统内部展开:第一,基于领导权,上级政府对下级政府的领导权。救济途径表现为申诉途径,即公民、法人或其他组织行使申诉权利向上级政府申请保护自己的合法权益。基于领导权的行政救济途径依附于国家行政体制,因此,不限于上一级或两级,而是直至中央人民政府的救济渠道。第二,基于指导权,上一级政府对下一级政府,确切地说是依据上一级行政主体对下一级行政主体行使行政权力作出的行政决定进行审查,从合法性与合理性上全面审核把关,从而得出自己的结论,这就是行政复议途径。该途径主要是基于业务指导权,因此,仅仅限于外部行政法律关系的行政相对人享有申请权,而且实行一级复议终局的制度。

其次,从行政系统外部来看,有行政诉讼制度和国家赔偿制度。这两种途径虽然同为法院的权力、同为司法途径,同是外部行政法律关系行政相对人所享有的事后救济途径,但还是存在一些不同之处:第一,从范围上看,行政诉讼的案件受理仅限于我国行政诉讼法规定的受案范围,限于对行政主体运用行政权力作出的行政决定进行司法审查。而国家赔偿案件一方面不限于行政主体,司法主体违法运用司法权力作出的司法决定给相对人造成损害的,也属于国家赔偿诉讼的受理范围;另一方面不限于行政行为,公务员利用行政优益权和优势地位以个人身份所作出的有损相对人权益的行为,也即行政事实行为的损害赔偿,也属于国家赔偿诉讼的受案范围。第二,从审理机关上看,行政诉讼案件由法院的行政审判机构进行审理并作出裁判,而国家赔偿案件则是由人民法院独立设置的赔偿委员会进行立案受理、审理并作出决定。

行政复议有效性功能发挥的路径探究

——基于权利救济优先的主导功能

李萍萍*

摘要 自《行政复议法》(2009年和2017年分别进行了修正)实施以来,行政复议制度表现出功能定位不明确、有效性功能发挥受限、复议程序设计不完备等诸多不足,形成原因主要有:行政复议理论不成熟、行政复议机关自身的多方位挑战、行政复议正当程序价值观念的缺失等。为使行政复议制度充分发挥自身的制度优势,本文试图探索相应的路径支持该制度有效性功能的发挥。在明确以"权利救济优先"行政复议的功能定位的基础上,完善行政复议程序的内容,实现行政复议程序的正当化修复,借助内外部措施保障行政复议功能的有效性发挥。

关键词 行政复议 功能 权利救济

一、问题的提出

自《行政复议法》实施以来,行政复议制度作为一种独立的行政救济法律制度,不同于行政诉讼的纠纷解决

---

* 李萍萍,常州大学史良法学院宪法学与行政法学硕士研究生。

功能,其着重突出的是行政机关系统内部的自我监督、自我纠错的功能发挥。随着复议维持率的居高不下等一系列问题,使行政复议制度偏离了设计之初的目的,阻碍了其功能的有效发挥。2007年《行政复议法实施条例》将行政复议的立法目的由“监督”转向“解决行政争议”,不少学者提出将行政复议“司法化”,以司法化的方式解决行政争议,但不能从根本上解决行政复议在实施过程中面临的诸多问题,更忽视了行政复议本身的制度特色。2018年,全国各级行政复议机关的纠错率达15.1%,司法部办理的国务院行政复议裁决案件纠错率为18.7%。[1] 行政复议发挥的作用已经得到了一定的提升,国家对行政复议制度本身给予了极大的期待,希望以更小的成本更简便化解行政纠纷,维护当事人的合法权益,但在实践中行政复议制度却遭遇“变形”“异变”,目前在《行政复议法》修正之际,不得不反思行政复议在实施过程中的面临的诸多问题,并试图寻求行政复议的有效性功能发挥的路径。

二、制约行政复议功能发挥的现实困境

(一)行政复议的功能定位不明确

对行政复议的功能定位存在三种学说,即“自我纠错说”“权利救济说”“定分止争说”,其定位不明确源于经济社会的转型及国家法律的调整。1990年通过的《行政复议条例》(现已废止)第一章总则第1条强调“监督功能,纠错作用”,1999年《行政复议法》将纠错功能放在监督功能之前,2007年《行政复议法实施条例》第一次将“争议解决”纳入行政复议的功能中。行政复议司法化的主张试图破解制约行政争议功能发挥的困境,行政程序设计之初的不完备也是源于立法者一开始对行政复议“去司法化”的主张。由于行政复议与行政诉讼是两种不同的制度安排,行政复议司法化试图同时实现效率与公平这两种价值追求,但行政复议本身的“行政性”是其特色而不是行政复议功能未充分发挥的“拦路虎”,行政复议因其“行政性”而独具魅力,因此,依靠行政复议制度本身来实现效率与公平的价值才更符合行政

---

[1] 参见刘子阳:《不断提高行政复议公信力 推进法治政府建设》,载《法制日报》2019年3月27日。

复议的制度安排。行政复议功能本身经历了一个演变的过程,在不同的时期承担着不同的历史任务。无论是权力监督功能,还是权利救济功能抑或是行政争议解决功能并不存在天然的对抗关系,只是在不同的时期着重点不同,但行政复议本身追求的行政复议机关的纠错程序来解决行政纠纷,来达到维护和监督权力的目的。在现阶段本文将行政复议的功能理解为:“解决行政争议是复议的基础功能,监督和保护是具体的目标。”[1]

(二)行政复议有效性功能的发挥受到限制

行政复议制度相比于其他行政救济手段的优势在于:其一,行政复议程序具有快捷性的特点,民众对公正性期待能及时得到满足。案件处理结果在时间上存在差异,一般情形下行政复议机关应当自受理申请之日起60日内作出行政复议决定,行政诉讼判决一般在法院立案之日起6个月内作出。因此在案件处理过程阶段,复议程序作出决定的效率明显高于诉讼程序。其二,行政复议程序具有简便性和低成本性,复议程序仅仅通过书面审理即可,行政机关针对行政行为进行合理性和合法性审查。行政复议活动所需经费,由财政予以保障,不向申请人收取申请费等任何费用。其三,对行政复议案件审理具有专业性,追求实质性解决行政争议的效果。行政复议制度的设计试图通过行政机关的自我纠错来扩大其与民众的交流,增强政府的公信力。英国的行政复议机制也开始“勃兴”,2014年英国的《移民法》规定了复议前置,行政复议可以更好地贯彻争议解决的适当性原则。[2] 但是,无论是英国还是我国都在行政复议实施中遇到了复议机构不独立、复议人员能力不足、复议维持率高、民众参与度低等诸多问题,行政复议制度的有效性功能未充分得到发挥,在民众的质疑声中又容易走向“司法化”的极端,使行政复议与行政程序、行政制度相割裂,丧失其统一性。

(三)行政复议程序的设计不完备

对行政复议的受理、审查、决定阶段以法律形式予以确立并不必然增加

---

〔1〕 参见应松年:《对行政复议法修改的意见》,载《行政法学研究》2019年第2期。

〔2〕 参见高秦伟:《行政正义与争议解决的适当性原则——英国裁判所的经验与课题》,载《比较法研究》2019年第3期。

复议程序的烦琐性，也不会损害复议程序本身的简便性、便捷性等独有特点，相反，通过完善行政复议的程序性规定可以最大限度地提升复议机关处理案件的规范性，从而得以获得更多民众的认同感。行政复议程序目前存在的问题大致有以下几点：第一，行政复议程序的不透明性。行政复议以书面审理为原则，限制了当事人的陈述权、申辩权和知情权，复议过程的不透明性使得复议结果本身的公正性遭到质疑。第二，行政复议程序的证据制度相对薄弱。在行政复议的案件中，证据标准和举证责任不明确，对证据的审查判断缺乏统一的判断标准，无法给民众带来准确的预期和行动指南，甚至可能造成暂时性或局部性的双重标准问题，损害政府的公信力。第三，行政复议的审议规则不明确。行政复议的审理过程同样应当明确行政复议审议委员会人员的组成、回避事项及审议规则等，而我国行政复议法中对此避而不谈，一旦发生与本案有利害关系的复议人员参与复议过程的审查和处理，便可能影响案件客观公正的处理，也不符合现代法治对程序正当的要求，因此，有必要对行政复议程序本身做一个整体性反思。

三、行政复议功能难以充分发挥的原因分析

（一）行政复议理论不成熟

截至2019年10月21日中国知网数据库来看，以“行政复议”为主题词可以检索出期刊论文3252篇，其中内容涉及行政复议制度558篇，行政复议程序227篇，每年关于行政复议的文章相对稳定，大都是关于行政复议制度的优劣分析、行政复议的改革和完善、对行政复议程序的完善等，但是，行政复议制度在理论上依旧不成熟，我国的行政复议制度起步较晚，缺乏有效的实践经验指引，难以形成理论基础的根基。我国1999年才公布并实施《行政复议法》，在中华人民共和国成立之前上千年的历史中，公民与“官员”在长期的实践中形成的“对抗关系”根深蒂固，近代以来传统的行政行为“命令—服从”模式渐渐转换为现代行政法主张的服务型政府，更注重公共福利与公共利益的维护，现代公法的基础不是命令而是组织，我国行政复议制度在此基础上具有了现代法治的鲜明色彩。行政复议制度在设计之初就过于追求理想化的实质效果，缺乏促进生成的主客观要件。当前面临的客观情

况是:我国关于行政复议的理论研究尚不成熟,而行政复议的制度性修改需要依赖于一定的理论和实践基础。

(二)行政复议机关自身的多方位挑战

《行政诉讼法》第26条第2款规定:"经复议的案件,复议机关决定维持原行政行为的,作出原行政行为的行政机关和复议机关是共同被告;复议机关改变原行政行为的,复议机关是被告。"为改变复议机关的复议维持率进而使得"复议机关无论怎样都要作为被告"的这一做法在一定程度上取得了成效,是一项相对成功的制度改革方案,但却导致复议机关的应诉成本增大。[1] 如表1所示,行政复议机关无论是应诉案件,还是处理案件,数量都很多,而我国行政机关内部专门负责复议工作的机构力量较弱、人数较少。据广东省2018年行政复议公开数据可知,广东省各级行政复议机构共951个,行政复议专职人员共302人。2018年,广东省各级行政机关共新收到行政复议申请33,565件。同比增长13.98%,立案受理31,395件。行政复议的专职人员只有302人,却要处理各类复议和诉讼案件,无形中增加了复议的工作量和来自社会各界的压力。"双被告"模式给复议工作人员带来了空前的应诉压力,同时还挑战着"双被告"的应诉能力和庭审秩序,导致复议机关难以适应"父子同堂"的常态化局面。[2]

表1 2014~2018年全国受理行政复议、诉讼案件统计 单位:件

年份	2014	2015	2016	2017	2018
复议受理数	143,376	141,968	157,660	198,505	203,112
应诉案件数	80,819	141,627	161,210	181,096	194,929

(三)行政复议正当程序价值观念的缺失

长期以来"重实体,轻程序"的观念渗入到每一个部门法的操作运行中,行政法的复议程序不可避免地陷入这一问题,由此导致正当程序的独立价

[1] 参见俞祺:《复议机关作共同被告制度实效考》,载《中国法学》2018年第6期。

[2] 参见章志远:《行政诉讼"双被告"制度的困境与出路》,载《福建行政学院学报》2016年第3期。

值遭到冲击，使得复议程序被带上了工具主义的标签。《法治政府建设实施纲要（2015～2020年）》规定，完善行政组织和行政程序法律制度，推进机构、职能、权限、程序、责任的法定化。虽然美国的成熟性原则要求达到成熟的内外部条件才允许接受司法审查，但对行政复议程序缺乏违反后的责任规定和救济路径是我国面临的又一难题。行政复议程序正当化包括形式意义上行政程序规范的确立和实质意义上程序正义的理念的树立。部分学者主张行政程序的法典化，在将来我国将会有一部行之有效的行政程序法，促进行政程序规范得到大幅度提升，但是，一部法律的生成需要一个从无到有的过程。行政程序正当化的修复不一定与行政程序规范的确立存在先后，行政程序正当化依赖于行政程序法治化的推进。其进程是持续性的，有必要将行政复议程序正当化理念融入这一进程。

四、行政复议程序有效性功能发挥的路径探索

（一）明确行政复议的功能定位

行政复议制度的功能是复合的、多元化的，并不是独立、单一的，与行政复议立法目的的多层次性相契合。行政复议的功能将“权利救济”“内部监督”“解决行政纠纷”三者有机结合在一起。一方面，行政相对人提起行政复议是为了解决行政纠纷并维护自身的合法权益，从而启动了复议程序，最终使得行政机关内部监督职能的发挥。另一方面，正是由于上级行政机关通过行政复议及时对下级行政机关作出的不合理或不合法的行政行为予以纠正，从而实现监督的目的，最终也实现化解行政纠纷的目的，维护了当事人的合法权益。但行政复议的三种功能并不是处于等同地位，持并重说的学者不免陷入“为避免选择而全部选择”的悖论，最终可能导致漏洞百出，其所追求的所有价值都将无法实现。为此出现了“权利救济优先”“内部监督优先”“解决纠纷优先”三派之争。在当前社会，保障人权作为法治建设的核心价值目标，国家尊重和保护人权在2004年被写入《宪法》。将权利救济作为行政复议的主导功能才能最大限度地维护和保障相对人的利益，才能在获

得更多的民众认可,使得复议制度本身具有可持续发展的能力。[1] “行政复议是在处理老百姓与行政机关之间的争议,如果不以救济相对人的合法权利作为目标,老百姓根本就不会选择你这个机制,更不用说实现尊重和维护人权、化解行政争议、维护和谐稳定这些目标了。”[2]

1848 年,德国的行政复议开始进入行政领域,1945 年在法律领域正式确立下来。行政复议作为一种行政行为而存在,注重对公民权利的保护,行政复议的第一位的功能始终是为公民提供权利救济。[3] 2014 年《日本审查法》修改后,确立了国民可以经过简单且迅速的公正程序广泛地对行政厅提出不服申诉的制度。其意义在于实现国民权益救济的同时,保障行政权力的适当运营。[4] 因此,将“权利救济”作为行政复议的主导功能才能更好地发挥行政复议制度内部监督和解决行政纠纷的功能。

(二)完善行政复议程序的内容

行政复议程序本身的相对封闭性削弱了民众对复议程序的参与热情,行政复议的程序必须予以具体化和规范化。首先,从基础意义上完善行政复议程序的细节。有学者指出,行政复议程序的正当化修复应根据听取意见、防止偏见、信息公开三条路径展开,[5] 因此,在行政复议的程序中应当增强行政复议程序的透明度,当事人在任何情形下的陈述权、申辩权、知情权都应得到充分的保障。合理确立相应的回避制度,与案件过程和处理结果有利害关系的行政复议人员予以回避。明确证据的证明标准,建立健全完善的证据规则,同时将行政复议的审议过程、处理依据和结果予以公开。其次,从更高意义上引导树立正当程序的理念,从而由内而外影响行政复议制度的构建。正当程序蕴含着程序正义的价值追求,其实质意义是在程序规范化与合法化的基础上赋予了更高的独立价值。最后,构建行政复议特别程序。通过“厘清行政复议和行政诉讼衔接中的界限,明确行政复议的前置

---

[1] 参见甘臧春、柳泽华:《行政复议主导功能辨析》,载《行政法学研究》2017 年第 5 期。

[2] 参见甘臧春:《关于行政复议基础理论的几点思考》,载《行政法学研究》2013 年第 2 期。

[3] 参见刘飞:《德国公法权利救济制度》,北京大学出版社 2009 年版,第 26 页。

[4] 参见曹鎏:《五国行政复议制度的启示与借鉴》,载《行政法学研究》2017 年第 5 期。

[5] 参见章剑生:《行政复议程序的正当化修复——基于司法审查的视角》,载《江淮论坛》2010 年第 6 期。

因素、终局理由和可诉标准”,[1]从而推动行政复议程序正当化修复。

美国行政法法官制度在1946年《美国联邦行政程序法》(Administrative Procedare Act,APA)得到正式确立。《美国联邦行政程序法》规定的程序包括两大类:制定法规和行政裁决。美国行政法法官制度长期以来作为行政系统内解决行政争议的重要机制,构成美国独特的行政复议制度。“美国正式程序裁决一定是行政机关必须依听证记录作决定的行为。”[2]根据我国《行政复议法》规定,对重大、复杂的案件,申请人提出要求或者行政复议机构认为必要时可以申请听证,在某种意义上制约了当事人对自己有关事项陈述申辩的权利。

(三)保障行政复议功能的有效性发挥

首先,建立健全行政复议制度监督机制。行政复议人员和行政复议委员会按照一定的顺序和步骤作出具体行政行为有赖于行政程序予以规制,但对于行政程序的运行,我国缺乏一个完备的监督机制。可以建立内外部双重监督,内部监督来自于行政机关自身及其上下级的监督。外部监督来自于人民群众和相关国家机关的监督,把权力关进制度的笼子,从而为行政复议制度的有效性功能发挥提供反馈路径,保障其有效性发挥,从而提高我国法治现代化建设的水平。

其次,提升行政复议业务办理水平。中共中央、国务院印发的《法治政府建设实施纲要》(2015~2020年)中明确要完善行政复议制度,改革行政复议体制,积极探索整合地方行政复议职责。按照“依法加强行政复议能力建设”的要求,推动复议机构设置、人员配备与所承担的工作任务相适应。行政机关定期组织行政复议、应诉事项培训,其内容包括行政复议文书规范化制作、行政复议办案事项、行政机关应诉事宜等内容,提高行政复议机关的职责意识和服务意识。按照“健全行政复议案件审理机制,深化行政复议委员会改革试点”要求,设立并及时调整行政复议委员会成员,提高重大疑难案件办理水平,坚持多方咨询、集体讨论的原则,提高案件审

---

[1] 参见杨红:《行政复议特别程序探析》,载《苏州大学学报(法学版)》2017年第4期。
[2] 参见王名扬:《美国行政法》,北京大学出版社2016年版,第323页。

理的质量。

最后,注重提高社会公众优先选择行政复议解决行政纠纷的热情。有“官官相护”“暗箱操作”之嫌的行政复议制度在民众心中很难获得认可是制约行政复议制度有效性发挥的因素之一。但近几年来在行政复议工作逐步改革和完善中可以越来越多地看到行政复议的力量,例如,2018 年“瓜子二手车”因广告语违规被罚 1250 万元后申请行政复议,2019 年“江淮汽车”被北京市生态环境局处以 1.7 亿元罚款后申请行政复议等,在一些具有影响力的行政纠纷中,当事人对行政复议制度的自愿选择反映出对该制度的信任程度。因此,应当提高社会公众优先选择行政复议解决行政纠纷的热情,将行政纠纷化解在行政系统内部,有效地发挥行政复议制度的功能。

五、小结

2017 年 12 月,义乌市举行了一场消费者维权行政复议的听证会,案件中的原告在家里与义乌市市场监管局工作人员“对簿公堂”。[1] 在当前社会加速转型,经济和技术有了新突破的新形势下,行政复议的信息化建设存在着必要性,也可以保障行政复议功能的有效性发挥。从而使得行政机关在纠纷化解方面的效率更高、成本更低、程序更简便,充分发挥行政复议制度在化解社会矛盾纠纷、维护社会秩序的正常运转方面的重要作用。行政复议有效性功能的发挥有赖于多方主体的共同努力和多方力量的共同支持,加强行政复议机构和队伍建设存在必要性,通过建立健全复议程序的具体规范,确保办案公平公正。将行政复议的功能定位于以“权利救济”为主导,兼顾化解行政纠纷,实现行政机关自我纠错和监督的目的,从而发挥行政复议制度的特色优势,使行政复议有效性功能得到充分发挥。

---

〔1〕 参见徐庆丰:《义乌在国内首创互联网行政复议局》,载《金华日报》2017 年 12 月 28 日。

主　题　三

《国家赔偿法》与《监察法》研究

论我国监察信息公开的范围与边界

冉富强　孙诚钰*

摘要　监察信息具有公共性、政治性、涉密性、司法性。监察信息公开应当坚持政治考量优先、以公开为原则、不公开为例外、利益衡量与人权保障及法治化原则。凡是法律、法规规定应当向社会公开的，监察机关应当及时向社会公开。对采取留置、查封、扣押等强制措施的监察调查行为，监察机关应当根据案件情况，向被调查人及相关主体公开监察信息。监察调查结束后，要依法向有关国家机关、企事业单位、自治组织公开监察信息。监察机关原则上不得对外公开涉及国家秘密、商业秘密、个人隐私的信息。监察机关内部对案件的评议、讨论、决策等信息不宜向外界公开。监察机关在办案过程中获取的涉及公职人员道德操守的监察信息要审慎公开。

关键词　监察信息公开　法治化　特定主体　禁止公开

《监察法》实施以来，社会各界对《监察法》的诸多问

* 冉富强，河南财经政法大学法学院教授，法学博士；孙诚钰，河南财经政法大学法治政府研究中心。

题都给予很高的关注和期待。学界和实务界对监察信息公开制度关注较少。监察信息是国家及地方各级监察委员会在依法行使监察职权过程中，向有关国家机关、企事业单位和个人了解、调取和获悉的，涉及被调查人职务违法、职务犯罪或违反道德操守的相关资讯，他们以一定的载体被记录、保存，并以文件、调查笔录、资料、图表和数据等各形式而存在。虽然《监察法》第54条规定“监察机关应当依法公开监察工作信息，接受民主监督、社会监督、舆论监督”，但监察信息公开制度在实践中仍然存在主体不清、范围模糊、程序缺漏、救济机制阙如等诸多问题。本文决定以监察信息的基本特征、监察信息公开的必要性与可行性分析入手，深入研究监察信息公开的范围与边界，以便为深化监察体制改革提供智识参考。

一、监察信息的基本特征

较之其他的信息类型，监察信息有其独有的特征。首先，监察信息具有较强的政治性。监察工作关乎反腐败斗争的大局，具备鲜明的政治立场、政治方向和政治观点。从这个角度来看，监察信息包含国家反腐败斗争的态度以及治理腐败的决心和查处腐败行为的执行力。一方面，监察信息的公布具有正面引导的功效，能够起到震慑效果；另一方面，如果披露信息不当，可能会给党和国家的事业带来一定的消极影响。这是监察信息政治性的典型表现。

其次，监察信息具有公共属性。监察信息的公共性源于监察机关的公共性和公权性，监察机关设立的目的是“为了深化国家监察体制改革，加强对所有行使公权力的公职人员的监督，实现国家监察全面覆盖，深入开展反腐败工作，推进国家治理体系和治理能力现代化”，因此，监察机关在履职过程中制作或者保存的信息具有公共属性。

同时，监察工作可能涉及信访投诉等侵害或损害人民群众切身利益的事件，涉及一些公职人员职务犯罪侦查等腐败案件线索，这些事件往往呈现出消极与负面色彩，这是监察信息区别于其他公共信息的重要特征之一。由此决定在推进监察信息公开过程中，应当充分关注和考量各方面的利益和意见。

再次，监察信息具有一定的涉密性。监察工作往往涉及公职人员职务犯罪、职务违法及道德操守等方面的信息，有的监察信息还可能涉及国家秘密、商业秘密和个人隐私，加之犯罪主体关系网复杂，有的被调查人及其家属具备较强的反侦查能力，因此，在监察机关依法履行职责过程中一般不能向被调查人及其家属、律师等人公开，特别是在监察调查阶段更是如此。只有等到调查结束之后，才能依法向被调查人及其家属、辩护或代理律师等社会主体公开。

对于那些涉及商业秘密、个人隐私的监察信息，为了维护公民个人或其他社会主体的合法权益，这些监察信息不能随便向社会公开，即使向特定社会主体公开，也要注意公开的方式方法，防止随便公开侵犯其他社会主体的合法权益。

最后，监察信息往往具有一定的司法属性。各级监察委员会在履行监督、调查、处置过程中，监察机关既要查处公职人员违反道德操守的行为、职务违法行为，也要查处职务犯罪行为。除了违反道德操守的行为以外，监察机关查处的职务犯罪和职务违法行为，都具有一定的司法属性。虽然监察法明确把监察机关查处职务违法和职务犯罪行为统称为“监察调查行为”，但监察机关的处置行为涉及对违法的公职人员依法作出政务处分，对涉嫌职务犯罪的依法移送人民检察院审查起诉。不管是政务处分，还是审查起诉，上述监察信息都会自动转化为司法信息，因此，监察信息又具有一定的司法属性。

二、监察信息公开的必要性与可行性探析

监察信息与立法信息、政府信息、司法信息一样，都属于公共权力搜集、掌控的信息。监察信息公开的必要性与可行性研究，需要借助监察信息与立法信息、政府信息及司法信息的比较甄别中研判界定。

（一）监察信息公开与立法信息公开的比较

立法权的核心价值之一是民主，民主社会中每个人都应当是立法的参与者。立法是指现代国家通过一定立法程序对国家利益、集体利益、社会利益或者公民、法人、其他组织的利益进行确认、界定、分配、促进和保障的程序机制，是现代社会公民的“主观法权诉求”转变为国家客观意志的制度安

排。民众能否参与立法决策的过程,表达正当的权利诉求,对提高立法质量起着至关重要的作用。因此,立法信息也具有公共性、政治性,但立法信息不具有涉密性、司法性。

由于上述原因,立法信息应当充分公开,几乎不存在立法信息不能公开的情况。立法公开作为立法程序的组成部分,其核心价值是促进公众参与。立法过程中,主动公开立法信息,可以有效保障公民的知情权,促使普通民众参与到立法决策过程中,进而使立法更具有民意基础,更加符合弗里德曼所说的人民"内心声音",增强法律实施的效果。同时,立法信息公开对立法者也是一种社会监督,可以使立法机关的立法活动暴露于人民群众的监督视野之内,防止个别人利用立法权侵犯或妨碍国家与社会公共利益。

为了确保民主立法的价值落地,《立法法》第 52 条第 1 款规定,立法规划和年度立法计划在制定过程中,要广泛征求民意,科学评估论证,并向社会公布。立法草案也要公之于众,向各级机关、企事业单位及公民广泛征求意见,以提高立法的科学性和准确性。正式立法条文颁布实施之后还要大力宣传,广泛传播,以确保立法能得到普遍遵循。

虽然监察信息与立法信息同属于公权力搜集、掌控的信息,但是,立法信息不具有保密性、私密性,而有些监察信息具有一定的保密性、私密性,因此监察信息在公开范围上更具有审慎性。当前,监察体制改革的价值取向是构建"集中统一、权威高效"的中国特色监察体制,各级监察委员会的职权是"行使国家监察职能的专责机关,对所有行使公权力的公职人员(以下简称公职人员)进行监察,调查职务违法和职务犯罪,开展廉政建设和反腐败工作"。为此,监察信息往往涉及被调查人的职务违法、职务犯罪及道德操守。与立法信息纯粹的公共资讯相比,监察信息兼具公共性与私密性双重属性。监察信息不仅囊括被调查人及相关当事人的私人信息、商业秘密,还可能涉及国家机关、企事业单位的相关资讯,甚至国家机密等,上述信息一旦公开可能给国家或社会及当事人造成难以挽回的损失。更何况,在监察调查期间,基于监察调查的特定程序,监察信息即使不涉及国家秘密、个人隐私、商业秘密,也不能随意向被调查人公开,更不应随意向公众公开。所以,监察信息不能全方位公开,要处理好公开范围、时间节点、边界等方面的问题。具体而言,监察信息属于监察机关对公职人员职务违法犯罪行为的监督、调查与处置，在调查阶段原则上保密。即使侦查终结，一些涉及国家秘密、商业秘密与个人隐私的监察信息，也只能针对特定人公开。另外，立法信息应当主动公开，不存在被动公开问题，但监察信息则存在主动公开与被动公开两种情形。

（二）监察信息公开与政府信息公开的比较

政府信息具有公共性、政治性，个别政府信息也涉及国家秘密、商业秘密和个人隐私，但政府信息通常不具有司法属性，个别政府信息在行政诉讼时，会转化为司法信息，监察信息具有司法属性。政府信息的公共性、政治性属性决定政府信息应当以"公开为原则"。个别政府信息涉及国家秘密、商业秘密及个人隐私，政府信息公开又受"不公开为例外"的拘束。"公开为原则""不公开为例外"落实到制度上，即是政府信息以主动公开为主，应申请公开为辅的两种公开程序及救济机制。

新设立的国家监察委员会是对所有行使公权力的国家公职人员履行监督、调查与处置的反腐败国家机构。监察信息与政府信息一样，具有公共性、政治性，为了保障公众对监察信息的知情权，监察机关也应主动公开相关监察资讯。但是，监察信息往往涉及公职人员的职务违法、职务犯罪或道德操守等信息，具有区别于政府信息的司法性，因此，在公开范围、公开程序、事后救济等方面应建立异于政府信息公开的法律制度。另外，一些监察信息与政府信息一样，也会涉及国家秘密、商业秘密和个人隐私，由此决定在被动（应申请）公开的范围、程序机制等方面，监察信息又需要借鉴政府信息公开中的一些制度，例如，禁止公开的事项清单、向特定主体公开的事项清单等。

（三）监察信息公开与司法信息公开的比较

一般来说，司法信息不具有监察信息所具有的政治属性，与监察信息相比，司法信息也具有公共性、涉密性、司法性，但司法信息的司法性要强于监察信息的司法属性。

首先，监察信息与司法信息都具有公共性、涉密性、司法性。监察信息的公共性决定监察信息应当以公开为原则，接受当事人及社会各界人士的监督。监察信息的涉密性决定其在信息公开方面又必须具有自己的特点。比如,监察信息往往涉及案件当事人的信息,包括当事人的人身、财产等个人信息,个别监察信息还会涉及国家秘密、商业秘密。由此,监察信息公开应当注意和把握公开与保密之间的平衡。监察信息的司法属性决定监察机关在信息获取过程中,应当依法履行收集、固定、审查、传播信息的义务,《监察法》规定了监察机关在获悉监察信息时应当与刑事诉讼证据的要求和标准一致。但是,监察信息也有明显区别于司法信息之处,即司法信息除副卷外均应向案件当事人公开,监察信息则不能如此公开。监察处置程序结束后,一些监察信息即转为司法信息,信息公开则应当遵循司法信息的规范约束。

其次,监察信息具有司法信息所不具有的政治性,监察信息公开具有高度的政治敏感性。监察机关不同于司法机关,监察机关的政治属性决定其在行使监督、调查、处置过程中获悉的信息在案件处理结果公布前一般不向社会公开;即使向社会公开,也应把握好监察信息的政治原则、政治立场、政治方向,最大限度地减少监察信息的披露潜藏的负面政治影响,发挥监察信息传播正面、积极资讯的功能效果。

最后,监察信息的涉密性高于司法信息,监察信息的司法属性低于司法信息。所以,在监察调查阶段,凡是涉及案件查办方面的信息一般不向社会各界公开,有些信息甚至不向被调查人及其家属公开。监察信息的司法属性低于司法信息,决定监察信息的公开往往不如司法信息。作为司法信息,即使涉及商业秘密、个人隐私,仍然应当向特定当事人及其诉讼代理人公开。由于监察调查阶段不允许律师介入,因此,特定案件的调查信息在监察调查阶段不存在向诉讼代理人公开的情形。

高度的司法属性决定公平正义是司法工作的最高价值和终极目标,但司法的公共性又促使公平正义必须以公众看得见的方式实现。非公开不足以彰显正义,非公开不足以保障公平。司法公开的重要价值与意义已经在法学理论界与实务界达成共识。谭世贵将保障人民群众知情权、监督权与参与权总结为司法公开的价值,司法公开能够加快建设公正高效权威的司法制度、预防司法腐败,实现司法实践与法学教育的良性互动等。[1]

〔1〕 谭世贵:《论司法信息公开》,载《北方法学》2012年第3期。

（四）监察信息公开的规范原则

通过对立法、行政、司法信息公开和监察信息公开的比较分析可知，监察信息公开应当遵循自身独特的规范逻辑。

首先，监察信息公开应当坚持政治考量优先原则。监察信息具有政治性和公共性，是否公开监察信息、何时公开监察信息、监察信息公开的对象及事项范围等重大问题，往往涉及政治把握和政治决断。比如，涉及掌握国家核心机密、军事机密以及重大商业利益的高级官员或管理人员的监察信息，不能单纯从经济、法律视角判断监察信息公开的时间、范围及对象等问题，政治考量应当作为首要考量因素。监察信息的政治性要求公开的监察信息应当政治方向正确、主题鲜明、结构清晰、表达准确、内容翔实，以减少不必要的歧义。

其次，坚持公开为原则、不公开为例外的原则。为了实现对监察机关及其工作人员的监察制约，保障公民对监察信息的知情权，提高监察工作的公正性和透明度，监察机关应该主动公开监察信息，自觉接受社会监督和舆论监督。但是，监察信息是监察机关在行使监督、调查、处置等职权过程中获悉的涉及被调查人职务违法、职务犯罪或违反道德操守的相关资讯，具有一定的政治性、涉密性、司法性，也可能涉及国家秘密、商业秘密、个人隐私，监察信息的特殊性决定监察信息应当以公开为原则，不公开为例外。

再次，监察信息的涉密性要求监察信息公开必须坚持利益衡量与人权保障原则。监察信息的涉密性及其与商业秘密、个人隐私的关系，要求严格把控监察信息公开的出口，防止涉密监察信息不当外漏，引起不必要的负面社会后果与法律后果。反过来说，监察机关也不能一味地以国家秘密、商业秘密、个人隐私为由阻碍或限制应当公开监察信息的公开。

最后，监察信息的司法性决定监察信息公开要坚持法定化原则，即监察信息公开要求公开时限、公开范围、公开方式、可救济性等方面都要纳入法治轨道。监察信息公开时限的法定化是指监察信息公开时段的法定化，即在监察调查阶段获悉的监察信息一般不向社会公开，调查结束以后是否向社会或特定人公开要由法律法规明确界定。监察信息公开范围的法定化是指监察信息公开要依法进行，根据调查结果及监察处置情况决定监察信息公开的范围和内容。监察信息公开程序的法定化是指监察信息公开必须依照法律规定的程序、仪式、步骤进行。比如,有些监察信息可能由监察机关向被调查人宣布的方式公开,有些监察信息则需要通过向社会公开发布的方式公开,甚至有些监察信息需要采取内部通报的方式适当公开。公开救济程序的法定化,是指如果监察信息不依法公开或不公开涉嫌侵害被调查人或其他人的合法权益时,当事人有权依法向有关机关申请救济。

总之,监察信息公开应综合考虑监察信息政治性、公共性、涉密性及司法性等特征,做到应予公开的全公开,不应公开的禁止公开,应当向特定社会主体公开的则有限公开。

三、监察信息公开的范围与边界

在监察信息公开过程中,既要做到凡是应当或能够公开的监察信息尽量予以公开。反过来说,也要理清监察信息公开的界限,防止不当公开给党和国家、社会或第三人造成不必要的危害或损失。

(一)应当向社会公开的监察信息

为了使公民及时、便捷地获取监察信息,保障公民对监察信息的知情权,同时为了提高监察工作的透明度,实现对监察机关及其工作人员的外部监督,各级监察委员会应当主动向社会公开相关监察信息。原则上,对于涉及社会大众切身利益、社会大众普遍关注、需要社会大众广泛知晓的监察信息,监察委员会应当主动向社会公开。

根据实践中监察机关信息公开工作的开展情况,参考与之类似的检察信息公开、公安执法信息公开等相关规定,监察机关应当主动向社会公开的信息有如下几种类型:一是监察机关机构设置、领导信息、职责权限、办公地址、工作时间等基本情况;二是与监察工作相关的法律法规、规范性文件、政策及其相关解读等内容;三是财政预算、决算等财务信息;四是举报投诉的方式、程序等;五是引发社会大众高度关注,或者有较大社会影响的重大案件调查进展和处理结果,以及其他打击腐败违法犯罪活动的重大决策和行动;六是公职人员违反中央八项规定精神,或其他严重违纪违法典型案件;七是突发舆情的应急预案及应对情况,围绕社会关切加强舆情回应;八是法律、法规、其他规范性文件规定需要向社会公开的其他事项。

即使涉及个人隐私、商业秘密，如果当事人同意，或者通过利益衡量，向社会公开的公共利益大于私人利益的，监察机关仍然有向社会公开的义务。现行《政府信息公开条例》第15条规定："涉及商业秘密、个人隐私等公开会对第三方合法权益造成损害的政府信息，行政机关不得公开。但是，第三方同意公开或者行政机关认为不公开会对公共利益造成重大影响的，予以公开。"关于个人隐私与公共利益的衡平问题，严格意义上说是公共利益衡量问题。国内有学者认为："无论是公开还是不公开，公共利益都起到重要作用，利益冲突最终演变为促进公开信息的公共利益和支持不公开信息的公共利益之间的博弈。""从个体利益和公共利益的关系看，个体商业秘密是主利益，可以通过国家赔偿程序转化为国家经济损失，从而成为可量化的公共利益。"[1]笔者认为，上述说法不大妥当。这位学者的上述说法与边沁的"功利主义"极为相似。罗尔斯指出，功利主义有如下缺陷：一是它只考虑最大限度地满足人们的愿望这一总量，却不考虑其在个人之间如何分配的问题。换言之，功利主义把效率放在第一位，只能促进社会整体利益，它允许不平等地对待少数人或牺牲他人的利益。二是这一理论只考虑"幸福"的量，而没有考虑"幸福"的质，它既不管人们的欲望是什么，也无法解决相互冲突的欲望之间的优先性问题。[2] 实际上，无论是"幸福"或者"利益"，都具有不可通约性，因此，简单地把公共利益和私人利益通约为金钱的做法显然不合适。

实践中，美国《信息自由法》对个人隐私信息的免除公开作了明确具体的限定，联邦法院在长期的司法实践中形成了认定个人隐私权利益的三个方面的标准：存在因果关系；是特定个人的隐私权；隐私权排除当事人本人。同时也形成了权衡隐私权与公共利益考量的因素：对个人隐私权威胁的程度、公开获得的公共利益、获取申请信息的替代方案。[3] 美国上述关于个人隐私权与公共利益衡量的判断基准值得在监察信息公开中借鉴。实践中，各级监察机关确实存在公开个人隐私的情况，但其是否充分考量了个人隐

[1] 王敬波：《政府信息公开中的公共利益衡量》，载《中国社会科学》2014年第9期。

[2] 吕世伦主编：《西方现代法学流派》，中国大百科全书出版社2000年版，第79页。

[3] 杨建生：《美国个人隐私信息免除公开的司法审查》，载《行政法学研究》2015年第5期。

私权与公共利益则不得而知。监察信息的公开应当参照《政府信息公开条例》的上述规定：一是法律法规应当明确，涉及个人隐私、商业秘密的监察信息原则上不予公开；二是法律法规应当明确，如果获得权利人同意或经过私人利益与公共利益的衡量之后仍然需要公开的监察信息，应当予以公开。

（二）向特定主体公开的监察信息

首先，监察机关应当对采取留置、查封、扣押财物等强制措施的被调查人、被调查人单位及其家属公开相关监察信息。各级监察委员会在行使调查权的过程中，需要保障被调查对象及其家属、所在单位的知情权。监察体制改革之前，各级检察机关曾经承担贪污腐败等职务犯罪的侦查职能，《人民检察院案件信息公开工作规定（试行）》第7条规定："人民检察院应当依法、及时履行法律规定的通知、告知、送达、公开宣布等职责。当事人及其法定代理人、近亲属、辩护人、诉讼代理人，可以依照规定，向办理该案件的人民检察院查询案由、受理时间、办案期限、办案部门、办案进程、处理结果、强制措施等程序性信息。"此外，人民检察院还建立了案件信息公开网，通过此网站，当事人及其代理人、近亲属、辩护人等可以查询与案件相关的程序性信息。监察体制改革以后，原来由检察机关行使的职务犯罪侦查权改为监察机关的调查权，监察机关对职务犯罪行使的调查权是否属于"侦查权"范畴，国内学者对此有争议。

熊秋红教授认为："从功能主义的进路来看，设立监察委员会是为了'增强权力制约和监督效果'，并且加大对腐败犯罪的打击力度，为此，它必须行使原来由检察机关行使的职务犯罪'侦查权'，从新加坡等地的经验看，反贪专门机构均享有不低于刑事警察的职权配置，这种权力在本质上是一种刑事侦查权。我国监察委员会将要行使的职权已经溢出了对'调查权'内涵的通常理解，而实质性地成为一种'侦查权'。"[1]

笔者认为，无论怎么称谓，监察委员会对职务犯罪行为行使的调查权凡是采取剥夺或限制被调查人人身自由、财产权利的强制措施的，都是实质意义上的"侦查权"。毕竟，"职务犯罪侦查权与其他侦查权一样，在本质上是

[1] 熊秋红：《监察体制改革中职务犯罪侦查权比较研究》，载《环球法律评论》2017年第2期。

一种行政权,它的行使主体具有可选择性,或者主要由警察行使,或者主要由检察官行使,或者主要由反贪专门机构人员行使,行使侦查权的这些机构有别于行使司法权(审判权)的法院”。[1] 监察机关在行使职务犯罪调查权的过程中,应当依据《监察法》规定向调查人及其家属告知或公布相关监察信息。当然,由于现行《监察法》没有赋予律师作为辩护人或代理人参与调查的权利,因此监察机关向特定主体公开监察信息不包括律师。

对于监察机关在对职务违法行为调查过程中,是否应当向被调查人及其家属公开相关监察信息,值得商榷。本文认为,如果没有对人身、财产采取强制措施,监察机关可以不向调查人及其家属公开相关监察信息。对于已经采取剥夺或限制人身自由、财产权等强制措施的,监察机关则应当依法向被调查人及其家属公开相关监察信息。从现行《监察法》规定来看,《监察法》第44条第1款规定:“对被调查人采取留置措施后,应当在二十四小时以内,通知被留置人员所在单位和家属,但有可能毁灭、伪造证据,干扰证人作证或者串供等有碍调查情形的除外。有碍调查的情形消失后,应当立即通知被留置人员所在单位和家属。”《监察法》第25条第1款规定:“监察机关在调查过程中,可以调取、查封、扣押用以证明被调查人涉嫌违法犯罪的财物、文件和电子数据等信息。采取调取、查封、扣押措施,应当收集原物原件,会同持有人或者保管人、见证人,当面逐一拍照、登记、编号,开列清单,由在场人员当场核对、签名,并将清单副本交财物、文件的持有人或者保管人。”从《监察法》的上述规定来看,对于被调查人采取留置或对被调查人财物采取查封、扣押措施的,监察机关应当及时向被调查人单位和家属告知相关信息。

关于向特定主体公开监察信息的形式,各级监察机关应当借鉴《人民检察院案件信息公开工作规定(试行)》的内容,依法、及时履行通知、告知、送达、公开宣布等职责。当事人及其法定代理人、近亲属,可以依照规定向办理该案件的监察委员会查询案由、受理时间、办案期限、办案部门、办案进程、处理结果、强制措施等程序性信息。此外,各级监察委员会也应当建立案件信息公开网,通过互联网向当事人及其代理人、近亲属公开相关程序性信息。

[1] 熊秋红:《监察体制改革中职务犯罪侦查权比较研究》,载《环球法律评论》2017年第2期。

其次,对于没有采取剥夺、限制人身自由或财产权的监察调查行为,监察机关也应当根据案件实际情况及进展程序,向被调查人、所在单位、有关专家、证人、协助执行人员等机构或个人公开相关监察信息。《监察法》第20条第1款规定:“在调查过程中,对涉嫌职务违法的被调查人,监察机关可以要求其就涉嫌违法行为作出陈述,必要时向被调查人出具书面通知。”《监察法》第27条规定:“监察机关在调查过程中,对于案件中的专门性问题,可以指派、聘请有专门知识的人进行鉴定。鉴定人进行鉴定后,应当出具鉴定意见,并且签名。”《监察法》第23条第1款规定:“监察机关调查涉嫌贪污贿赂、失职渎职等严重职务违法或者职务犯罪,根据工作需要,可以依照规定查询、冻结涉案单位和个人的存款、汇款、债券、股票、基金份额等财产。有关单位和个人应当配合”。《监察法》第21条规定:“在调查过程中,监察机关可以询问证人等人员”。从上述规定可以看出,即使没有采取剥夺或限制人身自由、财产权利的监察调查行为,监察机关也应将有关监察信息告知被调查人、协助执行人员、专家、证人等。

最后,监察调查结束以后,要依法向检察机关、有关国家机关、企事业单位和自治组织公开相关监察信息。《监察法》第45条规定,监察机关根据监督、调查结果,依法作出处置。为此,根据上述法律规定,在监察调查结束以后,监察机关要结合具体案情,采取不同的处置方式:对于职务违法情节轻微的公职人员,监察机关应当按照管理权限,将监察信息直接告知被调查人或由相关单位告知被调查人,或者由监察机关、有关单位对被调查人作出相应的政务处分;对于涉嫌犯罪的被调查人,监察机关将有关涉嫌犯罪的监察信息移送检察机关审查、提起公诉;对于没有证据证明被调查人存在违法犯罪行为的,应当把撤销案件的相关信息告知被调查人及其所在单位。

(三)禁止向社会公开的监察信息

监察机关公开监察信息过程中,要妥善处理好信息公开与涉密信息保护之间的关系,两者的平衡是保障监察信息公开工作顺利开展的基石。实际上,监察信息公开与涉密信息保护并不矛盾,他们是一个事物的两个方面,两者共同的目标是打造更加开放、民主、科学的信息公开制度体系。实践中,禁止向社会公开的监察信息主要有以下几种类型:

一是监察机关不得对外公开涉及国家秘密的监察信息。但是,长期以来,实践中对于国家秘密的定密标准不统一、定密范围模糊、定密程序尚不规范。国外一般都会对国家秘密的范围进行严格界定。例如,美国《原子能法》和布什总统13292号行政命令对美国的国家秘密进行了详细列举。[1]借鉴国外经验,有学者认为:“应建立信息公开负面清单制度,将所有免于公开的政府信息条目进行动态化列举。鉴于国家秘密势必成为信息公开负面清单的重要组成部分,《保密法》应进行相应修改,尽可能使国家秘密的概括具体化。”[2]为了确保国家秘密不被意外泄露,监察机关在对外公开监察信息时,应当建立信息公开保密审查批准工作机制,在监察信息公开前,应当严格按照《保守国家秘密法》《保守国家秘密法实施条例》等相关法律法规,认真审查拟公开的监察信息,对于不能确定是否公开的,应当及时报送保密部门审定。

二是监察机关不得向权利人以外的主体公开涉及商业秘密、个人隐私的信息。对于涉及商业秘密或个人隐私的监察信息,应当借鉴《政府信息公开条例》确定的利益衡量原则,即原则上行政机关不得公开涉及国家秘密、商业秘密、个人隐私的政府信息。但是,经权利人同意公开或者行政机关认为不公开可能对公共利益造成重大影响的可以公开。究竟如何衡平公共利益与私人利益,应当借鉴美国司法实践中形成的裁判基准:对个人隐私权威胁的程度、公开获得的公共利益、获取申请信息的替代方案。[3]

三是监察调查过程中获取的监察信息,如果公开后将影响调查正常进行的,不得向外界公开。比如,讯问、询问、勘验、侦查实验、辨认、检查、搜查笔录,检举人、举报人的姓名以及检举、举报材料、案件线索等,协查通报、技术调查、秘密调查措施等,未成年被调查人的姓名、年龄、文化程度、家庭住

[1] 上述两份文法律和行政命令把美国的国家秘密列举为:(1)军事计划、武器系统或军事行动信息;(2)外国政府信息;(3)情报活动;(4)美国的对外关系或对外活动,包括机密信息来源;(5)与国家安全相关的科学、技术或者经济事项,包括防御国际恐怖主义的信息;(6)美国政府保护核原料或者核设施的计划;(7)与国家安全相关的系统、军事设施、基础设施、工程、计划或防卫部门的弱点或能力,包括防御国际恐怖主义的信息;(8)与大规模杀伤性武器相关的信息;(9)其他法律法规规定的国家秘密。参见王锡锌:《政府信息公开语境中的“国家秘密”探讨》,载《政治与法律》2009年第3期。

[2] 王锡锌:《政府信息公开制度十年:迈向治理导向的公开》,载《中国行政管理》2018年第5期。

[3] 杨建生:《美国个人隐私信息免除公开的司法审查》,载《行政法学研究》2015年第5期。

址等基本情况等。[1] 2014 年最高人民法院发布的"奚明强诉中华人民共和国公安部案"属于最高人民法院发布的政府信息公开十大案例之一。该指导性案例认为,公安部门作为刑事司法机关履行侦查犯罪职责时制作的信息,依法不属于《政府信息公开条例》第 2 条规定的政府信息。[2] 理论界和实务界普遍认为,刑事侦查信息不属于公开范围,行政执法信息在特定情况下也免于公开。[3]

但是,国内有学者对此提出质疑。其认为,对于行政机关履行刑事执法职能(非行政行为)形成的政府信息,不但均在信息公开的适用范围之内,并且原则上均需公开,除非有法定的豁免公开理由。[4] 法国 1978 年实施的《行政文件获取法》、德国 2005 年实施的《联邦政府信息获取法》,都要求公开正在进行的行政或刑事执法信息,除非公开后对执法活动产生有害影响的才免于公开。[5] 为此,周汉华教授认为,从各国立法经验与执法实践看,除非公开后会影响执法程序的正常进行或者公开后会严重影响被执法对象或者第三人的合法权利,否则均应依法公开。[6] 由此看来,监察机关在调查过程中获取的监察信息,如果公开后没有实质性不良影响,都应当依法公开。

基于监察调查程序的特殊需要,监察信息暂时不能向外界公开的,调查终结后应当根据案情决定是否向当事人及其辩护人公开,如讯问笔录、询问笔录、搜查笔录、勘验笔录等。但是,举报人、举报材料以及案件线索等监察信息即使移送检察机关或人民法院之后,也依法不能向特定当事人或社会公开。《监察法》第 65 条第 3 项规定,"违法窃取、泄露调查工作信息,或者泄露举报事项、举报受理情况以及举报人信息的",对负有责任的领导人员和直接责任人员依法给予处理。因此,监察调查过程中的工作信息不属于

---

〔1〕 谭世贵:《论司法信息公开》,载《北方法学》2012 年第 3 期。

〔2〕 姜明安:《中国政府信息公开制度的发展趋势》,载《比较法研究》2017 年第 2 期。

〔3〕 王万华:《开放政府与修改〈政府信息公开条例〉的内容定位》,载《北方法学》2016 年第 6 期。

〔4〕 参见后向东:《信息公开的世界经验:十六国信息公开法译介与评析》,中国法制出版社 2016 年版,第 459 页;周汉华主编:《政府信息公开条例专家建议稿——草案 · 说明 · 理由 · 立法例》,中国法制出版社 2003 年版,第 127 页。

〔5〕 周汉华:《误读与被误读——从公安机关刑事执法信息公开看〈政府信息公开条例〉修改》,载《北方法学》2016 年第 6 期。

〔6〕 周汉华:《误读与被误读——从公安机关刑事执法信息公开看〈政府信息公开条例〉修改》,载《北方法学》2016 年第 6 期。

依法向外界公开的监察信息。

四是监察机关内部对案件的评议、讨论、决策等情况不宜向外界公开（包括监察委员会集体评议、讨论、表决笔录等，以及上下级监察机关之间审批事项等信息）。这类监察信息属于监察机关的内部工作秘密，正如政府信息公开中的“内部管理信息”与人民法院的“副卷”一样，依法不宜向外界公开。不过，对于何为“内部信息”，司法实践中往往把“不具备外部效力”作为考量的主要标准。为此，有学者提出应当以“内部性事务”作为内部管理信息更为恰当，也更加符合立法原意。[1] 笔者同意上述主张，确乎不能仅仅以是否发生对外法律效力作为判定内部信息的主要标准，应当以事务的属性来判定较为妥当。

近年来，国内一些学者对人民法院的“副卷”制度提出质疑。有学者认为：“它不符合司法公开和审判公开的发展趋势；违反独立行使审判权的司法规律和严禁干预司法活动的规定；限制并缩小了当事人、诉讼代理人以及辩护人的阅卷权；背离了现代诉讼证据裁判原则的基本要求。”[2]为此，学者们提出了逐步减少并取消“副卷”制度的构想。此外，杨治、邓红、于志刚等学者也提出了相同或相似的改革人民法院副卷制度的主张。[3]

笔者认为，上述学者提出的都是逐渐废除人民法院的“副卷”制度，几乎没有人提出立即废除人民法院“副卷”制度。为此，监察机关内部对案件的评议、讨论及决策信息，虽然按照《保守国家秘密法》第 9 条的规定，不属于“国家秘密”范畴，不能以涉及国家秘密为由拒绝对外公开，但上述工作秘密对外公开后，将会对特定监察工作的顺利推进造成影响，进而严重威胁监察官的人身安全及工作开展，毕竟我国的监察独立是指监察机关，而不是监察官个人，为此上述监察信息依法不能向外界公开。

五是对监察机关在办案过程中获取的有关公职人员道德操守方面的监察信息应当审慎公开。对公职人员的信息公开不能漠视人性。从西方社会

〔1〕 梁艺：《政府信息公开中“内部管理信息”的判定》，载《行政法学研究》2015 年第 1 期。

〔2〕 刘仁文：《论我国法院副卷制度的改革》，载《法学评论》2017 年第 1 期。

〔3〕 杨治、邓红：《法院诉讼档案“副卷”改革路径探析——基于基层法院 300 份诉讼档案“副卷”的分析与审视》，载《法律适用》2017 年第 7 期；于志刚：《全面公开审判卷宗的建议与制度设计》，载《中共中央党校学报》2016 年第 4 期。

引进的权利概念本身就是一套“非道德正当性”的话语体系。[1] 中国社会作为长期浸润社会有机体理论的社会共同体，权利的“非道德正当性”尚未完全形成，人们仍然习惯于用道德判断评价人的行为。但是，作为对公职人员的道德判断，必须严格限制在必要的范围之内，谨防随意扩大。

《监察法》第11条第1项规定：“对公职人员开展廉政教育，对其依法履职、秉公用权、廉洁从政从业以及道德操守情况进行监督检查。”根据本条规定，监察监督不仅涵盖公职人员行使权力的合法公正性，还包括有公职人员的道德操守。公职人员作为国家工作人员，道德、品行等应以高标准要求无可厚非，但道德操守的另一面涉及私人生活，是主观性较强的社会评价，监察机关在依靠道德评价来对公职人员进行监督时，应当严格限于职业操守和公共责任的范围之内。[2] 监察机关在对监察对象进行监督时，应当侧重在其履职尽责方面的道德操守，对其私人生活不应过度介入，除非其私生活涉及职务行为的廉洁性。另外，凡是道德操守涉及个人隐私的，一定要注意披露的方式方法及限度，切不可随意扩散含有个人隐私的道德操守。

四、结语

监察信息具有政治性、公共性、涉密性、隐私性、司法性等多元特征。监察信息公开应当坚持政治优先考量，公开为原则、不公开为例外，利益衡量与人权保障，信息公开法定化等基本原则。凡是法律、法规规定应当主动向社会公开的监察信息，监察机关应当及时主动向社会公开。对采取留置、查封、扣押等强制措施的监察调查行为，监察机关应当根据案件的实际情况及进展程序，向被调查人、单位、有关专家、证人、协助执行人员等公开相关监察信息。监察调查结束以后，要依法向检察机关、有关国家机关、企事业单位和自治组织公开相关监察信息。监察机关不得对外公开涉及国家秘密、商业秘密、个人隐私的信息。监察机关内部对案件的评议、讨论、决策等情况不宜向外界公开。监察机关在办案过程中获取的涉及公职人员道德操守的监察信息要审慎公开。

---

〔1〕 金观涛：《探索现代社会的起源》，社会科学文献出版社2010年版，第11页。

〔2〕 江国华、何盼盼：《中国特色监察法治体系论纲》，载《福建师范大学学报》（哲学社会科学版）2018年第5期。

论《国家赔偿法》落实《监察法》第 67 条的路径选择

——以《国家赔偿法》的立法精神为视角*

黎晓武　缪金峰**

摘要　监察赔偿制度的形塑是监察法治的重要内容,但现有国家赔偿制度中监察赔偿制度的空白未能满足监察赔偿法治化的需求。当前我国监察制度中被监察对象双重身份的权利救济不足,在国家机关权力监督体系下国家赔偿监督功能需要重新审视。监察赔偿存在多重特殊性,监察赔偿无论适用于行政赔偿抑或是适用于司法赔偿都容易导致权利救济和监督实效的目的落空,从而难以贯彻国家赔偿法的立法宗旨和精神。为此,国家需要独立设计新型的监察赔偿制度。新型监察赔偿制度应该建立在现有归责原则和赔偿范围的适度调整基础之上,同时以国家权力机关体系下合理分工原则为导向,适当地引入人大专门委员会负责监察赔偿的先行程序,最后由法院审理具体赔偿事项。

* 基金项目:2018 年度中国法学会部级法学研究一般课题“构建新型政商关系的法治化设计与制度保障研究”(编号:CLS(2018)C07)阶段性成果。

** 黎晓武,法学博士,南昌大学法学院教授,南昌大学立法研究中心研究员,硕士生导师,研究方向为行政法学;缪金峰,南昌大学 2017 级硕士研究生。

关键词 国家赔偿 监察赔偿 立法精神 路径选择 权利救济

一、问题的提出

近年来,学界对国家监察理论与实践的研究日益增加,监察法学的理论体系得到不断丰富。监察救济作为监察法学理论中重要的组成部分,同样得到了学界持续的关注。有学者提出,监察委员会的监察权前所未有的大,被监察对象的权益无救济明文规定可依,难以得到有效的保护,较坏的结果是国家监察体制改革以牺牲当事人的基本权利为代价,产生新的人权"赤字"。[1] 另有学者认为,在全国上下致力于监察委员会建设的进程中,切忌重权力配置、轻权利保障,若被监察者对其行使职权的行为有争议,应享有救济权。[2] 这些著述为被监察对象权利的救济和监察机关的权力监督制度建构提供了思路和方向。

公权力的行使不可避免地会影响到公民权利,因此,没有受到约束力的公权力更容易出问题。作为国家公权力之一的监察权也有可能会出现错误进而损害被监察对象的权利,在有权利必有救济的法治理念指引之下,为被监察对象提供有效的救济途径是践行法治的必然选择。随着《监察法》的出台,关于监察救济的一些理论成果也吸收到了监察法的相关内容之中,这其中就包括了监察赔偿问题。《监察法》第67条规定:"监察机关及其工作人员行使职权,侵犯公民、法人和其他组织的合法权益造成损害的,依法给予国家赔偿。"这条规定中的国家赔偿指的无疑是《国家赔偿法》规定的国家赔偿,但是,综观整个《国家赔偿法》可以发现,并无相关的配套法律与之相对应。这就相当于《监察法》为监察赔偿救济开了一扇门,却没有提供开启权利救济大门的钥匙。于是,《国家赔偿法》中监察赔偿的缺位问题引起了学界的思考。有学者认为,《监察法》中的国家赔偿在国家《监察法》中并无具体体现,提出了监察赔偿的归责原则和赔偿范围以及监察赔偿程序应当适用刑事赔偿程序以及引入案件集中管辖设想。[3] 也有学

---

〔1〕 参见秦前红、底高扬:《从机关思维到程序思维:国家监察体制改革的方法论探索》,载《武汉大学学报(哲学社会科学版)》2017年第3期,第5~13页。

〔2〕 参见杨红:《被监察者的权利及其保障研究》,载《行政法学研究》2017年第6期,第69~77页。

〔3〕 参见张红:《监察赔偿论要》,载《行政法学研究》2018年第6期,第67~77页。

者以权利救济为切入点,在分析监察权性质基础上认为需要在理论上单独构建监察赔偿制度,并且在赔偿程序选择上应参照国家赔偿法中的刑事赔偿程序。[1] 综上所述,学界整体上的思路还是沿用已有的《国家赔偿法》模式,设计的监察赔偿程序也大同小异,基本上没有考虑到监察赔偿中被监察对象权利救济的特殊性和监察权力监督的特殊性。一方面,监察赔偿权利救济的对象是遭侵害的行使公权力的公职人员、法人和其他组织,这些对象在寻求赔偿救济时具有两种身份,一种身份是执行公权力的人员即公职人员,另一种身份是普通公民。相对于《国家赔偿法》而言,在立法之初囿于特别权力理论,立法机关仅仅把赔偿对象限定在普通公民,因此,如果简单地套用现有的国家赔偿程序可能会使行使公权力的公职人员的权利救济处于真空状态。另一方面,《国家赔偿法》中法院作为赔偿决定的最终作出机关,具备了对赔偿义务机关权力监督的功能。但是,随着《监察法》的实施,监察委员会实施对所有行使公权力的公职人员的全覆盖,实现了全方位宽领域多层次的监督,具备了较强的实体处分权力,例如,对于法院而言,监察委员会对法院的监督比以往其他机关监督强度提高不少。在此种前提下,当监察委员会成为赔偿义务机关时,法院对监察委员会的反向监督实效,不得不让人产生新的质疑。以上问题如何能够符合现有国家赔偿的立法精神要求?有必要在理论上予以回应,以便更好地构建新型的监察赔偿制度。

二、新型监察赔偿制度的证成

《监察法》第67条明确规定了监察赔偿,但目前《国家赔偿法》中关于监察赔偿的规定仍然处于空白状态。如何将监察赔偿恰当的融入国家赔偿制度中,对此,有许多学者从监察机关在整个国家机关体系中的特殊定位和性质以及监察机关的监察权具有的独特性方面,提出了一些监察赔偿制度构建方案,应当说这些学者的设计思路对于国家监察赔偿制度解决权源问题大有裨益。但是,鉴于监察赔偿制度的理论完整性而言,需要对现有的国家赔偿立法精神作一番解析。在2010年《国家赔偿法》全面修改之后有学者

---

〔1〕 参见王青斌:《论监察赔偿制度的构建》,载《政法论坛》2019年第3期,第164~175页。

提到："国家赔偿法的修改是为了实现充分救济受国家侵权的受害人、保护公民法人和其他组织的合法权益、监督国家机关依法行使职权等立法宗旨。"[1]从目前《国家赔偿法》第1条规定保障公民、法人和其他组织享有依法取得国家赔偿的权利，促进国家机关依法行使职权来看，也能说明我国的国家赔偿出发点是权利救济和权力监督。从法理上说："权利和权力是法律上的一对基本范畴，它们具有相互依存和相互制约的密切关系。"[2]回归到监察赔偿法律关系中，监察权利的保障以及监察权利形成的监督效果，也应当纳入相关制度设计考虑范围之内。不仅可以让被监察对象权利实现救济，而且可以在权力制约之下督促监察权力尽到勤勉谨慎的义务，防止权力任性。同时，也能回应一些学者的殷切期盼："监察权利应当与监察权一起被列为监察法学的基本范畴，乃至作为监察法学基本范畴体系之核心内容。"[3]基于此，对监察权利及其特殊性的研究和监察权利保障的反向监督作用研究，对于构建新型的国家赔偿制度实属必要。监察权利主要包括监察对象的人身权、陈述申辩权以及救济权等，但为方便厘清监察赔偿权利的理论依据，本文以监察救济权中的获得赔偿权作为支点展开论述。

（一）监察赔偿权利的双重身份保障

法谚有云："无救济则无权利。"在宪法的框架下公民拥有多种多样的权利，但如果公民在行使权利过程中遭到侵犯或干涉而没有相应的救济渠道，那作为权利宣言书的宪法难以得到有效实现。国家赔偿权利作为权利体系中的一部分，同样需要国家担负起救济的责任。在一个民主法治国家，国家赔偿救济的全面性和合理性是衡量国家法治水平的重要指标。我国的监察赔偿属于国家赔偿中的重要部分，但监察赔偿对象基于其双重身份的特点，让其被救济的方式难以被其他类型的赔偿救济所涵盖。首先，就监察对象的第一重身份而言，监察对象作为普通公民与其他公民一样应当享有宪法

---

〔1〕 胡仕浩：《国家赔偿法修改的新精神和新内容》，载《人民司法》2010年第23期，第57～62页。

〔2〕 郭道晖：《试论权利与权力的对立统一》，载《法学研究》1990年第4期，第1～9页。

〔3〕 秦前红、石泽华：《新时代监察法学理论体系的科学建构》，载《武汉大学学报（哲学社会科学版）》2019年第5期，第32～39页。

所赋予的基本权利。一方面，就规范意义上而言，我国在2004年的宪法修正案中首次把“国家尊重和保障人权”这一条款写入宪法，自此，公民的人权有了根本法上的原则性保护。国家赔偿权作为一项非政治性权利，是由于公民寻求自身权利救济而产生的权利，这种权利属性应一些学者所言：“国家赔偿权主要属于由实体性权利派生出来的权利，”[1]可以说，国家赔偿权属于公民基本权利之列，具有了宪法的核心价值，从而在宪法上有了基本的权利保障的真实性和有效性。另外，我国《宪法》第41条第3款规定：“由于国家机关和国家工作人员侵犯公民权利而受到损失的人，有依照法律规定取得赔偿的权利。”这一规定不仅丰富了我国保障公民基本人权的定义，为国家用具体的法律落实宪法的内容提供了立法上的指导，而且也为具体权利救济提供了归宿，因此，当监察对象受到国家权力侵害而受损失时理应得到赔偿救济。另一方面，从学理上看，人权是依照人的自然属性和社会属性应当享有的权利，而人的基本权利是人作为构成社会整体的自律的个人，为确保其自身的生存和发展、维护其作为人的尊严而享有的，并在人类社会历史过程中不断形成和发展的权利；从终极的意义上说，这种权利既不是造物主或君主赋予的，也不是国家或宪法授予的，而是人本身所固有的，同时又多为宪法所认可和保障，为此，其固有性和宪法规定性是相互统一的。[2] 这种人权的界说是以马克思主义人权观为立场，并且吸收了自然法思想以及传统的法律实证主义人权观的合理之处，公民赔偿救济权利的形成和在现有的宪法中的地位符合基本权利的属性。因此，反观作为国家赔偿救济重要部分的监察赔偿救济理应符合权利的基本属性，即监察对象遭侵害时赔偿救济应当维护其最后的尊严以及由宪法依据下的国家赔偿法具体规范和程序来保障赔偿权利。其次，就监察对象的第二重身份而言，《监察法》第15条明确了监察对象范围是所有行使公权力的公职人员。这部分人员因其管理公共事务而具有的公务性质进而区别于普通公民的身份，这些公职人员的权利救济问题引发了学界的一些关注，大多数学者认为，政务处分取代政

〔1〕 林来梵：《从宪法规范到规范宪法》，商务印书馆2017年版，第158页。
〔2〕 参见林来梵：《从宪法规范到规范宪法》，商务印书馆2017年版，第88页。

纪处分之后,引入司法救济途径实属必要。[1] 学者对引入司法救济的思考无疑是考虑了监察对象身份的特殊性,政务处分所造成损害也有所不同。鉴于此,我们认为,作为特殊群体的公职人员在已经确认权利受到损害时,应当适用与行政和司法赔偿不同的新型赔偿制度。原因如下:囿于传统的内部行政关系理论和特别权力理论,公职人员未能摆脱忠诚服从的窠臼,在高权的控制力下公职人员在受到惩戒处分时负有一定的忍受义务,因此,在发生惩戒争执时往往通过追求效率为主的行政管理模式进行解决,将以公正为目的的司法救济模式排除在外。但随着法治、人权观念的影响,文明法治国家的演变,传统的特别权力理论开始吸收法治原则并不断修正,有限的司法救济逐渐成为人们的共识,在特别权力关系领域,公职人员涉及宪法基本权利或其特定的身份地位受损的情况应当享有寻求司法救济的权利。[2] 至此,在特别权力关系领域适当引入司法救济成为普遍趋势的情况下,监察赔偿也应该纳入适当的司法救济中,特别是公职人员在经过申诉复查程序之后确定受到损害,如降级、撤职、开除等政务处分。这些损害因对象的特殊性并且是国家赔偿法中普通公民的损害所不具有的。所以,有必要设计一种不同于行政或司法赔偿的新型监察赔偿制度,当公职人员有足够的理由证明确实存在损失时,就应该按照新型监察赔偿制度对其损失进行适当的赔偿。

(二)国家赔偿的反向监督悖论

孟德斯鸠曾提到:"一切拥有权力的人,都倾向于滥用权力,而且不用到极限绝不罢休。"[3] 这表明权力的存在如果不加以规制,那拥有权力的人很容易滥用权力。因此,一项新的权力产生必然要对其进行限制,以防止其被滥用。在近代分权学说影响下,许多资本主义国家都采取了三权分立与制衡的国家政权组织形式,而我国作为社会主义国家在现有的宪制框架下形

---

〔1〕 参见秦前红:《公职人员受到政务处分后的救济途径》,载搜狐网,http://www.sohu.com/a/335512640_254324,2019 年 8 月 22 日访问。

〔2〕 参见江国华:《正当性、权限与边界——特别权力关系理论与党内法规之证成》,载《法律科学(西北政法大学学报)》2019 年第 1 期,第 70~81 页。

〔3〕 [法]孟德斯鸠:《论法的精神》(上册),许明龙译,商务印书馆 2012 年版,第 167 页。

成了以监督为原则,外在表现为国家机关的自我监督和相互监督相结合的权力制约方式。从目前我国的监督主体来看,权力监督的逻辑有权力监督权力、权利监督权力两种。[1] 基于这种逻辑,国家赔偿制度的设计初衷是通过权利救济和通过国家机关相互监督来限制公权力的行使。因为,当国家本身实施侵权行为时,国家权力之外不可能有其他力量比国家更强大而有能力实施救济。[2] 因此,有学者以国家赔偿法具有的加强国家机关内部监督和自律的功能出发,认为当监察赔偿制度确立时能够对监察委员会起到逆向监督作用。[3] 对此,我们认为,未来监察赔偿制度的构建不能仅仅停留在国家赔偿制度的设计理想中,而更应该在国家赔偿制度的实效性反思基础上进行构建。国家赔偿制度本身存在反向监督的悖论,法院作为我国国家赔偿的主要审理机关,寄希望于以其自身具有的司法公正性,能够行使司法权来保证国家赔偿的公正和监督其他国家机关。但现实状态却是我国由于特殊的国情,司法的公正性备受质疑。在实务中,国家机关对国家赔偿的抵触以及法院一贯的弱势地位等因素,[4]在赔偿的公正性上让法院成为众矢之的。一方面,就行政赔偿诉讼程序而言,作为行政赔偿案件审判机关的法院其人财物都受制于同级政府,这就必然导致法院在审理行政赔偿案件时很难抵御来自地方行政机关的干预,难以保证审判的独立性和公正性。在行政赔偿诉讼胜诉率低、撤诉率高、上诉率高的现实情况下,法院在监督行政机关方面能够起到多大作用不得不让人提出质疑。另外,《行政诉讼法》修订实施以来,一些地方法院推行行政诉讼集中管辖并取得了一些实践成效,司法公信力和独立性不断提高,这些新变化也说明集中管辖改革之前法院在审理行政赔偿方面对同级行政机关反向监督作用不大。另一方面,就司法赔偿而言,以检察院和法院作为赔偿义务机关为例,检察院作为我国的监督机关,检察院利用职权对同级法院的监督是其职责所在,当检察院作为赔偿义务机关时,检察机关监督职权的行使会与法院作出赔偿决定在某

---

〔1〕 参见刘艳红、冀洋:《"反腐败基本法"建构初论》,载《行政法学研究》2016年第2期,第18~26页。

〔2〕 参见杨秋林、宁立成、姚俊:《国家赔偿制度研究》,江西人民出版社2016年版,第18页。

〔3〕 参见王鸾鸾:《监察委纳入国家赔偿义务机关的证成与路径》,载《行政与法》2017年第12期,第100~107页。

〔4〕 参见沈岿:《国家赔偿法原理与案例》(第2版),北京大学出版社2017年版,第92页。

种程度上具有利益冲突关系,法院能否秉持公正作出独立的赔偿决定存有疑问。另外,当法院自身作为赔偿义务机关时,法院直接自己作出赔偿决定,这样的情况违背了自然正义原则:任何人不做自己案件的法官。因此,无论法院作出何种决定都处于两难境地,自身中立地位备受质疑。所以,有学者认为,刑事赔偿纠纷似乎不属于纠纷,而是犹如行政审批那般,国家可以通过"提出申请——作出决定"的流程作出单方面裁断。[1] 对于在刑事赔偿夹缝中求生存、在困厄中求发展的法院及审判人员而言,[2]以这样的方式展现在司法实践中实属无奈之举。总之,在《国家赔偿法》中承载一定监督使命的司法机关尚且不能真正限制其他公权力,那么,又怎么能寄希望于司法机关能借助现有的赔偿程序对掌握"更大权力"的监察机关进行反向监督?

(三)监察机关及其监察权的特殊性

监察委员会是我国为完成特定任务而组建的特殊机关,"监察委员会是具有国家机关、政治机关双重属性的中国特色反腐败机构,国家机关是其法定属性,政治机关是其根本属性、第一属性"。[3] 监察委员会是把完成政治任务放在首位的国家机关,权威机关报《人民日报》曾发文指出:"监察委员会是政治机关,不是行政机关、司法机关。"[4]2018 年 3 月,在国家监察委员会诞生前夕,《中国纪检监察报》评论员发文强调:"监察委员会是实现党和国家自我监督的政治机关,其性质和地位不同于行政机关、司法机关……监察委员会作为政治机关,政治属性是第一属性、根本属性,必须始终把讲政治放在第一位。"[5]监察委员会行使的监察权具有特殊性,不同于立法权、行政权和司法权,是立法权、行政权、司法权之外的第四种权力,是完成中国特色反腐败任务的具有较强政治属性的国家特殊公权力,它整合了原属于行

---

〔1〕 参见蒋成旭:《国家赔偿的制度逻辑与本土构造》,载《法制与社会发展》2019 年第 1 期,第 87 ~ 104 页。

〔2〕 参见杜仪方:《新〈国家赔偿法〉下刑事赔偿的司法实践研究》,载《当代法学》2018 年第 2 期,第 45 ~ 54 页。

〔3〕 黄建达:《双重属性视角下监察委员会与人民代表大会的关系》,载《北京社会科学》2019 年第 2 期,第 120 页。

〔4〕 本报记者:《国家监察体制改革试点取得成效》,载《人民日报》2017 年 11 月 6 日,第 1 版。

〔5〕 闫鸣:《监察委员会是政治机关》,载《中国纪检监察报》2018 年 3 月 8 日,第 1 版。

政机关、司法机关的反腐败权力，且与纪检监察权一起行使的综合监督权。鉴于监察委员会的机关特殊性和权力的特殊性，其权力行使而造成的国家赔偿既不能适用现行的行政赔偿制度，又不能适用现行的司法赔偿制度，只能依据《国家赔偿法》的立法精神构建一种与其属性相适应的新的国家赔偿制度。

综上所述，《监察法》中的监察对象具有双重身份，当监察对象在公职人员身份上所体现的特殊利益遭到侵害时，只要该特殊利益存在一定的合理性，那么就应该从国家赔偿法的宗旨出发，以国家赔偿立法精神为中心，提供救济渠道使其获得赔偿救济。另外，鉴于法院在审理赔偿案件中所处的尴尬境地，应坚持法院审判为中心的思路，但同时也需要赋予法院在审理监察赔偿中的特殊地位，保持司法审判的独立性，防止其他国家机关的干预，特别是在监察赔偿中防止监察机关的干预，这样才能重塑司法公信力，最大限度地发挥法院的监督实效性。所以，无论从监察救济方面，还是从权力监督方面，监察赔偿都很难嵌入到现有国家赔偿制度中任何一种程序中，因此，有必要单独构建监察赔偿制度。基于以上分析，监察赔偿制度的构建必须在国家赔偿法中归责原则和赔偿范围适当调整的基础上，使其原则和范围更加具有全面性，坚持循序渐进原则避免对现有制度理论的推倒重来，在程序设计上也能更加科学合理。

三、监察赔偿的归责原则和赔偿范围

（一）归责原则

归责原则在国家赔偿制度中是根本性的制度，它决定着国家是否赔偿和在什么范围内承担赔偿责任，反映国家赔偿的价值取向和赔偿政策。[1]监察赔偿归责原则的确定需要对现行赔偿法的归责原则从规范和学理两方面加以分析。一方面在规范上，《国家赔偿法》在确定归责原则时经历了一些曲折。1994年《国家赔偿法》规定，国家机关及其工作人员违法行使职权，侵犯公民、法人和其他组织合法权益的情形，造成损害的，受害人有依照本

〔1〕 参见杨小君：《国家赔偿的归责原则与归责标准》，载《法学研究》2003年第2期，第113～121页。

法取得国家赔偿的权利。这一规定确定的违法归责原则多为实务界和理论界所诟病,该归责原则严重压缩了国家赔偿的范围。鉴于单一违法归责原则引起的众多争议,2010 年《国家赔偿法》修改将第 2 条中“违法”二字删除,从而摒弃了单一违法归责原则。但是,现行的《国家赔偿法》并未将所有违法归责范围删除,其中,2010 年修订的《国家赔偿法》第 3 条、第 4 条、第 17 条、第 18 条的一些规定依然将违法作为前提,由此可见,我国目前违法原则仍然占据主导地位。[1] 除此之外的情形适用《国家赔偿法》第 2 条规定的无过错原则。因此,我国在法律规定上确立的是以违法归责原则为主、结果归责原则为辅的归责原则体系,同时也被学者称为多元的归责原则。[2] 另一方面在学理上,关于国家赔偿的归责原则许多学者也提出了不一样的看法,如有学者提到在未来《国家赔偿法》的修改应当以过错责任为主,以无过错责任为辅的归责原则,[3]也有学者提到应该以公务过错责任为原则,结果责任、公平责任为补充的归责模式。[4] 这些观点大多基于以下因素考虑:(1)合理融通普通侵权法与国家赔偿法的归责体系;(2)归责原则概念明晰;(3)责任构成的具体规则;(4)保障人权;(5)权力监督;(6)举证责任分配。

结合以上规范和学理两方面的分析,我们认为,监察赔偿具有国家赔偿的共性,同时也具有其自身的特殊性。对监察赔偿归责原则的确定不可简单直接套用现有的归责模式,仍需要从监察赔偿的相关内容进一步审视。首先,就监察行为而言,无论是以过错责任抑或者违法归责为主的归责原则都需要裁判者对侵害行为的状态进行判断,但相对于违法责任而言过错责任更多要求裁判者具备高超娴熟且公正的裁判技巧,需要裁判者从侵害人的主观状态是否尽到正常理性公务人员的注意义务角度进行判断,这种归责原则能最大限度地保护受害人权益。但是,回归到监察赔偿,监察权力有别于国家赔偿制度中的其他公权力。在现有的国家权力配置和运行中,监

〔1〕 参见沈岿:《国家赔偿法原理与案例》(第 2 版),北京大学出版社 2017 年版,第 97 页。

〔2〕 参见张红主编:《国家赔偿法学》,北京师范大学出版社 2017 年版,第 27 页。

〔3〕 参见胡锦光、余凌云、吴鹏主编:《国家赔偿法》(第 3 版),中国人民大学出版社 2017 年版,第 40 页。

〔4〕 参见杨秋林、宁立成、姚俊:《国家赔偿制度研究》,江西人民出版社 2016 年版,第 97 页。

察权的实际位阶已然高于审判权和检察权。[1] 在此种实践之下，寄希望于裁判者能够对监察侵害行为状态作出深入细致的判断无疑会脱离现实环境。因此，确定操作相对简便易行的违法归责原则符合监察赔偿的现实需求，在实质上更能保护受害人的合法权益。其次，从监察赔偿制度来看，国家赔偿理论是从民事侵权理论演变而来，可以说国家赔偿制度属于民事侵权制度的特殊部分。经过较长时间的研究积累，国家赔偿中无论是行政赔偿还是司法赔偿在制度理论上都能妥善处理好国家赔偿与民事侵权之间的共同点和相异点，过错原则作为民事侵权责任的理论基石，[2] 嵌入未来国家赔偿归责原则体系中并不存在太多障碍。但反观监察赔偿，理论研究依然薄弱，监察赔偿与民事侵权的基本原理并未厘清，相关配套制度尚未完备，如监察赔偿的责任构成以及举证责任制度尚处于空白阶段，如果以侵权法的融通性为导向直接适用过错原则，最终的效果会适得其反。因此，坚持循序渐进原则，在原有的归责原则下适当调试，从原有归责的易接受性和稳定性角度来看，以违法原则为主的归责原则较为可行。

综合以上考虑，笔者从监督规范国家机关以及工作人员依法行使职权，保障公民、法人以及其他组织合法权益的国家赔偿立法目的出发，认为监察赔偿的归责原则应该以违法原则为主，辅之以必要的无过错原则。其中，违法归责原则是指监察机关及其工作人员在违法行使相关监察职权，侵犯公民、法人和其他组织合法权益时，受害人有权获得赔偿。违法行使相关监察职权的违法含义理解应当采用相对广义论，即违法原则的“法”应该限于制定法，包括立法者通过制定法予以确定的法律原则和制度。[3] “违法”含义采用相对广义论可以避免最广义论中法的精神和内部法体系解释的困境，也能减少狭义论的范围不足。因为，从我国监察改革实施情况来看，监察法规范与党内法规等内部法体系关系亟待厘清，监察机关所依循的党内法规对公民、社会组织权益产生重要影响，[4] 裁判者能否对党内法规等内部法体

---

〔1〕 参见秦前红：《我国监察机关的宪法定位以国家机关相互间的关系为中心》，载《中外法学》2018年第3期，第555～569页。

〔2〕 参见胡锦光、余凌云、吴鹏主编：《国家赔偿法》（第三版），中国人民大学出版社2017年版，第31页。

〔3〕 参见沈岿：《国家赔偿法原理与案例》（第2版），北京大学出版社2017年版，第90页。

〔4〕 参见秦前红主编：《监察法学教程》，法律出版社2019年版，第6页。

系进行解释尚未明确，即使能够将党内法规等内部法体系纳入审查监察机关和工作人员是否履行合理注意义务的范围中，裁判者面对浩如烟海的党内法规等体系也难以做出细致判断。无过错原则是指在法律明确规定之下，只要监察机关及其工作人员在行使职权过程中造成实际损害，无论监察机关是否存在过错，都应当承担赔偿责任。但无过错原则容易扩大国家程度赔偿责任范围，在国外制度实践中只适用于公共设施致害、冤狱赔偿等少部分法律规定情形。鉴于我国监察机关权力具有准司法性质，与我国司法赔偿部分内容相似，在行使调查权和处置权时，[1]极易造成公民及其他组织无法挽回的损害，适用无过错归责原则可以对不幸损害进行合理分配，从而实现权利救济的目的。

（二）赔偿范围

国家赔偿范围，是指国家依照法律规定承担国家赔偿责任的范围，国家赔偿的范围由归责原则决定，在一定程度上反映着国家法治建设的水平。从目前国家赔偿制度来看，国家赔偿范围主要从损害事件的行为和结果两方面展开。基于这种考虑，对监察赔偿的范围从监察机关及监察人员的侵害行为和权利受损的结果展开，采用列举式和概括式相结合的方式进行界定。

1.肯定式列举

在肯定式列举监察赔偿范围方面，鉴于监察对象具有的双重身份性质可能产生的权利损害后果不同于国家赔偿，我们认为，监察损害范围应当包含：人身自由权，生命健康权，财产权，其他权利。其中人身自由权损害的监察赔偿范围应当包括：(1)违反监察法律规定采取留置措施；(2)采取留置措施后，决定撤销案件、不起诉或者判决宣告无罪的；(3)违法采取的限制出境措施。生命健康权损害监察赔偿范围应当包括：(1)以刑讯逼供方式或者殴打、虐待等行为或者唆使、放纵他人以殴打、虐待等行为造成公民身体伤害或者死亡的；(2)造成监察对象身体伤害或者死亡的其他违法监察行为。财产权损害监察权赔偿范围应当包括：(1)违法采取查封、扣押、冻结财物的行

[1] 参见《监察法》第22条、第43条、第45条的规定。

为造成损害的;(2)监察机关违法实施没收、追缴行为或者作出责令退赔决定造成损害的;(3)监察机关违法实施限制出境措施造成当事人财产权的直接损失的;(4)造成财产损害的其他违法监察行为。其他合法权利损害监察赔偿范围应当包括:(1)违法作出警告、记过、记大过、降级、撤职、开除等政务处分决定造成监察对象名誉权严重受损和直接财产损失的;[1](2)监察机关违法作出撤职和开除等严重政务处分造成监察对象劳动权受损的;(3)监察机关根据《监察法》第45条第1款、第3款、第5款的规定违法行使职权造成监察对象名誉权严重受损的。

2. 否定式列举

在否定式列举监察赔偿方面,鉴于我国目前的国情和立法现状不可能将所有的损害行为都包括在内,我们认为,监察损害赔偿应排除以下几点:(1)监察机关工作人员与行使监察职权无关的个人行为;(2)因监察对象自己的行为致使损害发生的;(3)因监察行为造成影响监察对象"升迁"或无法"官复原职"等不可逆转的政治权利损失的。[2]

四、监察赔偿的路径选择

监察赔偿程序作为国家赔偿程序类型的其中之一,对其定义可参照行政和司法赔偿程序界定为监察赔偿请求人从提起监察赔偿请求到监察赔偿义务机关履行赔偿义务所需要经过的过程、步骤、方法、顺序、时限。监察赔偿程序是监察对象实现权利救济的最后一道防线,监察赔偿程序具有的程序正义价值有助于保障实体正义的实现,为此,监察赔偿程序的良性构建应该在综合分析行政和司法赔偿程序之上进行。首先,就行政赔偿程序而言,在国家赔偿制度中行政赔偿程序实施的是"双轨制",赋予了受害人多种程序选择的权利。一方面,受害人可以选择先行程序单独向赔偿义务机关提出,然后与行政机关协商解决赔偿问题,如果赔偿问题妥善解决那先行程序到此终止,但如果双方未能达成一致赔偿意见,受害人对赔偿结果不满意的情况下,可以再就赔偿问题向法院提起行政赔偿诉讼。另一方面,受害人也

〔1〕 参见秦前红、石泽华:《新时代监察法学理论体系的科学建构》,载《武汉大学学报(哲学社会科学版)》2019年第5期,第32~39页。

〔2〕 参见王青斌:《论监察赔偿制度的构建》,载《政法论坛》2019年第3期,第164~175页。

可以在行政复议或者行政诉讼中提出确认行政行为违法性请求的同时一并提起赔偿的请求,复议机关或者法院应当先就受害人提出的行政行为违法性问题进行审查或审理,然后再决定是否赔偿。其次,就司法赔偿程序而言,司法赔偿程序实施的是“单轨制”模式,即赔偿请求人应当先向赔偿义务机关提出赔偿申请,赔偿义务机关应当就赔偿的项目、方式和数额与赔偿申请人协商并作出赔偿或不予赔偿的决定,赔偿义务机关怠于作出决定的视为不予赔偿。如果赔偿申请人对赔偿决定有异议的,此时应区分法院为赔偿义务机关还是非法院赔偿而采取不同的救济方式,其中法院为赔偿义务机关的直接向其上一级法院赔偿委员会提出赔偿申请。而非法院赔偿的则需要继续向赔偿义务机关上一级机关申请复议,赔偿请求人仍然对复议决定不服的可以向复议机关同级的法院赔偿委员会提出赔偿申请。通过对上述两种程序简单比较分析之后,我们认为,监察赔偿程序是否适用两种或其中一种程序以及是否需要重新设立新的监察赔偿程序,仍然要做进一步分析。第一,就是否适用行政赔偿程序而言,从监察机关的职权来看,监察委员会整合了原行政监察部门和检察院职务犯罪调查以及纪检部门的一些权力,但总体而言,监察机关拥有准司法性质职权,因此,无论是单独适用行政赔偿程序,还是依据监察委员会中具有的行政权性质分别适用行政赔偿程序都有不妥之处。第二,就是否适用司法赔偿程序而言,司法赔偿程序依照的是“单轨制”的思路,无论是从程序的启动到程序的结束都具有内部单向性质,公开性和公正性明显不足,法院的赔偿委员会“两造”对抗居中裁决相结合的审理模式深受诟病,在程序中立性不足的情况下有不少学者呼吁将刑事赔偿程序改为诉讼模式。[1] 同时,也有学者针对法院审理赔偿案件的种种弊端认为在未来的制度改良中,应将赔偿委员会置于人大之下,使其直接向人大负责。[2]

综合以上论述,无论是从现有国家赔偿制度的利弊角度上分析,还是以学界理想设计作为参考都不是目前监察赔偿程序的最优选择。从国家赔偿的立法精神出发,监察赔偿需要特别程序加以落实。理由如下:首先,我国

〔1〕 参见朱新力主编:《新编国家赔偿法要义与案例精解》,法律出版社2011年版,第222页。

〔2〕 参见上官丕亮主编:《国家赔偿法研究述评》,法律出版社2017年版,第283页。

监察机关是人大特别设立的国家机关，从国家的政权组织形式上看，虽然监察机关突破了原有的国家权力配置体系，形成了人大领导之下行政机关、审判机关、检察机关和监察机关并行的权力配置格局，但监察机关依然要遵循由人大产生、对人大负责、受人大监督的宪法原则。一方面，从人员配置上看，监察委员会的成员由人大选举或任命，监察委员会的成员向人大汇报工作，接受人大咨询是其职责所在，接受人大的监督也是应有之义。另一方面，具有监督所有行使公权力的公职人员的职能，其权力之大前所未有。在现有的国家机关监督体系中，除了监察机关自我的内部监督外，在外部监督方面人大能够起到最大的监督效果，所以人大和人大常委会对监察机关的监督是监督机制中最主要、最核心的环节。[1] 其次，从监察对象来看，监察委员会监督行使公权力的人员当中有很大一部分与人大有直接关系，这一部分人员当中包括由人大选举或任免的国家机关工作人员以及人大自身工作人员和人大代表，当这些特殊人员的权利受到侵害时，应当由人大提供相应途径进行救济。例如，法律明确规定我国人大代表的人身自由受到特别保护，当司法机关对人大代表采取限制人身自由措施时需经人大主席团或人大常委会许可或向其报告。因此，当监察机关对这些人员采取监察措施时以及对这些人员权利进行救济时需要追求“平衡”的结构和技艺，[2] 避免监察机关形成对人大的间接监督和制约，从而违反我国宪制结构和宪法原则。再次，我国国家运行的模式是民主集中制下的协商民主路线，而非西方三权分立下的制衡与对抗制度体系。在人大之下的国家机关之间应当遵循相互配合、相互协作的原则，共同协商化解纠纷，齐心协力完成国家治理任务。另外，在我国传统的社会结构和思想观念影响之下，多元化纠纷解决机制符合社会预期，更能达到实质正义的效果。法治秩序的建立不能单靠制定若干法律条文和设立若干法庭，重要的还得看人民怎么样去应用这些设备。[3] 司法中的“东方经验”已经证明合作对话的纠纷化解模式符合中国的特殊国情，有助于实现社会和谐稳定。最后，我国的国家权力配置方案经历

---

〔1〕 参见张杰：《〈监察法〉适用中的重要问题》，载《法学》2018年第6期，第116～124页。

〔2〕 参见刘小妹：《人大制度下的国家监督体制与监察机制》，载《政法论坛》2018年第3期，第14～27页。

〔3〕 参见费孝通：《乡土中国》，北京大学出版社2017年版，第96页。

了从“议行合一”到“合理分工”的历史演变，形成了目前议行分离的科学权力配置模式。在我国合理分工原则的指导下，人大作为国家权力的枢纽将国家的行政、司法、检察和监察等权力分配给不同的国家机关去运行，因此，监督由其分工出去的权力是人大的一项重要职权，也是其国家权力机关地位的主要体现。[1] 但是，人大在监督由其分工出去的权力时需要掌握合适尺度，不能越界更不能代行某些国家机关权力。所以，在监察赔偿程序设计上如果简单套用将赔偿委员会置于人大之下的方案，势必会对我国权力配置的分工原则造成冲击，同时也会让人大在处理重要立法和法律监督审查事务之外承担过多的负担，不利于人大本职工作的有效开展。

因此，经过上述分析，在我国监察对象的特殊身份和监察机关的特殊地位以及人大和我国监察机关的特殊监督关系的情况下，如何让我国监察赔偿能够最大限度地保障被监察对象的合法权利和发挥监督约束监察机关的作用，实现国家赔偿的立法目的。我们认为，需要单独构建特别的监察赔偿程序，这种特别的监察赔偿程序主要由人大专门委员会中的监察和司法委员会负责监察赔偿案件的先行处理程序，之后由法院最后审理具体赔偿案件的非诉程序两部分组成。

1. 监察赔偿先行处理程序

鉴于我国目前监察救济制度尚未完全建立，由人大专门委员会负责监察赔偿先行处理实有必要。因为，有学者提出在我国进入社会主义新时代之后如何解决协调多元利益关系、保护公民合法权利、控制公权力这三大命题，必须积极强化和发挥人大制度的作用。[2] 同样，在新时代下由我国国家赔偿立法精神引出我国监察赔偿也具有这三大命题，同时考虑我国监察机关的特殊权力地位，积极发挥人大制度效用势在必行。但人大作为我国的立法和权力机关，不可能事无巨细地处理所有职责之事，通过人大专门委员会可以分门别类的解决多种不同问题，从而促进人大及其常委会有效运行。从我国《宪法》、《全国人民代表大会组织法》和《地方各级人民代表大会和地方政府组织法》的规定来看，全国人大、省级人大和设区的市、自治州人大都

---

〔1〕 参见费孝通：《乡土中国》，北京大学出版社 2017 年版，第 34 页。

〔2〕 参见胡锦光：《新时代背景下人大制度的发展》，载《国家检察官学院学报》2018 年第 1 期，第 3～14 页。

设立了专门委员会，并由各专门委员会协助完成人大及其常委会的各项任务，这其中就包括协助人大及其常委会开展监督工作，而且只有在它可以主动地、直接地行使监督权的条件下，才符合人民代表大会设置这个常设工作机构的目的。[1] 2018 年 3 月全国人大监察和司法委员会正式成立，作为全国人大的专门委员会其成立的目的是协助全国人大及其常委会对口我国监察和司法机关开展工作，但该专门委员会更重要的任务是对监察体制改革和监察法实施情况进行调研以及依法有序推进有关人大监督监察工作。因此，监察赔偿作为监察工作的一部分，由监察和司法委员会负责监督监察赔偿的落实确有必要。但根据我国宪法和法律的规定，监察和司法委员会只起协助的作用不能对外独立行使监督权，而且更不能完全直接对其他的国家机关作出有关监督问题的决定。对此，我们认为，可以通过监察和司法委员会内设机构中的监察室来牵头负责监察赔偿先行程序，监察室负责赔偿程序的人员由人大专委会成员和监察机关成员共同组成。赔偿申请人应当先向监察室提交赔偿申请，在监察室接受赔偿申请之后，人大专门委员会成员和监察机关成员应当充分听取赔偿请求人意见并就赔偿方式、项目、数额与赔偿请求人协商，最后在人大专门委员会成员和监察机关成员协商和沟通过后由监察委员会作出是否赔偿的决定，如果赔偿请求人对赔偿结果不服可以向上一级监察室申请复议，通过人大专门委员会负责监察赔偿先行处理不仅能够贯彻“审慎稳妥，依法有序，寓支持与监督当中”的工作理念，形成合力将制度优势转化为治理效能，而且也能让人民代表大会制度实现与时俱进，不断进行制度和实践创新。[2]

2. 监察赔偿的审理程序

由于《监察法》明确规定上下级监察机关属于领导关系，这种关系容易出现科层型权力体系的弊端以及复议赔偿中内部监督和救济实效甚微的情况，所以由人大专门委员会牵头负责监察赔偿先行程序，这样既可以贯彻穷尽监察救济的原则减少法院诉累，又能最大限度地起到监督作用保证赔偿救济的实效性。但鉴于人大专门委员会作为我国立法机关的一部分，应当

---

〔1〕 周伟:《人大专门委员会监督权探讨》，载《当代法学》2000 年第 2 期，第 30 ~ 32 页。

〔2〕 秦前红:《地方人大专门委员会的功能设计及其监督实践》，载《国家检察官学院学报》2018 年第 1 期，第 15 ~ 24 页。

遵循合理分工原则，在宪法和法律的规定范围内开展监督工作。在支持司法工作，保障司法机关依法独立审判的同时，不能替代法院行使审判职权，因此监察赔偿案件最后审理应当由法院负责。

在利益多元化的新时代，任何诉求都不容易彻底解决，需要审慎选择化解多元化利益诉求的路径。为此，在坚持渐进式改革思路之下，监察赔偿沿用司法赔偿模式采用赔偿委员会的审理程序，但同时应当在赔偿委员会审理中增加质证、听证等环节。这种兼具多元纠纷解决的机制中能够为赔偿申请人和赔偿义务机关提供一个公平、公正的平台，双方参与人在质证、听证等环节中平等对话，经过质证和听证各方都充分表达意见，法院中立对赔偿案件作出最终决定，这样监察赔偿案件结果也更容易被赔偿申请人和赔偿义务机关所接受，进而妥善解决纠纷，促进社会稳定。

五、结语

对权力的节制，不仅需要监督也需要权利的救济。“在施行民主政治的地方。设法保护个人和少数党派、少数群体等，使之不受暴虐仍然是必要的”。[1] 行使公权力的公职人员是为公共服务的少数群体，在被采取监察措施之后处于国家和社会公众的对立面，其权利保障承受了多重压力。当监察权力的行使出现错误，但错误的行为没有得到纠正和制约，被侵害人员的损害无法得到全面的救济，那公权力的行使就可能偏离预设的轨道。因此，监察赔偿制度作为权利救济的路径，应该担负起权利保障重任以及应有的权力监督功能，只有这样，监察赔偿制度法治化的愿景才能得以实现。

〔1〕［英］伯特兰·罗素：《权力论》，吴友三译，商务印书馆2012年版，第229页。

刍议立法技术中兜底条款的运用

——以《国家赔偿法》为视角

姚天冲*

摘要　法律作为道德的最后一道防线，立法者在制定法律时，通常受到其主观认识能力的限制，很难完全预料到不断变化发展的社会关系中会出现的新情况及新问题，因此，常常需要兜底条款这一立法技术手段来保证法律的前瞻性，弥补其滞后性等特点。通过概括兜底条款的内涵及其所具有的特点，剖析具体案例中兜底条款在法律条文中的重要作用，对比分析《国家赔偿法》中第17条、第19条的规定，发现由于第19条未规定兜底条款，使得当事人的合法权益在受到侵犯后提出国家赔偿时，无法得到有效保护。兜底条款设置在立法中发挥着巨大的作用。兜底条款设置的合理与否将直接影响法律适用的范围大小，进而影响当事人合法权益的保护。

关键词　国家赔偿　兜底条款　自由裁量权　司法实践

* 姚天冲，东北大学文法学院法学系，硕士生导师，副教授，辽宁省政府法律顾问。

法律需要一定的稳定性，同时又要适应不断变化发展的社会现实，合理运用兜底条款，将法律条文中不能全部涵盖的情况，以兜底条款的形式进行规定，将会有效调和这一矛盾冲突，推进社会法治化进程的发展。

一、兜底条款的概述

中国的经济正在迅猛发展，法治社会的建设也在日益完善。但是，立法本身具有一定的滞后性，不能完全与我国经济发展相适应，导致上层建筑不能有效地促进经济基础的发展。然而，立法应具有一定的前瞻性，此时便凸显出兜底条款的重要作用。

（一）兜底条款的含义

“兜底条款”（Miscellaneous Provisions）作为一项立法技术，是法律规定的条文中比较常见的表述，主要是为弥补法律的不周延性，及适应社会情况不断变化的特点。因立法者制定出法律后，法律的指导作用要求其具有一定的稳定性，法律的稳定性又通常会导致法律具有一定的滞后性。同时立法者也因其主观认识能力及自身素质等方面的限制，不能全面准确地预知法律所要规范的所有可能与情形，因此，通过规定这些兜底性条款，从而尽量减少立法者主观认识能力不足所带来的局限。

（二）兜底条款的特点

法律需要有一定的稳定性，方可更好地指导公民的行为，同时立法者需要遵循法律的基本原则，适应社会的需要，不断调整法律规定，利用兜底条款，尽量减少法律修改的频率，降低立法成本。

1. 弥补性

兜底性条款的存在可以适当弥补用列举的方式规定条款时的不全面性，同时，也赋予法官可以根据形势变化行使自由裁量权，从而有利于法律体系的周延性。

2. 可操作性

兜底条款具有较大弹性，因此，在司法实务中可操作性强，能够有效弥补法律条文挂一漏万的问题，正因如此，兜底条款在各类立法中被大量使用。因此,虽然兜底条款的文字表达比较概括和抽象,容易与罪刑法定原则发生冲突,[1]但仍然被广泛运用,并且在一定时期内还将继续保留。

3. 抽象性

兜底性条款的设置具有抽象性的特点,有可能会给执法、守法、司法带来困难,有时也不利于依法行政,为了弥补其不足,同时立法者又会通过立法解释、司法解释等方式予以限制,来避免社会变迁导致无法可依局面的产生。

(三)兜底条款在司法实践中的重要作用

兜底条款的不当运用将会导致法官自由裁量权过度膨胀,不利于我国司法公正的实现。加强立法技术中兜底条款的运用,增强兜底条款设置的合理性,对我国法治社会的建设具有重大的推动作用。

1. 有利于法律规范性与科学性的统一

立法应坚持科学原则,对于提高立法质量、保证法的有效实施具有重要意义。[2] 立法者若是仅从其主观的良好愿望出发进行立法必将脱离现实,从而无法真正促进社会的进步与繁荣,因此,立法者在立法时应从社会客观实际出发。现代社会迫切需要法律来规范调整新旧社会中出现的问题。为满足立法的科学性要求,要在调整复杂社会关系的同时,也要提高立法调整的效率,[3]若想实现这个目标必须要借助兜底条款这一立法技术,一个国家立法的科学化程度在很大层面上取决于立法技术水平的高低。因此,相对完善的兜底条款的设置技术,能够有效促进立法技术的提高,有利于实现立法的规范性与科学性的统一。

2. 有利于法律稳定性与变动性的统一

面对变化无常的法律制度,人们通常会感到无所适从。[4] 人们根据法律来指导自己的行为,如果法律发生变化,就会导致人们的行为、计划受影响。

---

〔1〕 参见宁宇:《论刑法中的兜底条款》,载江西财经大学2009年硕士学位论文。

〔2〕 参见戚玉杰:《法律文本中兜底条款的设置研究》,山东大学2014年硕士学位论文。

〔3〕 参见戚玉杰:《法律文本中兜底条款的设置研究》,山东大学2014年硕士学位论文。

〔4〕 参见[美]博登海默:《法理学——法律哲学与法律方法》,邓正来译,中国政法大学出版2008年版。

一个行之有效的法律制度，是不可能仅靠稳定性来保证的，同时需要满足社会发展和变革的要求。[1] 法律必须要将过去和现在联结起来，当然，也不能够不顾未来的要求。而在法律文本当中设置具有一定开放性的兜底条款，是可以能够迎合这一要求的，兜底条款使得法条的设置更加灵活，这样可以对社会发展中不断出现的新情况有更好的适用性，可以通过解释来吸纳新内容，适应新情况，同时，也可以避免频繁立法或修改法律，保证法律的稳定性。

3. 有利于法律概括性与具体性的统一

"无论法律被制定的多么完备，也不可能把全部社会生活的丰富性、混乱性和无限可变性一览无余地囊括其中。尽管如此，细致与具体仍然是用来衡量法律完备程度的一个重要技术尺度，也是立法者应当追求的一个技术指标。法律只有被制定得足够细致、足够具体时，才可能具有足够的可操作性和预测性，人们在尝试和从事各种行为的时候才会真正感到有法可依。"[2]

立法者不可以在详细与具体的技术维度上走向极端，立法者在感知和处理具体法律事件方面的经验远不及司法者和执法者，因而处理众多复杂、疑难的法律事件时还需司法者和执法者在法律规定的框架内谨慎权衡，给予司法者和执法者适度的自由裁量权，有助于增强法律适用的灵活性。另外，法律文本不宜过细，否则会使得法律的条文和篇幅过度膨胀，增加立法成本。而兜底条款一般会先进行具体情况的列举，然后再运用"等""其他"等词汇进行概括，这样的立法方式可以保证具体明确，但又不失全面。

因此，兜底条款在立法中扮演着重要角色，从其在各位阶法律法规当中所占比例及条数便足以观之，如表 1 所示。

---

〔1〕 参见[美]布赖恩·比克斯：《法律、语言与法律的确定性》，邱昭继译，法律出版社 2014 年版。

〔2〕 [德]伯恩·魏德士：《法理学》，丁晓春、吴越译，法律出版社 2013 年版。

表1　各位阶法律法规条款中兜底条款所占比例及条数

法律位阶	法律文本名称	兜底条款条文	兜底条款条文数（条）	法律文本条文总数（条）	兜底条款所占比例（%）
根本法	《宪法》	第8条、第9条、第10条、第11条、第16条、第18条、第19条、第22条、第24条、第28条、第37条、第45条、第47条、第48条、第62条、第67条、第70条、第89条、第122条、第124条、第130条、第134条	22	138	15.94
律　法	《刑法》	第20条、第21条、第56条、第68条、第81条、第92条、第95条、第105条、第120条、第114条、第115条、第117条、第121条、第122条、第146条、第151条、第162条、第237条等	110	452	24.34
行政法规	《政府信息公开条例》	第3条、第4条、第9条、第11条、第12条、第13条、第14条、第15条、第16条、第19条、第25条、第26条、第27条、第32条、第35条、第37条	16	38	42.11
部门规章	《会计从业资格管理办法》	第3条、第8条、第20条、第24条、第26条、第35条	6	37	16.22
地方性法规	《山东省审计监督条例》	第5条、第9条、第10条、第11条、第12条、第13条、第14条、第15条、第16条、第18条、第22条、第23条、第28条、第29条、第34条、第41条、第43条、第44条、第48条	19	49	38.78

资料来源：戚玉杰：《法律文本中兜底条款的设置研究》，山东大学2014年硕士学位论文。

二、管窥《国家赔偿法》中的有关兜底条款

2013年起施行的《国家赔偿法》，根据我国司法实践中的经验，对国家赔偿的范围进行了完善，有所扩充，但仍存在问题。

(一)《国家赔偿法》第 17 条没有规定兜底条款

《国家赔偿法》第 17 条明确并且只规定了受害人可以获得赔偿的 5 大类情况,而且并没有规定兜底条款,大大缩小了当事人可以获得国家赔偿的范围。

(二)《国家赔偿法》第 3 条、第 5 条及第 19 条规定了兜底条款

《国家赔偿法》第 3 条规定了行政赔偿的范围,并在最后有“其他违法行为”这一兜底条款,使得行政赔偿的可赔范围扩大,甚至广于国家赔偿的范围,本文认为,诸如第 3 条所规定的有兜底条款的内容更有利于保护当事人的合法权益,有利于法治政府的建设。[1]

《国家赔偿法》第 5 条规定的是,有关国家机关在哪些情况下不承担赔偿责任,在该条最后设置有兜底条款,令人疑惑的是,国家赔偿法本是用于保护当事人合法权益,但该法律部分规定的内容却扩大了国家不予赔偿的范围,缩小了国家应予赔偿的内容。

《国家赔偿法》第 19 条同样在国家不予赔偿范围的部分规定了兜底条款,最终使得《国家赔偿法》中不予赔偿的范围远大于予以赔偿的范围。

三、以典型案例为切入点剖析《国家赔偿法》中的兜底条款

《国家赔偿法》第 17 条规定的国家刑事赔偿范围的内容具有其合理的部分,同时也是我国立法技术在不断提升的表现。以下案例一体现出兜底条款合理运用的重要作用,案例二则从反面表现出兜底条款缺失所带来的不公正。

(一)案例一

某甲因抢劫被刑事拘留,15 日后,公安机关因某甲尚未满 14 周岁,遂依照《刑法》第 17 条的规定释放某甲。某甲的父亲按照《国家赔偿法》提出赔偿请求。但依据《国家赔偿法》第 17 条第 2 项的规定“对公民采取逮捕措施

---

〔1〕 参见施兰花:《法律解释下兜底条款的适用完善》,载《湖北警官学院学报》2012 年第 5 期。

后,决定撤销案件、不起诉或者判决宣告无罪终止追究刑事责任的"受害人有权取得赔偿。

(二)案例二

张某军申请河南省平顶山市中级人民法院重审无罪国家赔偿案。[1] 2013 年施行的《国家赔偿法》,对赔偿请求人的权利保护进行加强。同时,为实现国家赔偿权利救济的理念,最高人民法院《关于适用〈中华人民共和国国家赔偿法〉若干问题的解释(一)》[以下简称《赔偿法解释(一)》]对使用修正前还是修正后的法律,进行了时间界定。根据修正的《国家赔偿法》及《赔偿法解释(一)》的规定,河南省高级人民法院赔偿委员会审理认为,本案适用修正后的《国家赔偿法》,并更正原判,对于赔偿请求人精神损害抚慰金的请求予以支持。

根据以上两个案例可以看出,我国目前国家赔偿法有关当事人可以获赔的情况的规定相对比较完善,但《国家赔偿法》第 17 条没能有兜底条款,势必会缩小国家赔偿的范围,不利于保护当事人的合法权益。因此,笔者将在下一部分就兜底条款应如何修改,结合相关学者观点及文献,整合出相应观点和建议。

四、兜底条款立法技术的完善建议

合理设置兜底条款可以有效地规制行政机关的权力,在合理扩大赔偿范围的同时,有效保障行政相对人合法权益,进而有利于服务型政府的建设。

(一)规范兜底条款的立法语言

众所周知,法律文本中的任何条款,都要运用一定的语言文字来表述,兜底条款也是这样。随着新时代立法水平的逐步提高,以及立法环境的不断优化,立法语言逐渐成为一种特定的语言文字,在制定、修改和补充规范性文件的过程中,起着重要作用,运用立法语言的技术也变得越来越重要。

---

[1] 河南省高级人民法院赔偿委员会(2011)豫法委赔字第 6 号国家赔偿决定书。

(二)增强兜底条款与法律解释的贴合度

法律解释与兜底条款的关系尤为密切,法律解释可以说是兜底条款适用的一种辅助工具。从法理学的角度来看,法律解释是一个中间环节,它处于立法和施法之间的位置。法律解释为兜底条款的合理运用带来了巨大的促进作用。[1]

在立法方面,设置兜底条款时,为使其能够合理适用,会随之出台一系列法律解释,使其更加详细严谨。完善法律的过程必然是要伴随着废除、确立、修改等一系列过程。在一个宏观与微观相互交替的过程中,会出现不确定性、不周延性、滞后性等多种弊端,这时,需要法律解释、兜底条款来发挥其作用。

针对《国家赔偿法》第17条未规定兜底条款而导致众多对相对人合法权益保护缺失的状况,可以增加更多的与兜底条款相贴合的相关法律解释对其进行规制,从而更好地弥补兜底条款在法律完善与适用过程中存在的缺陷。[2]

(三)明确兜底条款设置的统一标准

就我国目前的立法水平来看,在是否设置兜底条款的问题上,立法者缺乏慎重考虑,具有相当程度的随意性和自主性。若是能够在设定兜底条款时,有一个统一的标准,便能更好地规避这样的随意性问题,有利于兜底条款设定的规范性。

《国家赔偿法》中,对于行政赔偿受害人有权取得赔偿范围的规定,若是能够采用同刑事赔偿一致的表述方式,且规定清晰明确,将大大提高《国家赔偿法》有关兜底条款的立法水平。[3]

(四)提升兜底条款设置的全面性和合理性

随着社会经济文化的不断发展,法律文本中所采用的列举式立法模式

---

〔1〕 陈新林:《兜底条款发展研究》,载《特区经济》2015年。

〔2〕 李雅文、李长喜:《兜底条款立法若干问题研究》,载《北京邮电大学学报》2013年。

〔3〕 2013年1月1日起施行的《全国人民代表大会常务委员会关于修改〈中华人民共和国国家赔偿法〉的决定》第二次修正案。

的条款日益显现出其不全面性,此时兜底条款的缺位问题也逐步显现。列举式的立法模式,在一定程度上来说,会限制适用该条法律的范围,会忽视社会发展可能带来的新问题。这种方式会给司法实践带来障碍,当实践中出现不属于该条款规定内容的新情况,现行法下的合理制度就会应对困难。这种兜底条款的“缺位”,会降低法律的适应性,所以说,提升兜底条款设置的全面性和合理性,至关重要。

(五)细化兜底条款的内容

法律的明确性是司法实践中有法可依的基础,而有法必依也是建设人民信任的政府的关键。而兜底条款弹性大的特点,将会给法官更大的自由裁量权,此时司法公正的程度将会受到法官个人素质的限制,因此,有必要细化兜底条款,增加其适用的确定性。

地方立法中出现的重复上位法规定问题,使得兜底条款的明确变得困难。很多上位法中的兜底条款,在下位法中,也同样以兜底条款的形式来规定,这个过程中,很多条款只对表达形式做出改变,却没有进行实质性的细化。

(六)合理确定是否设置兜底条款

由于兜底条款的特殊性,在对其设置时,应当持谨慎的态度,不可以为了防止挂一漏万,而过多使用此条款,如果可以采用列举式立法的模式,明确所有情形,那么尽量不要设置兜底条款。如果出现确实无法全部列举,又或者考虑将来可能出现其他情况,这时再考虑设置兜底条款。[1]

(七)必要时增设兜底条款

当立法中出现考虑不周或者因条件所限、预测能力不足等情况发生时,立法者一般会采用列举式的立法模式。但是,在实践中,发现随着问题不断出现,原先列举的情况,已经包括出现的新情况。这时,立法者就可以通过修订法律,对于原来的列举式条文,以增加兜底条款的形式,加以修改补充,

---

〔1〕 参见戚玉杰:《法律文本中兜底条款的设置研究》,山东大学2014年硕士学位论文。

为以后其他新情况的出现提供法律依据。[1]

五、结论

兜底条款将法律条文中无法全部包括的内容均以概括的方式涵盖其中,使兜底条款设置的立法技术得以提高,实现兜底条款设置的合理性、科学性。本文通过剖析《国家赔偿法》中的兜底条款运用合理与否的情况,给出如下完善建议:针对兜底条款模糊性概括性的特点,亟须进一步规范兜底条款的立法语言,加强兜底条款条文内容的严密性。增强兜底条款与法律解释的贴合度,规范兜底条款设置的统一标准,防止兜底条款的随意设置导致司法公正缺失。同时提高司法人员的个人素养,减少法官自由裁量权滥用。提高兜底条款设置的立法技术,将有效完善我国法律设置的科学性,更有利于保护公民的合法权益,推进我国法治社会的建设。

〔1〕 参见戚玉杰:《法律文本中兜底条款的设置研究》,山东大学2014年硕士学位论文。

医疗资源城乡整合视域下农村三级医疗卫生服务网络的建设*

梅达成　刘文胜　周　瑶**

摘要　计划经济年代创建和发展起来的我国农村三级医疗卫生服务网络在当时创造了医疗卫生工作的奇迹，后来由于诸多原因在多数地方名存实亡。新医改实施后，由于政府对乡镇卫生院的基本建设、设备购置、人员、公共卫生服务经费负责，对乡村医生承担的公共卫生服务任务给予一定补助，倡导乡村卫生服务一体化管理，农村三级医疗卫生服务网络得到了一定恢复。但由于乡村卫生经费紧张、医疗设备落后、人才匮乏，在农村三级医疗卫生服务网络中起枢纽作用的乡镇卫生院的功能仍然需要强化，起网底作用的村卫生室的力量更需加强。农村三级医疗卫生服务机构担负几亿农村居民的公共卫生和基本医疗服务，在新形势下，只有政府主导医疗资源配置才能向其倾斜，农村三级医疗卫生服务网络才能得

* 基金项目：本文系四川医事卫生法治研究中心立项项目“整合农村卫生资源，重构三级卫生服务网络”（项目编号：YF09－Y06）的阶段性成果。

** 梅达成，硕士，西南医科大学法学院教授，研究方向：行政法学与卫生法学；刘文胜，硕士，西南医科大学人事处副研究员，研究方向：卫生法学；周瑶，硕士，西南医科大学法学院讲师，研究方向：民事诉讼法学与卫生法学。

到重建。

关键词 农村基层医疗卫生机构 医疗资源 政府主导 城乡融合发展

在一穷二白基础上构建起来的以“赤脚医生”为标志的农村三级医疗卫生服务网络，为当时占中国人口绝大多数的农村居民提供了较好的公共卫生服务和基本医疗服务，时至今日仍被不少学者津津乐道。改革开放以后，集体经济的解体和医疗卫生政策的改变使农村基层医疗卫生机构失去了原有的支撑，农村三级医疗卫生服务网络大多名存实亡。新医改后，我国农村居民享受医疗卫生服务的状况得到了一定改善，但农村医疗卫生服务网络远没有完全建成。在建设我国农村三级医疗卫生服务网络方面，是回到过去还是回应时代要求进行创新，是主要让市场配置医疗资源还是政府主导，目前还有较大争议。计划经济年代创建和发展起来的我国农村三级医疗卫生服务网络在当时对减轻农村居民负担和保障农村居民健康起到了重要作用。然而，改革开放40年后的中国已经发生翻天覆地的变化，农村三级医疗卫生服务网络的建设，在新形势下面临的机遇与挑战并存。

一、农村三级医疗卫生服务网络的历史演变

受多种因素影响，我国农村三级医疗卫生服务网络大体经历了创建、发展、衰落、重建等多个阶段。

（一）农村三级医疗卫生服务网络的初创和发展（1950～1978年）

近代以来，由于列强入侵和军阀混战，经济萧条、社会危机重重，传染病、地方病流行，婴儿死亡率很高，医疗服务能力低下，卫生设施严重缺乏，当时的政府并未采取有效措施进行应对，使得这种情况越来越恶化。新中国成立前，中国人均寿命只有35岁，是当时世界上人均寿命最低的国家之一。[1] 中华人民共和国的成立，不仅标志着社会性质发生了根本变化，也真正实现了人与人的平等。然而，当饱受战乱之苦的中华民族获得新生时，中

〔1〕 参见顾杏元：《我国人民的平均寿命》，载中国卫生年检编辑委员会编：《中国卫生年鉴》，人民卫生出版社1984年版，第43页。

国的发展面临着两难选择:其一,重点发展农业和轻工业可以较快恢复生产,使大众较快过上较好生活,但面对严峻的国际国内形势,中国难以摆脱再次受人宰割的命运。其二,重点发展重工业和国防工业,建立完善的现代工业体系,可以使国家走上独立的发展道路,但较长时间内人民特别是农村居民不得不勒紧裤腰带过贫穷日子。最终,国家选择了后一种发展道路,其标志是1958年1月9日第一届全国人大常委会第九十一次会议通过的《中华人民共和国户口登记条例》,从此,中国城乡二元经济体制逐渐形成。与此相应,国家干部和城镇企业职工享有国家提供的公费医疗和劳保医疗福利,面对庞大的农村人口,国家无力为农民提供社会保障,在这种情况下,缺乏国家医疗保障的农民自发采取互助的农村合作医疗的方式解决农村缺医少药的公共问题。在此过程中,党和政府结合农村的实际情况,为解决农村公共卫生和基本医疗服务问题起到了非常重要的作用。

我国县、乡、村三级农村医疗卫生服务网络创建于20世纪50年代,60年代得到较大发展,在当时物质生活条件极度匮乏的情况下,农村医疗卫生工作取得了举世瞩目的成就。中央人民政府卫生部和军委卫生部于1950年8月联合召开的第一届全国卫生工作会议,提出了“面向工农兵、预防为主、团结中西医、卫生运动与群众运动相结合”的四大卫生方针,为新中国卫生事业的发展指明了方向。同时提出了县设卫生院、区设卫生所、行政村设卫生委员、自然村设卫生员的组织形式,指导了农村三级医疗保健网的建设。1965年1月,毛泽东主席做出组织城市高级医务人员下农村和为农村培养医生的指示,不久中共中央批转了卫生部党组《关于城市组织巡回医疗队下农村配合社会主义教育运动进行防病治病工作的报告》,各地对此非常重视,迅速组织了医疗队去农村、林区、牧区开展巡回医疗。1965年6月26日,毛泽东主席得知城乡医疗资源严重失衡后,指示卫生部“把医疗卫生工作的重点放到农村去”,不久中共中央又批转了卫生部党组《关于把卫生工作重点放到农村的报告》,此后大批城市医疗卫生人员被派往农村医疗卫生机构,大量的医疗器械被拨往农村医疗卫生机构,政府卫生经费也开始向农村倾斜。20世纪60年代末70年代初,以县级医药卫生机构为龙头,公社卫生院为枢纽和大队卫生所为基础的农村三级医疗预防保健网已完全确立起来。“文革”期间,国家各项事业虽然都遭到了极大破坏,但农村医疗卫生事业仍得到较大发展。当时政府卫生经费65%以上用于农村,城市和解放军医务人员先后有110万余人次下农村巡回医疗,有几十万城市医务人员下农村安家落户,高等医药院校毕业生70%以上分配到农村。[1] 农村三级医疗预防保健网的建立,不仅为农民提供了低成本的基本医疗服务,而且有效解决了传染病、地方病的预防和妇幼的初级保健问题,对降低我国婴儿死亡率、提高人均寿命、改善农村医疗卫生条件做出了重要贡献。

(二)农村三级医疗卫生服务网络的衰落(1978~2009年)

自20世纪80年代,家庭联产承包责任制的确立以及医疗卫生行业放权让利的市场化改革,使农村医疗卫生服务网络失去了原有的制度依托。财政体制改革将社会事业预算支出的责任下放到地方政府,县级财政负责县级医疗卫生机构的拨款,乡镇政府负责乡镇卫生院的经费支出,大部分村卫生室失去了组织的经费支持。计划经济时期农村医疗卫生的健康发展主要依托农村集体经济的合作医疗制度和国家财政补贴,一旦农村集体经济解体,医疗行业的市场化竞争机制形成,原有的农村医疗卫生服务网络即被打破,农村医疗保健服务将碎片化。县人民医院、中医医院、防疫站(后改制为县疾控中心)、妇幼保健站由于得到较多财政补贴和占据县城人口聚集优势,机构基本健全,但职能发生了较大变化,县人民医院和中医医院原有对乡镇卫生院的业务指导职能被削弱,县防疫站和妇幼保健站也把较多精力放在了医疗服务上。而原以公共卫生和基本医疗服务为主的乡镇卫生院和村卫生室面对生存压力,也转向了有利可图的医疗服务,部分乡镇卫生院和大部分村卫生室被撤并、承包,乡镇卫生院有名无实。村卫生室演变成个体医疗点,原来起枢纽和网底作用的乡村两级医疗卫生机构大多成为相互割裂的个体医疗诊所,原有的县、乡、村三级农村医疗卫生服务网络成为一个个孤立的医疗点,已不能较好地担当起为农村居民提供医疗卫生服务的重任。除经济体制改革和财政体制改革的原因外,一些学者认为,在计划经济年代确立起来的农村合作医疗在新的历史背景下不被看好也是其衰落的原

〔1〕 参见卫生部基层卫生与妇幼保健司:《卫生部关于全国赤脚医生工作会议的报告》,载卫生部基层卫生与妇幼保健司编:《农村卫生文件汇编》(1951-2000),(内部发行)第420页。

因之一。[1] 2003年开始实行的新型农村合作医疗希望通过对在农村基层医疗卫生机构就医的患者的倾斜性医疗费报销来实现农村三级医疗卫生服务网络的重建,但由于新型农村合作医疗所选择的大多是农民身患大病进行医疗费报销的办法,公共卫生和基本医疗服务的普及性不够,农民所得实惠不多,加之报销手续烦琐,其结果没有达到预期目的。

(三)农村三级医疗卫生服务网络的恢复(2009年至今)

中共中央、国务院于2009年3月17日发布的《关于深化医药卫生体制改革的意见》指出:"进一步健全以县级医院为龙头、乡镇卫生院和村卫生室为基础的农村医疗卫生服务网络。"新医改实施后,政府在基本医疗卫生工作中的责任得到了强化,政府财政对乡镇卫生院人员经费实行定额补助或差额拨付,对部分乡镇卫生院的基础设施建设和医疗设备的更新给予了较大支持,曾经被撤并、承包的乡镇卫生院经过整合后回到了原来的公立医疗机构的体制内,相当一部分乡镇卫生院的医疗条件得到了较大改善。部分村卫生室由于享受了新医改带来的按人头拨付的基本公共卫生服务经费,情况也有所改善。到乡镇卫生院和村卫生室看病的患者有所增加,县级医疗卫生机构对乡镇卫生院,以及乡镇卫生院对村卫生室的业务指导有所增强。为贯彻落实中共中央《关于全面深化改革若干重大问题的决定》和中共中央、国务院《关于深化医药卫生体制改革的意见》精神,指导各地推进分级诊疗制度建设,2015年9月8日国务院办公厅颁布《关于推进分级诊疗制度建设的指导意见》。该意见对推进医疗卫生机构分工协作机制的形成,优质医疗资源有序有效下沉,以及基层首诊、双向转诊、急慢分治、上下联动的分级诊疗模式的建立起到了较好作用。2016年1月3日国务院发布《关于整合城乡居民基本医疗保险制度的意见》,从此,农村合作医疗正式退出中国医疗领域,取而代之的是统一的城乡居民基本医疗保险,这是中国政府为实

---

[1] 钱信忠先生认为,20世纪80年代,办医方向不明,个体行医被过分强调,集体办医被认为不适应新的时代潮流,同时对合作医疗制度缺乏研究、讨论和宣传,是导致合作医疗制度衰落的主要原因之一。张自宽先生认为,在实行农户联产承包责任制及由此激发的农村大变革的过程中,卫生部门的一些决策者没有始终如一地把握好农村卫生改革的方向,片面地把农村基层医疗卫生组织、乡村医生队伍和合作医疗制度都当作"文化大革命"的产物一概否定,从而使走上健康发展轨道的农村医疗卫生事业又遭受挫折,导致广大农民的医疗预防保健又失去基本保障。

现城乡居民公平享有基本医疗保险权益、增进人民福祉的重大举措。政府通过提高财政对城乡居民医保的补助标准和居民个人的缴费标准,进一步减轻了农村居民的就医负担。通过支持县级医院和乡镇卫生院的标准化建设,向乡镇卫生院和村卫生室下拨基本公共卫生服务专项经费,提高了农村三级医疗卫生机构的医疗预防保健能力。通过乡村卫生服务一体化管理,县级医院对乡镇卫生院的技术指导,促进了县域医疗卫生工作的连续性。

二、在政府主导下促进医疗资源向农村倾斜的必要性

诚然,依靠集体经济补贴和组织关照发展起来的农村三级医疗卫生服务网络在促进当时大部分中国人的健康方面功不可没,但毕竟是低水平,毕竟无法回到原有的经济体制,同时农村居民也应该享有我国40年改革开放积聚的成果。所以,我国农村三级医疗卫生服务网络的重建应该把握时代脉搏,利用互联网资源,通过体制机制的创新,构建起较高水平和较高开放程度的医疗卫生服务体系,从而为农村居民提供更加方便优质的医疗卫生服务。然而,我国医药卫生体制改革面临的情况非常复杂,各种利益交错,新医改确定的目标还没有完全达到,人们对医疗资源配置的手段还有较大争议。

(一)目前农村三级医疗卫生服务网络的建设仍面临较大困难

由于我国幅员辽阔、经济社会发展不平衡,大部分农村居民经济收入还不高,外出就医仍然困难重重。经过改革开放40年的发展,农民的生活水平已得到较大提高,但同时解决农村居民的就医问题也变得更加复杂。一方面,居住在农村的居民理应同居住在城镇的居民一样分享中国改革开放的丰硕成果,享有平等的就医权;另一方面,农村居民居住分散,真正长期居住在农村的居民大多是老人和儿童,医疗卫生机构长期为其提供医疗卫生服务的成本高、收益低。在农村工作条件差,收入低,配偶的工作不方便解决,子女又难以接受到较好教育,所以,农村基层医疗卫生机构难以吸引和留住较高水平的医疗卫生服务人员。政府对城市的卫生投入从2004年的4939.21亿元增长到2014年的26,575.60亿元,对农村的卫生投入从2004年的2651.08亿元增长到2014年的8736.80亿元。2015和2016年,全国医

疗机构拥有万元以上医疗设备总台数医院占比分别为77.15%、77.66%，乡镇卫生院分别占7.46%、7.37%。[1] 由此可见，财政对城乡卫生事业的投入增加较快，但城乡卫生经费的差距却在拉大，乡镇卫生院的医疗设备比较简陋。即使政府为基层医疗卫生机构购买了B超仪、心电图仪、X光机、脑电图仪、脑地形图仪、半自动生化分析仪等检查设备，由于没有会使用的医疗技术人员而被多年闲置的情况也较普遍。2012～2016年，城市的卫生人员数基本上都是农村卫生人员数的2～3倍，且在2016年，乡镇卫生院卫生技术人员的学历构成比例分别是：研究生人员0.1%、大学本科10%、大专41.1%、中专44.5%。[2] 在一些偏远的卫生室，由于乡村医生收入低，年轻人几乎都不愿留在农村当一名村医，在岗的大多是过去的"赤脚医生"，他们的年纪已经比较大了。在这种情况下，起枢纽作用的乡镇卫生院和起网底作用的村卫生室的医疗预防保健功能的发挥必然受限。国家卫生健康委员会官网统计信息中心2018年11月20日发布的统计数据表明：2018年1～9月基层医疗卫生机构诊疗人次与2017年1～9月比较，社区卫生服务中心（站）同比提高6.6%，乡镇卫生院同比提高1.5%，村卫生室同比下降3.2%。医院中二级医院同比增长2.4%，三级医院同比增长7.4%。2018年第3季度基层医疗卫生机构诊疗人次与2017年第3季度比较，社区卫生服务中心（站）同比提高2.4%，乡镇卫生院同比下降1.4%，村卫生室同比下降3.1%。医院中二级医院同比持平，三级医院同比增长7.0%。从这两组数据可以看出，在基层医疗卫生机构中，社区卫生服务机构的诊疗人次有较大增长，乡镇卫生院和村卫生室诊疗人次整体呈下降趋势。三级医院的诊疗人次增长较快，二级医院增长有限，县人民医院和县中医院一般是二级医院。这说明，尽管医疗费用报销向基层医疗卫生机构倾斜，但三级医院的就医人数仍然有增无减，而乡、村两级医疗卫生机构对农村居民的吸引力仍在减弱。

---

〔1〕 参见韦译婷、闵晓阳、朱平华、陈丹丹：《我国城乡医疗卫生资源配置问题的探讨及对策》，载《卫生软科学》2019年第4期，第53～56页。

〔2〕 参见韦译婷、闵晓阳、朱平华、陈丹丹：《我国城乡医疗卫生资源配置问题的探讨及对策》，载《卫生软科学》2019年第4期，第53～56页。

（二）政府主导下的医疗卫生资源整合才是农村三级医疗卫生服务网络建设的根本

我国医疗资源主要集中于城市，而农村配置不足，有限的医疗资源过多地流向三级医疗机构，存在大医院看小病，基层医院资产闲置、生存艰难的问题。[1] 新医改实施已满 10 年，农村的医疗资源已有较大增加，但为何一方面农村居民看病难看病贵问题没有得到根本解决，乡村两级医疗卫生机构又门可罗雀呢？其症结应该是我国医疗资源城乡分布不合理，尤其是优质医疗资源过多集中于大城市的大型医疗机构，而在广大农村地区优质医疗资源相当匮乏。医疗资源的配置涉及多个方面，包括卫生经费、专业技术人员、卫生信息、医疗资源的利用等，医疗卫生专业技术人员的配置则是其核心指标。按照《乡村医生从业管理条例》第 12 条和《执业医师法》第 9 ~ 10 条、第 30 条的规定，除特殊情况外，执业医师资格或者执业助理医师资格只有在具有医学专业相应学历的基础上考试合格才能取得。而且自 1999 年 5 月 1 日起，在乡镇卫生院从事医疗、预防、保健工作必须具有执业医师资格和执业助理医师资格。自 2004 年 1 月 1 日起，进入村医疗卫生机构从事预防、保健和医疗服务的人员，也必须具备执业医师资格或者执业助理医师资格。然而，在我国乡、村两级医疗卫生机构正在从事医疗、预防、保健工作的医务人员仍有相当一部分没有通过执业医师或者执业助理医师资格考试，按照现有法律规定属于非法行医，一旦发生医疗人身损害，后果将极其严重。让乡村医生从业本是过渡政策，但这一过渡政策实施十余年后，一些村卫生室执业的大多还是原来由"赤脚医生"转化而来的乡村医生。《执业医师法》实施后二十余年过去了，不少乡镇卫生院具有执业医师或者执业助理医师从业资格的医务人员仍然寥寥无几。

财政的医疗卫生支出应该为公平配置医疗资源服务，其中一个必然要求就是向贫困人口倾斜。[2] 医疗资源通过何种方式配置一直是大家争议的焦点。有学者认为，医疗资源配置的公平性维护需要政府的政策干预，医疗

---

〔1〕 参见代英姿、王兆刚：《中国医疗资源的配置：失衡与调整》，载《东北财经大学学报》2014 年第 1 期，第 47 ~ 53 页。

〔2〕 参见韩子荣：《医疗保障制度的国际比较及对我国的启示》，载《中国城市经济》2009 年第 7 期，第 60 ~ 62 页。

资源使用效率的提高同样需要政府的政策干预。[1] 也有学者认为，长期以来我国医疗卫生资源的配置以政府为主导，市场的作用并不明显；医疗卫生资源的配置需要发挥市场在微观层面的决定作用。[2] 还有学者认为，要改造处于分散状态的私人医疗服务和过分追逐自身利益的公立医疗机构，只有通过第三条道路才能实现，即把医疗服务变成公共服务产业。在这个公共服务产业圈中，政府作为该产业的间接提供者，承担规划、融资、安排生产、评估、管理、监督等职责，无论是公立还是私立医疗机构，作为医疗服务提供者都充分竞争，医疗服务的提供者与作为医疗服务使用者的患者讨价还价。[3] 市场竞争的动力是自我利益的追求，医疗卫生服务机构参与市场竞争又主要依靠实力，试问医疗资源由城市下沉农村，县城下沉乡村如何才能做到？我们知道，在县域范围内除县人民医院和县中医医院外，农村三级医疗卫生服务机构主要是全科医生和公共卫生人员，他们提供的是公共卫生和基本医疗服务。从相关统计数据和研究可知，城市大医院对医疗卫生服务专业技术人员的“虹吸效应”仍然有增无减。以《四川省医疗卫生服务体系规划（2015～2020）》中确定的资源配置目标为依据：四川省每千常住人口卫生技术人员数，2020 年需要达到的目标是 7.0 人，2013 年是 5.26 人，2017 年已达 6.40 人；每千常住人口执业（助理）医师数，2020 年需要达到的目标是 2.5 人，2013 年是 2.14 人，2017 年已达 2.36 人；每千常住人口注册护士数，2020 年需要达到的目标是大于或等于 2.8 人，2013 年是 1.94 人，2017 年已达2.75 人；每千常住人口公共卫生人员数，2020 年需要达到的目标是 0.8 人，2013 年是 0.54 人，2017 年却降低为 0.53 人；每万常住人口全科医生数，2020 年需要达到的目标是 2.5 人，2013 年是 1.5 人，2017 年却降低为 1.4 人。[4] 医疗卫生服务，特别是公立医疗卫生机构提供的医疗卫生服务，主要不应按照自由竞争的方式。改变这种状况的有效途径只能是进

---

〔1〕 参见葛延风、贡森等：《中国医改：问题·根源·出路》，中国发展出版社 2007 年版，第 200～205 页。

〔2〕 参见邓大松、严妮：《市场在我国医疗卫生资源配置中的作用》，载《经济纵横》2014 年第 10 期，第 26～29 页。

〔3〕 参见杨团：《医疗卫生服务体系改革的第三条道路》，载《浙江学刊》2006 年第 1 期，第 37～47 页。

〔4〕 参见胡锦梁、郑小华、黄薇、白红：《四川省医疗卫生服务资源优化配置评估研究》，载《现代预防医学》2019 年第 13 期，第 2393～2397 页。

一步强化政府在医疗卫生资源配置中的主导作用,使医疗卫生资源进一步向基层和农村下沉,否则增强医疗卫生服务的公平性和避免医疗资源的浪费只是一句空话。当然,各级政府及其卫生行政主管部门应在对医疗卫生资源的配置进行科学合理规划的基础上进行实施,同时应对其进行监督。

三、通过医疗资源的城乡整合进一步推进城乡分级诊疗工作

如果将分级诊疗的实施寄托于医生的道德约束和患者凭感觉选择,分级诊疗工作将难以开展。《"健康中国2030"规划纲要》明确提出,推进健康中国建设,必须坚持公平公正原则,维护基本医疗卫生服务的公益性,逐步缩小城乡间基本健康服务和健康水平的差异。实施分级诊疗表面看只涉及医生和患者,是一个民事法律关系,但实际上,推进分级诊疗工作是一个复杂的系统工程,分级诊疗涉及的利益相关者包括政府、大型综合医院、普通医院、城乡基层医疗机构、医护人员、城乡居民等多个主体,其构成不仅包含民事法律关系,也包含行政法律关系。有不少学者主张通过市场主导路线来推进分级诊疗,[1]但医疗机构及其医务人员的趋利动机带来的不利影响难以克服,因患者对医生不信任引发的医患矛盾也容易产生。当然推进分级诊疗工作需要利用公平竞争、利益分享等市场手段,但医疗服务毕竟关系人的健康,分级诊疗的实施更需要政府通过新的体制、机制和制度的构建。在党和政府大力推进健康中国的新形势下,为造福广大城乡居民,在中国实现分级诊疗是能办到的。

(一)构建区域性不同层级医疗机构之间的密切合作体制

区域性医疗机构合作体制就是打破公立医疗机构和民办医疗机构的界限,按照地域划分成若干医疗机构联合体,不同医疗机构既有纵向的层级合作关系,又有横向的公平竞争关系。构建这种体制的目的,一是为了避免患者盲目到城市大医院就医所造成的就医成本的增加,以及城市大医院人满为患带来的诸多问题。二是为了避免单纯根据医疗机构等级构建的封闭医

〔1〕 赵云:《我国分级医疗体系建构路径比较》,载《中国卫生事业管理》2013年第4期,第244~246页。

疗集团所带来的患者无力选择医疗机构的僵硬医疗服务体制。三是通过医疗机构的职能化分工、医务人员的专业化分工、医疗服务的规范化管理和公平竞争的态势充分发挥区域内医疗机构及其医务人员各自的作用。四是为了消除重复检查、重复开药带来的资源浪费。体制建设需要政府主导，医疗机构积极参与也需要政府引导。由于目前我国的医疗资源城乡分布极不平衡，医疗机构之间利益冲突比较明显，构建区域性医疗机构合作体制困难很大，这样的体制构建也需要一个较长的过程，但朝这方面努力具有意义。

（二）创建增强农村基层医疗机构自我健康发展的体制机制

2009年以来的新一轮医改在一定程度上促进了乡镇卫生院和城市社区医疗卫生机构的发展，但村卫生所（室）由于所处地域偏僻又只有很少的公共卫生经费投入，医疗条件和医疗设备仍然极其简陋。医疗条件差、医务人员素质不高一直以来是制约我国农村基层医疗机构发展的瓶颈。除依靠政府增加对农村基层医疗机构的财政投入外，还需增强农村基层医疗机构自我健康发展的能力。实施分级诊疗，城乡基层医疗机构的医务人员既需担当“向上转”的首诊医师的职责，又需担当“下转后”的康复医师的职责。“保障群众基本用药，减轻医药费用负担”是建立基本药物制度的目标，但在实行基本药物制度后，也带来了基层医疗机构药品种类大幅减少，基层医疗机构无法对经大医院治疗病情已稳定需要康复的病人及其诊断明确的慢性病人进行康复治疗等问题。对乡镇卫生院实行的“核定收支、差额补助”的财政补助政策，改善了乡镇卫生院的基础设施和设备，稳定了队伍，同时也存在有些地方政策执行不好，影响了发展较好的乡镇卫生院医务人员工作积极性的问题。对基层公立医疗机构实行的绩效工资制，由于缺乏对医务人员的科学评价，难以拉开先进和落后之间的人员收入差距，由此难以调动医务人员工作的积极性。因此，除政府财政投入需进一步向农村基层医疗机构倾斜以进一步改善农村基层医疗机构的医疗条件外，还需进一步明确全科医生和专科医生各自的职能分工，在职称晋升、医疗水平提升、收入水平提高方面创新机制体制，将愿意从事全科医疗的优秀人才吸引到全科医生队伍中来，进而通过建立科学的奖惩制度以真正调动广大医务人员的积极性，从而确保分级诊疗和双向转诊在薄弱环节不出问题。

（三）确立不同层级医疗机构之间的利益协调机制

新医改后，政府财政对医疗机构的补助明显减少，医院的收入主要来源于患者自费和医保报销。医院收治的病人多，医院的收入就越多，医院的收入越多，医疗设施和设备就越好，引进高水平专业医务人员就越容易。因此，医疗机构的业务、利益与发展密切相关。在缺乏相应的监督管理的情况下，医疗机构之间的竞争自然激烈和无序。尽管政府财政对医疗机构的直接投入总体上会提高，但医疗机构要得到较好发展必然需要赢得患者。通过医疗保险的合理付费制度实现不同层级医疗机构的分级诊疗制度，其主要办法有：一是对城乡基层医疗机构采取按人头付费方式从而引导基层医疗机构在签约居民无病时主动预防，患小病时积极治疗，患大病时及时转诊。二是对高层级医疗机构实行按病种付费方式，引导高层级医疗机构积极接诊、主动治疗和及时转诊。三是在区域医疗合作体系内实行按总额付费方式，这既能防止高层级医疗机构升级病种又能促进不同层级医疗机构之间的良性双向转诊。四是通过明确不同层级医疗机构分级诊疗标准，完善患者在城乡基层医疗机构诊治的医保报销比例的制度安排，引导不同层级医疗机构进行职能分工，引导患者小病在社区、大病到医院、康复回社区，使分级诊疗制度不再被虚置。

刍议创城中公民私有财产权的行政法保护

——以河北某市农民房屋遭强拆为视角

耿云鹏　姚天冲*

摘要　公民的私有财产权是公民生存和发展的基础，公民私有财产权得到有效保护对公民个人来讲极具深远意义。特别是在"创建文明城市"("创城")当中因城市管理而对公民私有财产权造成侵害的确又常常来自城市管理部门和相关行政机关。因此，在行政法领域当中对公民私有财产权的行政法保护进行探讨尤为重要。本文以河北某市农民房屋遭强拆事件为视角，对"创城"当中我国行政法保护公民私有财产权的现状，[1]特别是房屋强拆事件进行介绍和分析，进而探讨"创城"中公民私有财产权的行政法保护在实践中存在的问题根源，并对"创城"中公民私有财产权行政法保护途径的完善提出建议。

关键词　创城　私有财产权　保护　行政法　公民

* 耿云鹏，东北大学文法学院宪法与行政法学研究生；姚天冲，东北大学文法学院副教授，硕士生导师，辽宁省政府法律顾问。

〔1〕 参见陈晋胜等：《论公民私有财产权的行政法保护》，中国法学会行政法学研究会2007年年会论文，2007年8月6日于江苏南京。

现今我国对公民私有财产权的保护不断加强，这是在漫长产权历史演进中不断深化发展而来的，由于以往把国家利益和公共益利看得过高于个人的正当利益，对公民私有财产权的保护没有落到实处，有时甚至还会侵害到公民私有财产权，如强拆公民房屋等。这种思想和观念现今仍存于行政工作当中，尤其是在近几年全国各地争先创建文明城市和卫生城市的工作当中，为了短时间内更快地搞好“创城”工作，无视公民私有财产权情况，尤其是强拆房屋事件多发。[1]

一、河北某市农民房屋遭强拆事件分析

（一）事件梗概

某市提出创建全国文明城市的口号，对城市违规建筑进行清理。某市新庄村在“拆违”过程中，强拆了路边一批村民住了30多年的房子，使这些村民损失惨重。据介绍，这些房屋土地所有权都是属于村里的集体土地，当时都是村民向村委会交钱买的宅基地，但村里一直没有给这些宅基地办理证件，就这样搁置了30年。治理违建、创文明城市本是一件好事，但不能用“一刀切”的方式处理历史遗留问题，地方政府应在调查清楚的基础上根据实际情况制定相关政策，妥善解决好房屋拆迁问题。一直以来，强拆都是现实社会中的一个沉重话题，也是当前群众反映最强烈的问题之一。强拆不但严重影响了社会民生，还在很大程度影响了社会稳定。

（二）事件要点分析

1. 某市创建文明城市的初衷

创建省级文明城市，是某市委、市政府建设宜居宜业宜游经济强市、美丽某市的重要举措，在全城动员、全民行动、共创文明城市的同时，提升市民文明素质、提升城市文明程度，向人们传递文明理念，传导文明力量，弘扬文明风尚，倡导社会主义核心价值观。

---

〔1〕 参见王夏昊：《私有财产权的人权底蕴——论私有财产权的性质与意义》，载《云南社会科学》2004年第2期，第90页。

2. 现实操作违背初衷和行政法的规定

创建文明城市不是政府自己的事情，其根本在于老百姓参与其中，共商、共建、共享才是最终归宿，要有公开的标准和公开的信息，接受公民监督、听取接受社情民意。某市强拆公民的房屋首先是对宪法关于公民合法私有财产保护条款的严重违背，而且也没有严格按照行政法之相关规定的程序对事实予以查清，是暴力的、非法的强拆行为，不能体现建设法治政府的要求与依法行政的精神和原则。这种行为严重加剧了创建文明城市当中城市管理与公民私有财产权需要得到保护间的矛盾和冲突。公民私有财产是人权的基础，不能因“创城”而在行政执法的过程中随意地非法侵害公民私有财产权，否则这便完全相悖创建文明城市的初衷，也不符合创建文明城市的精神和要求。

二、“创城”执法中对公民私有财产权的保护现状

（一）“创城”执法人员行政法律意识淡薄

财产权是公民在社会生活中必不可少的物质基础与支撑，单独就财产的性质来说，它通过与公民的生活结合成为一种生存的物质利益基础，不能随意地被他人侵害。而行政机关恰恰是这种利益的保护者，特别是在“创城”过程中尤其如此。但在现实各种社会事件当中体现出来的是，城市管理部门在城市管理执法过程中对公民私有财产权存在一些侵害行为。通过行政法律规范的方式虽然一定程度上遏制了这种态势的发展，但是，其中仍有许多不足需要完善。正是由于“创城”执法人员法律意识淡薄，造成了在执法过程中无视公民私有财产权，以致在行政执法过程中更容易侵害到公民财产权益，加剧了公民私有财产权与政府执法之间的矛盾。

（二）“创城”执法在实践中违法现象突出

随着社会主义市场经济和民主法制的发展与完善，我国 2018 年《宪法修正案》对公民私有财产权提出了全面保护原则。2004 年《宪法修正案》将《宪法》第 13 条规定为：公民的合法的私有财产不受侵犯。国家依照法律规定保护公民的私有财产权和继承权。国家为了公共利益的需要，可以依照

法律规定对公民的私有财产实行征收或者征用并给予补偿。

在《宪法》中，对公民私有财产权的保护是有根据的，但现行行政法当中对保护公民私有财产权方面的规定仍然存在很多不足，[1]特别是在行政执法实践当中，与《宪法》的相关规定是背道而驰的，主要表现有：

(1)“创城”执法部门对保护公民私有财产权意识淡薄。在“创城”执法过程中随意损坏公民财物，或消极不履行保护职责。

(2)行政法所保护公民私有财产权的范围不具体、不明确。因此，导致“创城”执法部门在执法过程中非常容易侵犯公民的私有财产权益。

(3)国家赔偿法当中对公民财产权益的受损赔偿程度过低。在“创城”中因非法行政行为造成公民财产损失，国家赔偿法当中的许多规定不能适应现今社会发展的经济需求，不能很好地使受损的公民财产权益得到有效救济。[2]

三、创城与公民私有财产权保护的矛盾

(一)行政执法实践与遵循宪法、物权法相背离

虽然《宪法》和《物权法》当中都阐述了对公民私有财产予以法律保护，对于非法侵害公民私有财产的行为提供了法律保护依据。依据《物权法》的规定，公民可以排除物权人以外第三方的非法干涉，以保护自己的财产权。可是，面对国家征收、征用时，则无法排除对自己财产的干涉。因此，《宪法》只作了原则性的规定，而《物权法》保护的范围又是有限的。因此，从行政法的角度去考虑当公民私有财产权受到行政机关侵害时将救济范围扩大是十分有必要的。

在以往的“创城”执法过程中，“创城”执法机关主要行使社会综合执法职能，享有许多行政执法权力，执法范围相当广泛，不仅在城市管理领域，而且在环境领域、市容治理、街道绿化、交通管制等方面都会有其相应的管理

[1] 参见王起翔等：《构建公民财产权行政法保障机制的理性思考》，中国法学会行政法学研究会2004年年会论文，2004年8月23日于重庆。

[2] 参见陈美玲：《城市管理综合执法的自由裁量权及其法律控制》，载《南昌大学学报(人文社会科学版)》2010年第1期，第78～81页。

职权。[1] 因此,在执法过程中强行执法很少考虑对公民私有财产权予以依法保护,有时还会严重侵犯到公民私有财产权利,这也造成了城市行政管理执法者与公民,特别在执法过程中与行政相对人之间矛盾的加剧。有的城管执法者面对行政相对人时,如稍有不配合便随意扣押行政相对人的货物、车辆,甚至打砸财物、殴打行政相对人,这种粗暴式的执法屡见不鲜。例如,"5·31"延安城管踩人事件[2]中的行为,就是非常典型的粗暴式侵犯公民财产与人身的暴力执法管理行为,[3]社会影响恶劣。

(二)执法实际与维护公民私有财产权相违背

我国已进入新时代,经济快速发展,广大人民群众的私人财产权保护意识不断提高,特别是《物权法》颁布后,公民对于私有财产的保护意识更是前所未有的增强。公民在保护自己私有财产权益上更加深了一层法律保护屏障。《物权法》虽然规定公民的合法私有财产不受侵犯,但并没有提及当行政机关作为侵害者时如何惩戒、追究其责任。如何协调这两者之间的矛盾,就要从城市行政管理执法的根子上去寻求答案,最终把其规范在法律的规制之下。[4] 行政法律法规的最终目的,始终是为了保护好、维护好公民的合法权益不受非法侵害,并且以法律的形式规范行政机关的行为模式,真正把公共利益与公民的私主体利益有效地结合起来。[5] 因此,保障公民私有财产权不受非法侵害就是行政法的基本目标。在城市管理过程中保护公民私有财产权不受他人非法侵害的同时,行政机关自身也不能随意对公民私有财产权益造成非法侵害。在"创城"执法实际工作当中,正是由于执法人员法律意识淡薄,往往无视公民的私有财产权,才造成执法实际与公民私人财产权益得到有效保护、城市管理有效进行的预期相违背。

---

〔1〕 参见方世荣:《论私有财产权的行政法保护》,载中国法学会行政法学研究会编:《修宪之后的中国行政法——中国法学会行政法学研究会2004年年会论文集》,中国政法大学出版社2015年版。

〔2〕 "5·31延安城管踩人事件"指的是2013年6月3日发生的延安城管踩踏群众的事件。

〔3〕 参见翟新明:《行政公务人员自由裁量权的影响因素及其控制》,载《陕西理工学院学报》2008年第4期。

〔4〕 参见李建良:《行政法上损失补偿制度之基本体系》,载《东吴大学法律学报》(第11卷)1999年第2期,第34页。

〔5〕 参见汪广龙:《研究综述:街头官僚的自由裁量权》,载《中山大学研究生学刊(社会科学版)》2011年第1期。

（三）遵守行政执法程序与行政监督不协调

如果从行政监督的角度考虑，行政法律规范当中有许多对行政机关的监督条款。在行政程序方面，行政法规定以公开、公平、公正的行政程序来督促行政机关在“创城”过程中本着公开透明的精神处理相关城市管理的行政行为，以便切实维护好公民私有财产权益免受不透明的侵害。[1] 当公民的私有财产权益受到侵害后，可依据行政法的相关规定寻求救济，例如，其作为行政相对人可以向相关行政机关申请行政复议，并可以向该行政机关提出行政赔偿，还可以向法院提起行政诉讼来保护自己的合法权益。必要的、透明化的行政监督是必不可少的，但在实际执法当中由于行政监督部门对执法人员的监督不到位，一定程度放纵了相关执法人员无视执法程序随意执法。

四、“创城”中公民私有财产权行政保护问题存在的根源

（一）“创城”中行政执法的自由裁量权过大

在运用行政裁量权当中，大多是由执法者在短时间内就做出决定，其作出行政裁量考虑的依据和权力，只有执法人员或相关行政机关知晓，并不向行政相对人做过多解释。这就造成了执法者在“创城”执法中肆意行使行政裁量权侵害公民私有财产权益。这也就为行政机关推卸责任提供了便利与借口，在这种情况下受到损失的公民往往得不到救济，就算给予赔偿也是微乎其微。[2]

（二）“创城”中执法机关赔偿公民财产损失的范围不合理

在“创城”管理执法过程中，相关行政部门对于一些商户或工厂责令其停业整顿、甚至强制关闭。虽然公民在这种情况下可以通过行政途径或诉讼途径要求国家赔偿。[3] 但是，国家赔偿的范围也是十分有限的，只对公民

---

〔1〕 参见王学辉、邓蔚：《物权的行政法保护与规制》，载《现代法学》2006 年第 2 期。

〔2〕 参见季卫东：《程序比较论》，载《比较法研究》第 1993 年第 1 期，第 29 页。

〔3〕 参见宋刚：《面向创新 2.0 的城管地图公共服务平台的研究与实现》，载《工程勘察》2012 年第 2 期。

所受的直接财产损失进行赔偿，对于间接损失或可得利益损失则不予赔偿。如果只对公民、企业停产停业期间必要的经常性开支予以赔偿，而不考虑对间接损失予以赔偿是不合理的，间接损失有时甚至大于直接损失。如果只对直接损失进行赔偿对私有财产权则也是一种侵害，并不能起到保护作用。[1]

（三）“创城”中行政相对人提起诉讼的资格范围有限

行政诉讼法中有原告资格转移的相关规定，原告资格的转移，指有权起诉的公民死亡、法人或组织终止，他们的原告资格依法自然转移给有利害关系的特定公民、法人或组织承受。[2] 城市管理过程中给自然人的财产、生命造成侵害，当有权提起诉讼的自然人死亡时，其近亲属可以向法院提起行政诉讼，根据规定，近亲属包括配偶、父母、子女、兄弟姐妹、祖父母、外祖父母、孙子女、外孙子女和其他具有抚养、赡养关系的亲属。由此可见，能够承受原告资格提起行政诉讼的主体只限于死亡公民的近亲属，但这一条并未提及有关除死亡公民近亲属以外的有资格提起诉讼的有关主体。例如，死亡公民的债权人如果在该公民死亡后，因行政机关的违法行为导致债权受到影响，因其没有原告资格，其债权必然受到损害，则债权人的财产权益就不能受到保护。

五、“创城”中实现对公民私有财产权行政保护的途径

（一）规范“创城”中行政自由裁量权的尺度

我国在相当长的一段历史时间强调在公民私有财产权与社会公共利益相冲突的情况下，应优先考虑社会公共利益，有时甚至忽视对公民私有财产权的保护，这也就为当前城市管理留下了深刻的历史烙印，在城市管理执法过程中对公民私有财产不自觉地造成侵害。虽然国家是为了实现社会公共

---

〔1〕 参见陈美玲：《城市管理综合执法的自由裁量权及其法律控制》，载《南昌大学学报（人文社会科学版）》2010 年第 1 期。

〔2〕 参见蔡玉胜：《城市管理方法的变革与发展趋势》，载《未来与发展》2010 年第 4 期。

利益的最大化，但是，不一定要在牺牲公民利益的基础之上。[1] 可以考虑把公民私人财产权益与社会公共利益有机地统一起来，从而在能不牺牲或者侵害公民私人财产权益的前提下实现城市管理行政职能的最大发挥。在紧扣行政法有关的合法行政原则、合理行政原则、程序正当原则、比例原则等原则的前提下依法保护公民的合法私有财产权益。在城市管理过程中不断提高行政人员遵守和运用行政法规的法治素养，提高对公民私有财产权进行有效保护的行政管理能力与行政管理水平。

（二）扩充"创城"中公民损失的救济范围

对于公民私有财产权在"创城"管理过程中受到非法侵害的问题，可以从下列几个方面入手进行司法上的救济：首先，建立宪法审查追究机制，要严格遵守宪法中关于保护公民合法财产权不受侵犯的相关条款，甚至要在行政法律法规当中体现出来，并且真正贯彻到"创城"管理的实践当中。对违反宪法关于保护公民合法财产权的行为，要进行严格的责任追究，使行政法律法规当中与宪法的精神相冲突的地方能够得到及时纠正。[2] 其次，要把公民财产救济范围从以往的列举式改变为救济内容的概括式，扩大司法救济的范围。再次，对于在"创城"管理过程中造成公民私有财产损失的，如何进行赔偿和补偿要制定相关细则，最好以法律的形式确定其具体操作程序，使公民在提起行政诉讼时对其受损赔偿的方式和程序有更多的救济途径，在相关领域内真正做到有法可循，切实维护公民合法财产权益。[3] 最后，要结合中国特色社会主义新时代的时代性特征，把握时代脉搏，把人民的利益维护好，并且带给广大人民群众以美好生活的向往。这就要求城市行政管理者在维护市场经济发展、人民生活安定、物质生活得到充分保障的前提下，处理好公民私有财产权得到有效保护与行政管理工作有效开展间的协调与平衡，并不断加强对公民私有财产权受侵害后申请行政救济的工

〔1〕 参见郄伦、宋刚、王连峰等：《从数字城管到智慧城管：系统建模与实现路径》，载《城市发展研究》2017 年第 6 期，第 108～115 页。

〔2〕 参见王昕睿：《文明城市创建中的政府行为研究——以乌海市为例》，内蒙古大学 2011 年硕士学位论文。

〔3〕 参见王敬波：《论我国城管执法体制改革及其法治保障》，载《行政法学研究》2015 年第 2 期，第 16～22 页。

作与服务，切实维护公民私有财产权益。

（三）拓宽“创城”中行政相对人提起诉讼的便利条件

以行政法对公民私有财产权进行保护的前提是必须有一个完善的行政法律法规。在此基础上必须坚持以我国《宪法》第 13 条的相关规定对公民私有合法财产所有权进行保护，并有效配套行政立法用以规范行政行为，减少在“创城”管理过程中对公民私有合法财产权所造成的严重侵害的行政行为，如违法违规没收公民财产、强拆公民合法建筑、侵害公民人身等。[1] 通过完善行政法律体系可以对违反行政法律法规的城市管理行为进行严厉的法律责任追究。

（四）完善“创城”中的执法程序透明度建设

就现今社会发展而言，随着经济和社会不断发展、公民法律意识不断增强，在“创城”管理过程中对公民私有财产权保护的相关制度建设也应当更进一步深化，特别是行政法律法规跟进和回应宪法的要求。[2]

在“创城”管理过程中要强化行政公共服务意识，履行城市管理公共服务职能的同时又要考虑公民对私人财产保护需求，对执法过程中适用的法律法规以及标准向公民讲清楚、说明白，使“创城”管理能够让公民在没有受到侵害的前提下，自觉配合“创城”管理的工作开展。逐步建成一个高效便民、开放透明、公开公正、合法合理的城市行政管理制度。[3] 公民自觉参与到“创城”管理当中，也能够在一定程度上减少行政执法的成本。当“创城”行政管理人员真正从保护和维护公民合法私有财产权不受随意侵害的角度下开展“创城”管理工作，不仅能够切实践行宪法的规定，也能够促进公民对行政法有新的认识，从而自觉维护相关法律法规，这样不仅能淡化“创城”管理以往所具有的行政强制性的浓厚色彩，也能够体现“创城”管理者对公民私有财产权的保护以及服务意识。

---

〔1〕 参见周帆：《创建文明城市中的政府职能优化研究——以重庆市为例》，重庆师范大学 2013 年硕士学位论文。

〔2〕 参见郝文卿：《论城管执法的自由裁量权》，北京工业大学 2011 年硕士学位论文。

〔3〕 参见李丽媛：《柔性行政行为制度化问题研究》，南京师范大学 2013 年硕士学位论文。

六、结语

长期以来,我国对公民私有财产权益保护还仅限于宪法和民法相关制度的研究方向上,在行政法领域还有待更多的专家与学者共同深入挖掘,进行理论与实践的探讨和研究。在"创城"管理执法过程中侵害公民合法权益的行政法保护上,更应该从理论与制度上进行分析,找出一条平衡两者的路径。[1] 明晰公民私有财产权与行政法这样一个公法之间的关系,从理论上和相关立法上解决"创城"执法与公民私有财产保护间的冲突。

〔1〕 参见李丽媛:《柔性行政行为制度化问题研究》,南京师范大学2013年硕士学位论文。

图书在版编目(CIP)数据

行政法热点问题研究 / 曾祥华, 万艺主编. -- 北京 : 法律出版社, 2020
ISBN 978-7-5197-5228-6

Ⅰ. ①行… Ⅱ. ①曾… ②万… Ⅲ. ①行政法学-研究-中国 Ⅳ. ①D922.104

中国版本图书馆 CIP 数据核字(2020)第 250250 号

行政法热点问题研究
XINGZHENGFA REDIAN WENTI YANJIU

曾祥华 万 艺 主编

策划编辑 郑 导
责任编辑 郑 导
装帧设计 汪奇峰

出版 法律出版社
总发行 中国法律图书有限公司
经销 新华书店
印刷 北京虎彩文化传播有限公司
责任校对 杨锦华 王沁陶
责任印制 张建伟
编辑统筹 独立项目策划部
开本 710 毫米×1000 毫米 1/16
印张 15.25
字数 225 千
版本 2020 年 12 月第 1 版
印次 2020 年 12 月第 1 次印刷

法律出版社/北京市丰台区莲花池西里 7 号(100073)
网址/www.lawpress.com.cn
投稿邮箱/info@lawpress.com.cn
举报维权邮箱/jbwq@lawpress.com.cn
销售热线/400-660-8393
咨询电话/010-63939796

中国法律图书有限公司/北京市丰台区莲花池西里 7 号(100073)
全国各地中法图分、子公司销售电话:
统一销售客服/400-660-8393/6393
第一法律书店/010-83938432/8433
西安分公司/029-85330678
重庆分公司/023-67453036
上海分公司/021-62071639/1636
深圳分公司/0755-83072995

书号:ISBN 978-7-5197-5228-6
定价:68.00 元
(如有缺页或倒装,中国法律图书有限公司负责退换)